国际工程管理

（第二版）

李学锋　主　编

赵　愈　副主编

大连理工大学出版社

图书在版编目(CIP)数据

国际工程管理 / 李学锋主编. — 2 版. — 大连：
大连理工大学出版社，2018.8
高等学校工程管理系列经典教材
ISBN 978-7-5685-1699-0

Ⅰ. ①国… Ⅱ. ①李… Ⅲ. ①国际承包工程－工程管
理－高等学校－教材 Ⅳ. ①F746.18

中国版本图书馆 CIP 数据核字(2018)第 182979 号

大连理工大学出版社出版
地址：大连市软件园路 80 号 邮政编码：116023
发行：0411-84708842 邮购：0411-84708943 传真：0411-84701466
E-mail：dutp@dutp.cn URL：http://dutp.dlut.edu.cn
大连理工印刷有限公司印刷 大连理工大学出版社发行

幅面尺寸：180mm×255mm 印张：15.25 字数：353 千字
2011 年 1 月第 1 版 2018 年 8 月第 2 版
2018 年 8 月第 1 次印刷

责任编辑：邵 婉 王 元 责任校对：朱诗宇
封面设计：波 朗

ISBN 978-7-5685-1699-0 定 价：36.00 元

序

新一版"高等学校工程管理系列经典教材"又一次整装出发!

我国工程管理专业自 1999 年开始招生已经走过了12年,我们的工程管理系列教材自 1998 年问世也已经走过了 13 年;2003 年第二次作了大规模升级整合,主要选取一批多次再版的优秀精品教材。现在,又一次升级改造的"高等学校工程管理系列经典教材"面世! 我们继承原有特色,一套好的教材源于多年教学第一线的淬炼和修改,源于教师多年的点滴积累和心得,更源于专业师生多年的认可和使用;我们发挥专业特点,一套适用的教材首先来自于专业教师"发黄发旧"的讲义或讲稿、来自于基于工程管理"工作过程"的系统分析和实践分工,更来自于我们对卓越的"管理工程师"培养的理解和期许;我们要做得更好,一套高层次的教材不仅融入理论的把握、实践的积淀和教师的辛苦,更需要普遍的共识和认可。新一版"高等学校工程管理系列经典教材"基于我们新的努力和探索,基于沈阳建筑大学工程管理专业作为国家工程管理专业人才培养模式创新实验区、作为国家级教学团队、作为国家级特色专业的建设和成果总结。

我们主要面向建设工程领域,面向就在我们周边热火朝天的城市建设、基础设施建设和房地产开发等领域。人类赖以生存的现代工程建设产品(建筑物、构筑物等)的建成,往往需要消耗大量的人力、物力资源和需要一定的建造时间,更需要专业优化和管理。伴随着社会经济生产的发展和物质文化生活水平的不断提高,人类对工程建设产品的功能和质量要求越来越高,同时又期望工程建设周期尽可能短、投资尽可能少、效益尽可能好,更期望高水平的专业监督和管理。特别是近年来,随着经济体制改革、产业结构升级优化和改善民生的不断深入,我国基本建设投资和工程建设管理体制发生了深刻的变化。工程建设投资主体多元化、投资决策分权化和工程发包方式多样化以及工程建设承包市场国际化的进一步发展,使得工程建设领域对具有合理知识结构、较高业务素质和较强管理能力的高级管理人才的需求越来越大,也使得我们有责任创新工程管理高层次人才培养,满足社会对工程管理专业人才的需要。

我们主要面向应用型高层次专业人才培养,面向高等学校工程管理专业教育的基础和实践。高等学校工程管理学科领域肩负着培养和造就大批具备工程技术、经济与法律的基本知识,掌握现代管理科学理论、方法和手段,能够在现代工程建设领域从事工程项目决策和工程项目全过程及重要节点管理的高级管理人才的艰巨任务。提高高等教育人才培养质量,教材建设是一个绝对基础又十分关键的因素。

本次的全新修订,在大连理工大学出版社的倡导下,由辽宁地区设置工程管理专业的部分高校专家组成了工程管理系列经典教材编委会(简称编委会),由沈阳建筑大学管理学院院长、工程管理专业负责人刘亚臣教授任主任委员。在编委会的精心组织下,通过编委们的辛勤劳动,将陆续出版能够完整涵盖工程管理学科知识体系的系列精品教材。从近5年国内许多高校的使用情况反馈来看,该套系列教材的知识体系科学、完整,具有较高的学术理论水平和较强的教学适用性,教材的质量得到广大同行和读者们的充分认可。我们会继续坚持并发展!

正是基于以上的理解和努力,在总结教材编写和使用经验以及采纳各高校师生使用反馈意见和建议的基础上,本编委会决定对“高等学校工程管理系列经典教材”进一步调整升级,形成新的“高等学校工程管理系列经典教材”,共包括:《土木建筑工程概论》《土木工程施工技术》《工程经济学》《工程项目融资》《工程估价》《工程建设法学》《工程招投标与合同管理》《工程项目管理》《国际工程管理》《工程管理信息系统》《工程项目咨询概论》《建筑企业管理》《房地产开发与经营》《工程管理概论》《建设监理概论》《工程伦理学》等16本教材。其中部分图书为国家规划教材和省部级精品教材。

新系列教材的作者们,力求最大限度地汲取本学科领域的最新科研成果,强化现代工程建设管理基本理论知识的科学性、系统性和操作技术的针对性、实用性,使其成为我国高等学校工程管理专业人才培养的经典系列教材,为工程管理学科和专业发展,为工程建设领域培养高级管理人才做出贡献。

新系列教材的编写,再次得到大连理工大学出版社和沈阳建筑大学、大连理工大学、辽宁工程技术大学、辽宁大学、辽宁石油化工大学、沈阳工业大学、辽宁工业大学、辽宁省住房和城乡建设厅主管部门及相关企业领导、专家们的大力支持,在此深表谢意。

走过12年的工程管理专业在我国仍是一个崭新的学科领域,其学科内涵和理论与实践知识体系尚在不断发展之中,加之时间有限,尽管作者们做出了极大努力,但新系列教材不妥之处仍在所难免,恳请各位同行和读者提出宝贵意见。

工程管理系列经典教材编委会
2011年1月于沈阳建筑大学管理学院

第 2 版前言

2001 年,中国加入 WTO,成为经济全球化大家庭中的重要一员,开始全面融入国际社会发展主流;2013 年,习近平总书记提出"一带一路"倡议,中国开始全方位、多领域、自主式、全景式开放。"一带一路"倡议的提出标志着我国对外开放进入一个崭新阶段,工程建设也开始在更大范围内、更深程度上参与经济全球化进程。

由于国际工程建设涉及国际上的资金、技术、人员、设备和材料等,其管理本身就是一项复杂的系统工程。内部管理涉及业主、工程师、承包商和国际金融机构等,外部管理涉及当地环境、语言文化、风俗习惯、海关、银行、税务和保险等。因此,其管理本身就存在着一定的难度。加之近年来,国际工程市场出现了诸多变化,市场竞争日趋激烈,因此中国承包商在海外工程市场竞争中面临着巨大的挑战。

高等学校作为培养社会高端人才的主要基地,应主动适应经济全球化和教育国际化的需求,培养具有国际意识、国际知识、国际交往能力的人才。因此,从事国际工程管理专业的人员不仅要有扎实的工程专业技术知识背景,同时还要懂得工程项目管理的国际惯例、现代建筑信息技术、国际工程市场开拓、国际金融、外贸等相关知识和掌握外语。

只有这样,才能适应不断变化的国际工程市场激烈竞争的需要。如何培养"拥有国际化视野,熟悉国际规则、标准、规范,适应国际化环境,具备国际化竞争力"的人才成为当前国际工程管理专业高等教育的重要目标,使学生具备处理国际化问题的能力已经成为教学改革的重要目标之一。

本书通过10个章节全面系统地介绍了国际工程管理的知识,分别为:国际工程管理概论、国际工程项目管理模式、国际工程各参与方、国际工程咨询、国际工程招标与投标、国际工程融资管理、国际工程合同管理、国际工程现场管理、国际工程风险管理、国际工程材料及设备采购管理。同时,在编写过程中融入了编者近10年在国外建筑经济等行业的工作经验以及回国后10年来的国际工程教学工作经验,对一些实践性的工程案例进行了引用和分析,希望能够更好地帮助读者理解相关内容。

编者耗时一年半编写本书,希望为相关专业学生的学习提供一本综合全面的教材,同时也希望与业界同行共同探讨关于国际工程管理的诸多问题,为国际工程专业的教育工作做出贡献。

本书由沈阳建筑大学李学锋担任主编,赵愈担任副主编。参与本书编写的人员还有东北大学齐锡晶、沈阳建筑大学李阁岩、薛丽、贾天杨、高天、孙红、马婧婷、席秋红以及中铁十九局集团公司张禄洲等。具体分工如下:第1章:李学锋,张禄洲;第2章:李学锋,赵愈,马婧婷;第3章:齐锡晶,贾天杨;第4章:高天,孙红;第5章:赵愈,席秋红;第6章:薛丽;第7章:李阁岩;第8章:李学锋,赵愈,张禄洲;第9章:李学锋,张禄洲;第10章:李学锋,赵愈。

本书在编写过程中,得到了沈阳建筑大学管理学院的大力支持,参考和引用了国内外相关学者的研究成果和文献以及ENR相关资料和数据,在此表示衷心感谢。

由于受很多因素的影响,书中内容难免有不妥和欠缺之处,诚请广大专家、学者及同行不吝指教。

编　者

2018 年 7 月于沈阳

第 1 版前言

随着国际市场一体化和分工的进一步发展以及后金融危机时代全球经济的复苏，国际建筑工程市场的资本投入逐步增长，在国外工程公司积极地进入中国市场的同时，我国的施工企业也越来越多地走向国际，使得我国对外工程的业务发展迅猛，规模也在日益扩大，国际竞争力有所提高。面临着众多的竞争机会，给我们的人才培养提出了一个大难题，如何实现我国对外经济技术交流与合作事业的可持续发展、如何在国际工程项目中处于优势、如何做好国际工程的管理已成为当务之急。

国际工程管理专业人才不仅要具有扎实的工程专业技术知识背景，同时还需掌握工程项目管理的国际惯例以及国际工程市场开拓、国际金融与外贸的相关知识，只有这样，才能适应不断变化的国际工程市场激烈竞争的需要。

国际工程管理课程是工程管理专业学生的必修课程。课程的设置目的是通过本课程的教学使学生在学习了工程管理专业所必需的技术、经济、管理等相关专业基础课程的基础上，掌握国际工程管理的基本理论和知识体系，通过课程的学习，帮助学生建立管理国际工程项目所需的知识、技术和方法体系，培养学生发现、分析、研究和有效解决国际工程项目全过程管理中实际问题的基本能力。

本书全面系统地介绍了国际工程管理的知识，包括：概述、国际工程招标、国际工程投标、FIDIC土木工程施工合同条件、国际工程合同管理、国际工程承包的风险与保险、国际工程采购等与国际工程密切相关的基本知识。

本书可作为高等学校工程管理以及其他相关本专科专业的学生用教材，并可供工程管理、工程咨询等从业人员参考使用，更可作为个人了解国际工程流程的重要参考。

正文中的学习指导

好的教科书不仅应该教授思想，而且应该表达思想。为了达到这个目的，我们努力把本书写成一个有效的学习工具。需要指出的是我们在本书中设计了一些实践性的工程案例内容，希望帮助读者更好地理解国际工程管理的操作与实践。

学习目标：在你开始旅行前，有必要知道你要到哪里去。这样做，你可以最大限度地减少可能遇到的问题或少走弯路。同样的道理也适用于阅读教科书。为了使你的学习更有效率，每章都提出了几个你需要知道的关键术语，这些术语会引导你注意这些关键问题。

课后测试：本书在每一章结束后都有一些思考题，用来帮助你对本章主要内容进行梳理和加深印象，以便深入理解。

致谢

无论我们写出的手稿是多么完美，在它变成书之前，也不过是几个电子文档。然而，经过编辑、校对、技术设计、营销行家、销售代表等一个个出色的团队把几十万的数字符号变成了一本装帧精美的教科书，并把它送到教师和学生的手中时，编者内心充满了谢意。

感谢本书的审阅者，感谢本书的校对、编辑、设计者，感谢为本书成功面世付出努力的营销者。更要感谢各位编者及其家人，是他们的灵感和支持使得这本教材的写作成为非常有趣并有意义的工作。

本书由沈阳建筑大学刘亚臣教授主编、总体策划、构思并负责统筹定稿，李学锋、席秋红为副主编。全书共分7章，参加初稿写作的分别是沈阳建筑大学管理学院的刘亚臣（第1章），席秋红、陆峰（第2章），常春光（第3章），李学锋（第4章），刘亚臣、白庶（第5章），杜冰（第6章），项英辉、蔚筱思（第7章）。

本书在写作过程中，借鉴并参考了大量专业资料、著作和论文，在此谨向这些论著的作者表示深深的谢意。同时，也参考了国际金融组织、FIDIC的最新信息资料以及中外学者和专家近年来的有关论著，谨此一并表示衷心感谢。

由于编者水平所限，书中难免存在不妥之处，恳请读者批评指正。

编　者
2010 年 10 月于沈阳

目录

第**1**章

国际工程管理概论

1.1 国际建筑市场

1.1.1 国际建筑市场的形成

国际建筑市场早在 19 世纪中叶就已出现,资本主义发达国家为争夺生产原料、追求利润最大化并占领市场,向殖民地和一些经济不发达国家或地区输出大量资本,带动了发达国家的设计师和承包商进入这些国家的建筑市场,同时也带动了先进施工技术、材料设备出口以及以竞争为核心的工程承包管理体制的完善。第二次世界大战期间,国际建筑市场因受战争影响而衰落。战后,许多国家为恢复经济而大力发展建筑业,随后国际工程承包得到了迅速发展。20 世纪 90 年代以来,随着科学技术的进步和各国经济的发展,国际工程承包市场遍及世界各地。就目前来看,世界上已形成了亚太、欧洲、北美、中东、拉美和非洲六大地区工程承包市场。其中,亚太、欧洲、北美地区市场规模较大,集中了大部分的国际承包商。

国际建筑市场是随着一个国家建筑市场的不断发展而逐步形成的。一个国家国民经济的发展和社会生活水平的提高会从各个方面促进本国建筑市场和建筑业的发展。由于建筑业在带动经济发展和就业方面的特殊作用,政府往往通过限制国外承包商参与本国建筑市场竞争来对本国市场进行保护。当国民经济发展到一定程度时,会出现本国承包商不能满足建筑市场需要的情况,这时政府才会允许国外承包商直接参与本国的建设项目。

促使一国向国外承包商开放本国建筑市场的原因主要有以下几个:

(1)引进先进技术和管理经验的需要。当一个国家的经济实力发展到一定程度后,需要建设一些特殊工程,如超高层建筑、特大型桥梁、填海造地、管道焊接等。完成这些工程需要一些特殊的设备和技术,而本国的承包商没有能力购买和掌握这些技术和设备,因此需要引进国外的先进技术和管理经验。

(2)引进外部投资的需要。在经济发展过程中,建设资金不足是各国政府面临的主要问题之一。为解决建设资金问题,政府允许外部资金投资于本国的基础设施建设。外部投资的项目往往要求政府允许国外承包商承担项目的建设工作,特别是国外政府和国际金融组织贷款的项目。私人资本投资的项目往往也希望国外承包商参与竞争,以达到降低成本、控制工期和质量的目的。

(3)开发自然资源的需要。自然资源的开发对促进国家经济的发展有非常重要的作用。当一国因经济实力、技术力量弱而无力开发时,政府就需要以各种方式引进国外承包商进行资源的开发。

(4)推动市场竞争的需要。政府通过对外开放承包工程市场,让国外承包商参与国内的建设来保持承包市场的竞争态势,满足基础设施建设的需要。

(5)践行国际贸易规则的需要。世界贸易组织、世界银行等国际组织和机构通常要求其成员相互开放本国建筑市场,允许国外企业参与本国建筑市场或特定项目的竞争。

1.1.2　国际建筑市场发展阶段

自第二次世界大战以来,由于受到全球及区域政治、经济、军事、资源等重大影响,国际建筑市场的基本格局也发生了重要变化,经历了不同的发展阶段,主要有:战后恢复期(第二次世界大战后到 20 世纪 60 年代)、第一次繁荣发展期(20 世纪 70 年代到 80 年代初)、经济危机调整期(20 世纪 80 年代到 90 年代初)、相对稳定发展期(20 世纪 90 年代到 2001 年)、第二次繁荣发展期(2001 年到 2008 年)和第二次经济危机调整期(2009 年至今)六个阶段。

1.1.3　国际建筑市场的特点

国际建筑市场规模巨大,而且随着世界经济的发展而进一步扩大。近年来国际工程建筑市场呈现出以下特点:

(1)工程规模大型化。国际建筑市场发包的单项工程规模正在向大型化方向发展。具体表现为:发包项目的投资规模扩大;发包形式发生变化;项目总承包形式被越来越多的业主所采用。

(2)投资结构多元化,建筑市场的开放度逐步提高。

(3)高附加值、高技术含量、综合性项目逐渐增多,承包模式复杂化、多样化。如 PPP(公共与私人合作)、BT(建设—转让)、EPC(设计—采购—建设)、BOT(建设—运营—移交)、DDB(开发—设计—建设)、DBFM(融资—设计—建设—设施经营)、PDBFM(融资—采购—设计—建设—设施经营)等方式逐渐增多。

(4)带资承包已成为普遍现象。国际工程承包市场中,需要承包商带资承包的项目越来越多,即便是原先不需要垫付资金的国际金融机构贷款项目,也需要承包商垫付相当于工程合同总价 20% 的流动资金。据有关专家初步估算,带资承包项目约占国际工程承包市场的 65%。

(5)国际工程承包市场步入规范化管理。随着国际工程承包市场风险系数的加大,国际承包商的风险防范意识也在增强,加之国际竞争的需要,国际工程承包业务的技术创新、电子化管理、质量管理体系标准(ISO9000)、环保管理体系标准(ISO14000),以及安全标准等都在走向规范化,并且成为进入市场的条件因素。

1.2　国际工程与国际工程承包

1.2.1　国际工程

国际工程是指参与工程建设的主体来自不同的国家,并且按照国际通用的工程管理理念、方式与方法(也称国际惯例)进行管理的工程。它包括在国际市场上的国际工程,也包括国内市场上的工程。即面向或通过国际性公开招标投标竞争,进行发包承建的工程项目。根据国际金融组织的规定及国际惯例,凡是利用国际金融组织的贷款、各国政府之间的捐款或优惠贷款作为建设资金的工程项目,都必须进行国际性的公开招标(或议标),通过公开的投标报价竞争,选定中标单位,并签订施工承包合同。从而使该国际工程项目进入工程实施阶段,并在中标单位(国际工程承包商)的努力下,完成工程施工与竣工验收任务,交付业主使用,实现正式的生产运营。

按照国际工程的内容与工作范围,国际工程的参与主体详见表1-1。

表 1-1　　　　　　　　　　　国际工程的参与主体一览表

名称	职责与业务范围	备注
业主	业主是工程项目的投资决策者、资金筹集者、项目实施组织者,通常也是项目的产权所有者	业主正式授权任命的代表人称业主代表
承包商/总承包商	承包商通常指承担工程项目施工及设备采购的公司或其联合体 总承包商是指与业主签订合同,将整个工程或其中一个阶段的工作全部承包下来的公司或联合体。总承包商可以分为施工总承包商;设计、建造总承包商;EPC/交钥匙总承包商;设计、建造及运营总承包商和管理总承包商	
工程师/建筑师	工程师是指为委托人(业主)提供有偿技术与管理服务,对某一工程项目实施全方位的监督、检查和协调工作的专业工程师。其主要服务内容一般包括:项目的投资机会研究与可行性研究、工程各阶段的设计、招标文件的编制、施工阶段的监理、竣工验收、试车和培训、项目后评价以及各类专题咨询 建筑师是指按合同规定的拥有建筑师专业注册资格的个人或实体,是工程项目的设计者。AIA合同文件中规定的建筑师不仅是工程项目的设计者,也是受业主委托的项目管理负责人。但在美国的工程项目中,建筑师的首要职责是工程设计	在我国通常指承担规划、设计以及承担工程监理业务的公司
分包商	分包商是指直接与承包人签订合同,分担一部分承包人与发包人签订合同中的任务的公司	分包商一般为专业公司或劳务公司

3

（续表）

名称	职责与业务范围	备注
供应商	供应商是指为工程实施提供工程设备、材料和建筑机械的公司和厂商	
工程测量师	工程测量师是英国、英联邦国家以及香港地区对工程经济管理人员的称谓。在美国叫造价工程师或成本工程师，在日本的称谓是建筑测量师，主要任务是为委托人（一般是发包人，也可以是承包人）进行工程造价管理，协助委托人将工程成本控制在预定目标之内	在我国通常指造价师事务所或造价咨询公司
咨询公司	咨询公司是近几年发展起来的一种项目模式，业主通过招标或委托方式聘请有实力的项目管理承包商（或咨询公司），对项目全过程进行集约化管理。其管理的内容和工作范围由项目管理咨询合同确定	

1.2.2 国际工程承包

国际工程承包是一国企业跨国承揽设计、建造或经营工程项目的经济活动，是国际商品交换、跨国资本输出和输入的必然产物。它是一国企业跨国输出技术、设备材料、劳务以及资本的重要载体，是国际经济技术合作的主要方式之一。

随着经济全球化发展，国际工程承包业务作为我国企业对外贸易的重要组成部分已越来越显示出其重要性。在"走出去"战略背景下，越来越多的中国建筑企业融入日益激烈的国际竞争当中，特别是随着 2013 年中国"一带一路"倡议发展计划的提出及"十三五"规划纲要的出台，我国建筑企业在海外工程参与海外工程项目日益增多。在激烈的国际市场竞争环境下，我国的国际承包业务正朝着多样化模式发展，国家也加大了对国际工程承包业务的支持力度，积极鼓励国内企业参与国际承包项目工程，以此来提升国家在国际工程承包市场的竞争力。2016 年，我国的国际工程承包业务的营业额达到了1594 亿美元，新签合同数额达到 2440 亿美元，同比增长 3.5％和 16.2％。而美国麦格劳·希尔建筑信息公司(McGraw-Hill)发布的 2016 年度 Engineering News Record(简称ENR)全球最大 250 家国际承包商排名中，我国企业有 65 家上榜。

在国际工程承包中，发包人与承包人通过相互间的经济技术合作关系，通过招标、投标、议标或其他协商途径，由国际工程承包商以提供自己的技术、资本、劳务、管理、设备材料、许可权等方式，按业主的要求，为其营造工程项目或从事其他有关经济活动，并按事先商定的合同条件收取费用。

国际工程承包既是一种综合性的国际经济合作方式，也是国际技术贸易的一种方式。国际承包工程项目建设过程中，包含大量技术转让内容，特别是项目建设的后期，承包人要培训业主的技术与劳务人员，提供所需的技术知识（专利技术、专有技术）以保证项目正常运行。

国际工程承包业务的范围包括：建筑项目咨询，工程设计、技术转让等技术服务；材料、设备采购，能源供应或资金供给；工程施工、设备安装、试车；人员培训（使业主今后能管理工程，也在施工中培训）；建成项目的运营管理、技术指导、供销等。

　　在我国通常也将国际工程承包项目称为对外承包工程项目,对外承包工程项目是指依法取得中国政府批准的对外承包工程资格的企业或其他单位,承包境外建设工程项目,包括咨询、勘察、设计、监理、招标、造价、采购、施工、安装、调试、运营、管理等活动。

　　国际工程项目承包的方式,见表 1-2。

表 1-2　　　　　　　　　　　　国际工程项目承包方式一览表

承包方式	工作任务	备注
单独承包	承包商从国外业主处独立承包某项工程。承包商对整个工程项目负责,工程竣工后,经业主验收结束整个承包活动。工程建设所需材料、设备、劳动力、临时设施等都由承包商负责	
总承包	是指一家承包商总揽承包某项国际工程,并对整个工程负全部责任。但是它可以将部分工程分包给其他专业承包商,该分包只对总承包商负责。而不与业主发生直接关系,这是国际工程承包中普遍采用的总承包方式	
联合承包	几家承包商根据各自所长,联合承包一项国际工程。各自负责所承包部分的建设任务,并各自独立向业主负责	

　　其中,总承包方式和以投融资方式承包国际工程已经成为最主要的方式和发展趋势。国际工程项目的承包方式,如图 1-1 所示。

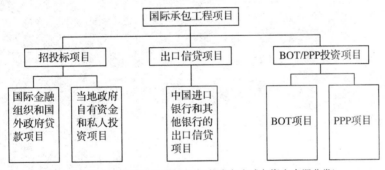

图 1-1　国际工程项目的承包方式(按发包方式与资金来源分类)

1. 国际工程总承包

　　国际工程总承包是指从事工程总承包的企业(承包商)受业主委托,按照合同约定对工程项目的勘察、设计、采购、施工、竣工验收、试运行(保修期满)等实行全过程或若干阶段的承包。工程总承包商按照合同约定对工程项目的质量、工期、造价等向业主负责。工程总承包商可依法将所承包工程中的部分工作发包给具有相应资质的分包企业;分包企业按照分包合同的约定对总承包商负责。工程总承包的具体方式、工作内容和责任等,由业主与工程总承包商在合同中约定。

2. 投融资方式承包国际工程

　　近年来,随着国际工程承包市场的变化,承包商以各种不同的管理方式来承揽各项国际工程(详见第二章),其中投融资方式承包国际工程已经成为一种趋势。该承包方式主要是将发包方式与资金来源紧密结合。

由国际工程承包的概念与项目分类可见:国际工程承包项目内容复杂,工期长,风险大;对项目的管理水平要求比较高,是典型的国际服务贸易。

思考题

1. 国际工程项目承包的方式有哪几种?
2. 国际工程的参与主体有哪几方?

第**2**章

国际工程项目管理模式

工程项目管理模式是指将管理的对象作为一个系统,通过一定的组织和管理模式,使系统能够正常运行,并确保其目标的实现。在实际工程管理中,因工程特点的不同,出现了多种不同的管理模式。

2.1 DBB 模式

2.1.1 DBB 模式含义

DBB(Design-Bid-Build)模式,又称"设计—招标—建造"模式,是传统的项目管理模式,在国际建筑市场上应用最为广泛。该模式将设计、施工分别委托给不同的单位承担,其最大特点是工程项目实施的顺序不可改变,必须按照设计—招标—建造的顺序线性进行,一个阶段工作完成后,另一个阶段才能开始。

DBB 模式由业主和设计单位(一般是建筑师或工程师)签订专业服务合同,由设计单位负责前期各项工作,包括前期策划和可行性研究,待项目评估立项后,设计方可进行设计工作。在设计工作进行的同时,进行施工招标准备工作,并在设计单位协助下,选择报价最低或最有资质的投标人作为施工总承包商,签订施工总承包合同。然后再由施工总承包商分别与材料供应商、设备供应商、工程分包商订立相应的分包合同并组织施工。施工过程中的质量控制、进度控制、成本控制一般委托咨询单位进行,设计单位通常承担协调和监督工作,是业主与承包商的沟通桥梁。

2.1.2 DBB 模式优势及缺陷

1. DBB 模式优势

(1)这种模式是传统的项目管理模式,在国际上被长期广泛应用,因此管理方法、技术手段成熟。

(2)工程建设各参与方对这种传统模式的相关程序都比较了解,因此合同管理相对比较简单,有标准化的合同关系,业主只签订一份施工合同。

(3)业主对咨询设计和监理人员的选择比较自由,便于意图的贯彻。

(4)项目各参与方角色和责任明确,可以采用竞争性招标获得最低报价。

(5)项目施工工期较长,项目质量有保障。

2. DBB 模式缺陷

(1)项目建设周期长,业主前期投入大,工程管理费用高。

(2)施工效率不高,设计变更多,容易引起索赔。

(3)管理协调工作复杂,业主通常不具备协调和仲裁的能力。

(4)由于设计和施工相分离,设计者不能很好地吸收承包商的施工经验和先进技术,设计的可施工性较差。

DBB 模式在国际上应用非常广泛,世界银行、亚洲银行贷款项目,以及以 FIDIC 合同条件为依据的项目均采用这种模式。在我国,这种工程项目管理模式已经被广泛接受并实际应用,国内建筑市场上普遍采用的"招投标制""项目法人制""合同管理制""建设监理制"等基本上都是参照这种模式发展起来的。

2.2 DB 模式

2.2.1 DB 模式含义

DB(Design-Build)模式,又称"设计—建造"模式,起源于 20 世纪 80 年代,是为了解决传统 DBB 模式中设计与施工脱节的缺点而发展起来的一种新模式,与 DBB 模式相比具有更高的优越性。DB 模式是一种简单的工程项目管理模式,业主只需要说明项目的原则和要求,并在此基础上,选择唯一的实体作为设计—建造总承包商,负责项目的设计与施工安装全过程,并对工程项目的安全、质量、工期、造价全面负责。这种方式的投标和合同签订以总价合同为基础,其基本特点是在项目实施过程中保持单一合同责任。设计—建造总承包商需要对整个项目的成本负责,该总承包商首先应选择一个专业设计机构进行设计,然后用竞争性招标的方式选择分包商,或者使用本公司专业人员自行完成一部分或全部工程的设计和施工。

2.2.2 DB 模式优势及缺陷

1. DB 模式优势

(1)只有一个合同,由一个承包商对整个项目负责,可以有效降低项目总体成本,缩短项目工期。

(2)"设计—建造"方内部的有效沟通可以减少由于设计错误、疏忽和解释争议引起的变更,减少对业主的索赔。

（3）在承包商选定时，设计方案的优劣作为评标的主要因素使工程项目的质量较DBB 模式好。

2. DB 模式缺陷

（1）业主的投资费用较传统 DBB 模式略高。

（2）对业主的报价在详细设计之前完成，项目进入实施后，业主担任监护人角色，对最终设计和细节的控制能力低，可能出现成本屈服于质量和设计的现象。

（3）业主无法参与建筑师或工程师的选择，"设计—建造"方内部存在矛盾。

2.2.3　DB 模式适用范围

一般而言，DB 模式适用于规模和难度较大的工程项目。对于把建筑美学方面作为重点，而工期和造价方面不太重视的纪念性建筑或新型建筑，不适宜采用 DB 模式；工程各方面不确定性因素多，风险大的项目，不适宜采用 DB 模式；技术简单，设计工作量少的项目，也不适宜采用 DB 模式。

2.3　CM 模式

2.3.1　CM 模式含义

CM（Construction-Management）模式，又称两阶段招标模式或快速跟进法（Fast Track），基本思想是：由业主委托一个 CM 承包商，采用有条件的边设计、边施工，即快速跟进的生产组织方式进行施工管理，指挥施工活动，并通过各阶段设计、招标、施工的充分搭接，尽可能地使施工早开始，以加快工程建设进度。

2.3.2　CM 模式分类及应用

CM 模式与业主通常采用成本加酬金合同模式，根据合同关系的不同，分为代理型（CM/Agency）和非代理型（CM/Non Agency）两种模式。代理型 CM 模式中 CM 单位只是业主的咨询单位，为业主提供 CM 服务，业主直接与多个分包商签订工程施工合同。非代理型 CM 模式，又称风险型 CM 模式，是由 CM 单位与各分包商签订合同，业主一般不与分包商签订合同，CM 单位向业主保证最大工程费用 GMP（Guaranteed Maximum Price），若实际工程费用超过 GMP，则超出部分由 CM 单位负责。

CM 招标分两个阶段进行：第一阶段一般在初步设计阶段，业主邀请几家有经验的承包商进行投标，由于设计尚未完成，承包商只能根据近似工程量清单或一份反映该工程项目可能有的分项工程的单价表来进行报价。业主经综合评定，确定 CM 承包商。第二阶段由被选中的 CM 单位与设计人员合作，负责选定分包商的全部工作。由于初步设计阶段签订的 CM 合同价不能一次确定，因此随着设计的深入，需要 CM 单位在不同阶段分别提出工程预算。当设计达到一定深度时,为了控制项目总投资,CM 单位需要提交 GMP(保证最大工程费用),根据合同约定,在工程结束时,超出 GMP 的部分由 CM 单位承担,节约部分归业主所有。在招标阶段中,CM 单位负责与分包商签订分包合同,业主可参与整个招标和合同谈判过程,CM 单位与各分包商的合同关系对业主来说是透明的,合同价格也是公开的,分包商的选定必须得到业主的认可。在施工阶段,由 CM 单位对合同范围内的工程质量、工期、成本负全部责任,CM 单位直接管理和协调各分包商,并负责零星工程和未分包工程的施工。

2.3.3　CM 模式优势及缺陷

1. CM 模式优势

(1)由于工程设计与施工的早期结合,CM 单位在设计阶段就可以应用价值工程的方法,根据其在施工成本控制方面的实践经验对工程设计提出合理化建议,使设计变更在很大程度上减少,从而减少业主由于设计变更而提出的索赔,大大降低了工程成本控制风险。

(2)由于 CM 单位与各分包商之间的合同价是公开的,CM 单位不能赚取总包与分包之间的差价,因此他会努力降低分包合同价,以获得业主在合同价格降低方面的奖励,而合同价格降低的部分全部归业主所有,有利于降低工程成本。

(3)CM 模式设计与施工充分搭接,采用分散发包,集中管理的方式,有利于缩短工期。

(4)业主与 CM 单位签订 CM 合同,设计与施工的结合和相互协调有利于业主合理组织生产与管理,在施工中组织协调工作量小,管理程序简单,有利于工程质量的提高。

2. CM 模式缺陷

(1)项目总成本因包含设计和投标的不确定因素,因此项目费用估计不完全准确,业主无法充分把握整体和局部费用,因此项目风险较大。

(2)CM 公司的选择比较困难,CM 模式需要信誉和资质较高的 CM 单位和具备高素质的专业人员。

(3)CM 合同采用成本加酬金合同形式,因此对合同范本的要求较高。

2.3.4　CM 模式适用范围

CM 模式"边设计、边施工"的特点决定了其适用于建设周期长、工期紧,不能等到设计全部完成后再招标的项目,也适合于规模大、投资多,项目参与单位复杂,对变更灵活性要求高,各方面技术不太成熟的工程项目。不适用于规模小、工期短、技术成熟、设计已经标准化的小型工程项目。目前我国在海外的许多建设项目中,均已遵循国际惯例采用 CM 模式进行承包和管理,在国内的一些中外合资或外商独资项目中,也开始试行 CM 模式。

2.4　BT 模式

2.4.1　BT 模式含义

　　BT(Build-Transfer)模式是随着在社会资金越来越多地参与到基础设施建设的过程中,为适应实际项目的特点要求和融资需要应运而生的一种模式。BT 模式由 BOT 模式衍生而来,它的适用范围相当广,特别是出于安全和战略考虑必须由政府直接运营的关键设施以及现金流量不充足或者没有现金流量的非经营性项目和准经营性项目,如国防设施及城市敞开的公共道路。由于 BT 模式投资人不存在经营期间的风险,具有低风险、投资建设周期短、有一定投资回报率等特点,因此,越来越多运用于基础设施项目。在美国,BT 模式被称为"交钥匙"承包方式,政府通过招标"订购"一项工程,采用固定总价、固定工期的总承包合同,承包商负责设计、融资、建造,竣工验收合格后,政府一次性支付合同价款。

　　在市场经济条件下,BT 模式是从 BOT 模式转化发展起来的新型投资模式。采用"BT"模式建设的项目,所有权是政府或政府下属的公司;政府将项目的融资和建设特许权转让投资方;投资方是依法注册的国有建筑企业或私人企业;银行或其他金融机构根据项目的未来收益情况为项目提供融资贷款。政府(或项目筹备办)根据当地社会和经济发展的需要,对项目进行立项,进行项目建议书、可行性研究、筹划报批等前期准备工作,委托下属公司或咨询中介公司对项目进行 BT 招标;与中标人(投资方)签订 BT 投资合同(或投资协议);中标人(投资方)组建 BT 项目公司,项目公司在项目建设期行使业主职能,负责项目的投融资、建设管理,并承担建设期间的风险。项目建成竣工后,按照 BT 合同(或协议),投资方将完工的项目移交给政府(政府下属的公司)。政府(或政府下属的公司)按约定总价(或完工后评估总价)分期偿还投资方的融资和建设费用。政府及管理部门在 BT 投资全过程中行使监管、指导职能,保证 BT 投资项目的顺利融资、建成、移交。

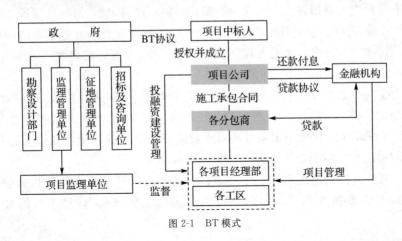

图 2-1　BT 模式

2.4.2　BT 模式优势及缺陷

1. BT 模式优势

(1)可降低管理成本和建设期风险。项目的建设由工程总承包商承担,业主不需要设立项目管理机构来实施项目建设中的管理,建设期内不投入资金,业主只需要监督工程总承包商在规定的时间内移交项目,准备投产即可,节省了大量人力、物力。同时,业主只有在项目竣工验收合格后才开始进行资金支付,这样大大减小了建设期风险。

(2)可以降低项目建设成本,缩短工期。以港口建设为例,业主自行组织项目的实施一般需要经历以下几个阶段:设计的"招标—实施—验收",港口疏浚的"招标—实施—验收",码头建设的"招标—实施—验收",成套设备的"招标—实施—验收"等过程,每个过程的衔接都需要一定的时间和成本。如采用 BT 模式,业主只要招标一次即可选定工程总承包商,将以上各个过程统一为一个过程,可以简化程序,减少环节,缩短整个筹建期,节约时间,降低融资成本。另外,BT 模式业主只要面对一个工程总承包商,减少了业主在整个项目各个时期的工作量和协同成本。由于工作量的扩大,工程总承包商可以给出最优惠的总体价格。总承包价格由工程施工造价、各项管理费开支费用、合理的利润、风险费用、财务费用、国家规定的税收等部分组成,总承包价格将是一个双方认可的合理价格,以达到对项目总成本的控制。

(3)更有利于业主控制项目总体价格。工程总承包商将统筹安排项目建设期资金,项目融资由工程总承包商负责,在建设期不需要动用业主的财务资源,并减少业主因自己融资而增加的财务工作,业主在项目建成转让时才需付款,有利于降低业主的负债水平。

因而,BT 模式为业主在财务状况不便的情况下早上项目、多上项目创造了条件。按照惯例,在项目报价中将财务费用按照市场利率的水平单独计算,与业主自行贷款的费用基本等同,不会因此增加项目造价;同时,该费用是固定报价包干使用的,因资金安排不合理造成的费用增加由工程总承包商承担。

2. BT 模式缺陷

(1)BT 项目建设费用过大。采用 BT 模式必须经过确定项目、项目准备、招标、谈判、签署与 BT 有关的合同、移交等阶段,涉及政府许可、审批以及外汇担保等诸多环节,牵扯的范围广,复杂性强,操作的难度大,障碍多,不易实施,最重要的是融资成本也因中间环节多而增高。

(2)BT 模式中的融资监管难度大。融资监管难度大,资金风险大,目前我国尚没有相应的 BT 模式方面的法律法规,而 BT 模式中法律关系、合同关系的特殊性和复杂性,导致融资监管难度大。例如银团是以政府或政府机构的全额付款保证作为担保,而不是以 BT 方出具抵押作为担保,未来的责任主体难以界定。

(3)BT 项目的分包情况严重。由于 BT 模式中政府只与项目总承包人发生直接联系,建议由项目企业负责落实,因此,项目的落实可能被细化,建设项目的分包将愈显严重。

（4）BT 项目质量得不到应有的保证。在 BT 项目中,政府虽规定督促和协助投资方建立三级质量保证体系,申请政府质量监督,健全各项管理制度,抓好安全生产。但是,投资方出于其利益考虑,在 BT 项目的建设标准、建设内容、施工进度等方面存在问题,建设质量得不到应有的保证。

2.4.3　BT 模式适用范围

（1）不适用于由市场进行商业化运营的非经营性基础设施项目。有一些城市基础设施项目政府要进行统一经营,因此,BOT 模式无法实施。另外,有些城市基础设施项目关系到国计民生,对城市具有战略意义或者政治意义,政府一般不愿出让项目经营权。比如一些国防基础设施或者是对城市交通影响重大的跨江大桥项目等,如果经营权旁落于非政府部门,可能会出现危及城市安全的重大事故。所以,为规避此类潜在风险发生,政府部门一般都会自主经营。

（2）项目没有现金流或现金流不充分的非经营或准经营性基础设施项目。在城镇化进程中,群众对城市基础设施的需求是多方面的,除了最重要的城市交通基础设施外,对城市公共绿地、休闲设施的需求也越来越多。但公共绿地一般不能用来经营,即不能带来稳定的现金流,对于这类项目,政府一般采取 BT 模式。

（3）投资方不愿意经营的纯经营性基础设施项目。在城市基础设施的建设过程中,政府越来越重视引入民营资本。民营资本相比国有资本来说,更加注重投资的安全性,因此,它一般不愿意承担项目的经营风险,希望较快地实现投资回收。另外,一些原本属于纯经营性的基础设施项目,由于投资者缺乏商业经营人才、经营能力和管理经验,或投资者投入的资本为不适宜追求远期回报的中长期投资资本,投资者一般不愿意经营。

（4）投资额较小的基础设施项目。BOT 项目的投资额一般较大,多则近百亿元,少则几十亿元,由于政府的财政资金较为紧张,短期内政府没有充足的资金进行回购,所以只能转让经营权。但对于投资额较小的基础设施项目来说,政府一般愿意待项目建成后就进行回购,通过自身经营来分期支付投资方。

2.5　BOT 模式

2.5.1　BOT 模式含义

BOT（Built-Operate-Transfer）模式,即"建设—经营—转让"模式,兴起于 20 世纪 80 年代,是政府吸引私营机构承建国家公共基础设施项目的一种融资方式。政府与私营机构形成一种"伙伴"关系,通过提供一定期限的特许权协议,将本应由政府承办的公共基础设施建设交与私营机构负责,由私营机构负责项目融资、建设、经营和维护,并根据特许权协议在规定期限内经营项目获取利润,特许期结束后,将项目完整、无偿地交还给政府。

特许权协议在 BOT 模式中占有关键性地位,因此 BOT 模式也称为"特许权融资"模式。

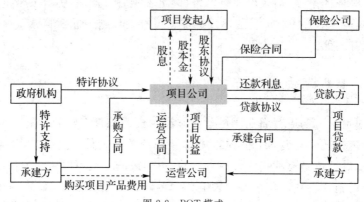

图 2-2 BOT 模式

根据世界银行《1994 年世界发展报告》定义,BOT 模式在推广应用中至少衍生出了以下几种建设模式:

(1)标准 BOT 模式,即"建设—经营—移交"模式;

(2)BOOT 模式,即"建设—拥有—经营—移交"模式,指私营企业在项目特许期内既拥有项目经营权,又拥有项目所有权;

(3)BOO 模式,即"建设—拥有—经营"模式,指项目开发商负责建设并经营某项基础设施项目,并且不将项目移交给政府;

(4)BIT 模式,即"建设—租赁—移交"模式,指政府将某项基础设施项目交给私营机构建设,在项目运营期内,政府成为该项目的租赁人,私营机构获取租赁收益,并在租赁期结束后,将项目全部移交给政府;

(5)此外,还有 BOOST(建设—拥有—运营—补助—移交)、ROT(改造—运营—移交)、BT(建设—移交)、BTO(建设—移交—运营)、IOT(投资—运营—移交)、ROO(移交—运营—拥有)等模式。

2.5.2 BOT 模式的历史

我国第一个 BOT 基础设施项目是 1984 年由香港合和实业公司和中国发展投资公司等作为承包商在深圳建设的沙头角 B 电厂。之后,我国广东、福建、四川、上海、湖北、广西等地也出现了一批 BOT 项目。如广深珠高速公路、重庆地铁、地洽高速公路、上海延安东路隧道复线、武汉地铁、北海油田开发项目等。

近年来,BOT 这种投资与建设方式被一些发展中国家用来进行基础设施建设并取得了一定的成功,引起了世界范围内很多国家的广泛青睐,被当成一种新型投资方式进行宣传,然而 BOT 远非一种新生事物,它自出现至今已有至少 300 年的历史。

17 世纪英国的领港公会负责管理海上事务,包括建设和经营灯塔,并拥有建造灯塔和向船只收费的特权。但是据专家调查,从 1610 年到 1675 年的 65 年中,领港公会连一个灯塔也未建成,而同期私人建成的灯塔至少有十座。这种私人建造灯塔的投资方式与现在所谓 BOT 如出一辙。即:私人首先向政府提出准许建造和经营灯塔的申请,申请中必须包括许多船主的签名以证明将要建造的灯塔对他们有利并且表示愿意支付过路费;在申请获得政府的批准以后,私人向政府租用建造灯塔必须占用的土地,在特许期内管理灯塔并向过往船只收取过路费;特权期满以后由政府将灯塔收回并交给领港公会管理和继续收费。到 1820 年,在全部 46 座灯塔中,有 34 座是私人投资建造的。可见 BOT 模式在投资效率上远高于行政部门。

2.5.3　BOT 模式的特点

(1)BOT 能够保持市场机制发挥作用。BOT 项目的大部分经济行为都在市场上进行,政府以招标方式确定项目公司的做法本身也包含了竞争机制。作为可靠的市场主体的私人机构是 BOT 模式的行为主体,在特许期内对所建工程项目具有完备的产权。这样,承担 BOT 项目的私人机构在 BOT 项目的实施过程中的行为完全符合经济人假设。

(2)BOT 为政府干预提供了有效的途径。政府与私人机构达成的有关 BOT 的协议为其干预提供了途径。尽管 BOT 协议的执行全部由项目公司负责,但政府自始至终都拥有对该项目的控制权。在立项、招标、谈判三个阶段,政府的意愿起着决定性作用。在履约阶段,政府又具有监督检查的权力,项目经营中价格的制订也受到政府的约束,政府还可以通过通用的 BOT 法来约束 BOT 项目公司的行为。

2.5.4　BOT 模式优势与缺陷

1. BOT 模式优势

(1)减少项目对政府财政预算的影响,使政府能在自有资金不足的情况下,仍能上马一些基本项目建设,政府可以集中资源,对那些不被投资者看好,但又对国家有重大战略意义的项目进行投资。BOT 融资不构成政府外债,政府也不必偿还债务,同时还可以提高政府信用。

(2)把私营企业中的效率引入公用项目,可以极大提高项目建设质量并加快项目建设进度。同时,政府也将全部项目风险转移给了私营发起人。

(3)对于发展中国家来说,吸引国外投资并引进国外先进技术和管理方法,对项目所在国经济的长远发展会产生积极的影响。

(4)BOT 模式给一些大型承包公司提供了更多的发展机会,有利于刺激经济发展,提高就业率,同时还可带来技术转让、人才培养专业、资本市场发展等利益。

2. BOT 模式缺陷

(1)BOT 项目前期投资大,融资成本高,且前期时间过长。

(2)项目参与方众多,各方关系错综复杂,且建设周期长,因此项目存在较大风险。

(3)在合同规定的特许期内,政府无法拥有该项目的控制权。

2.5.5　BOT 的主要参与人

典型的 BOT 项目的参与人包括政府、BOT 项目公司、投资人、银行或财团以及承担设计、建设和经营的有关公司。

政府是 BOT 项目的控制主体。政府决定着是否设立此项目、是否采用 BOT 方式。在谈判确定 BOT 项目协议合同时政府也占据着有利地位。它还有权在项目进行过程中对必要的环节进行监督。在项目特许到期时,它还具有无偿收回该项目的权利。

BOT 项目公司是 BOT 项目的执行主体,它处于中心位置。所有关系到 BOT 项目的筹资、分包、建设、验收、经营管理体制以及还债和偿付利息都由 BOT 项目公司负责,同设计公司、建设公司、制造厂商以及经营公司打交道。

投资人是 BOT 项目的风险承担主体。他们以投入的资本承担有限责任。尽管原则上讲政府和私人机构分担风险,但实际上各国在操作中差别很大。市场经济发达的国家在 BOT 项目中分担的风险很小,而发展中国家在跨国 BOT 项目中往往承担很大比例的风险。

银行或财团通常是 BOT 项目的主要出资人。对于中小型的 BOT 项目,一般单个银行足以为其提供所需的全部资金,而大型的 BOT 项目往往使单个银行感觉力不从心,从而组成银团共同提供贷款。由于 BOT 项目的负债率一般高达 $70\%\sim90\%$,所以贷款往往是 BOT 项目的最大资金来源。

2.5.6　BOT 项目实施过程

BOT 模式多用于投资额度大而期限长的项目。一个 BOT 项目自确立到特许期满往往有十几年或几十年的时间,整个实施过程可以分为立项、招标、投标、谈判、履约五个阶段。

(1)立项阶段。在这一阶段,政府根据中、长期的社会和经济发展计划列出新建和改建项目清单并公之于众。私人机构可以根据该清单上的项目联系本机构的业务发展方向做出合理计划,然后向政府提出以 BOT 方式建设某项目的建议,并申请投标或表明承担该项目的意向。政府则依靠咨询机构进行各种方案的可行性研究,根据各方案的技术经济指标决定采用何种方式。

(2)招标阶段。如果项目确定要采用 BOT 方式建设,则首先由政府或其委托机构发布招标广告,然后对报名的私人机构进行资格预审,从中选择数家私人机构作为投标人并向其发售招标文件。

对于确定以 BOT 方式建设的项目也可以不采用招标方式而直接与有承担项目意向的私人机构协商。但协商方式成功率不高,即便协商成功,往往也会由于缺少竞争而使政府答应条件过多导致项目成本增高。

(3)投标阶段。BOT 项目标书的准备时间较长,往往在 6 个月以上,在此期间受政府委托的机构要随时回答投标人对项目要求提出的问题,并考虑招标人提出的合理建议。投标人必须在规定的日期前向招标人呈交投标书。招标人开标、评标、排序后,选择前2～3家进行谈判。

(4)谈判阶段。特许合同是BOT项目的核心,它具有法律效力并在整个特许期内有效,它规定了政府和BOT项目公司的权力和义务,决定双方的风险和回报。所以,特许合同的谈判是BOT项目的关键一环。政府委托的招标人依次同选定的几个投标人进行谈判。成功则签订合同,不成功则转向下一个投标人。有时谈判需要循环进行。

(5)履约阶段。这一阶段涵盖整个特许期,又可以分为建设阶段、经营阶段和移交阶段。BOT项目公司是这一阶段的主角,承担履行合同的大量工作。需要特别指出的是,良好的特许合约可以激励BOT项目公司认真负责地监督建设、经营的参与者,努力降低成本,提高效率。

2.5.7　BOT项目中的风险

BOT项目投资大,期限长,且条件差异较大,常常无先例可循,所以BOT模式的风险较大。风险的规避和分担也就成为BOT项目的重要内容。在BOT项目整个过程中可能出现的风险有五种类型:政治风险、市场风险、技术风险、融资风险和不可抵抗的外力风险。

(1)政治风险。政局不稳定、社会不安定因素会给BOT项目带来政治风险,这种风险是跨国投资的BOT项目公司特别考虑的。投资人承担的政治风险随项目期限的延长而相应递增,而对于本国的投资人而言,则较少考虑该风险因素。

(2)市场风险。在BOT项目较长的特许期中,供求关系变化和价格变化时有发生。在BOT项目回收全部投资以前,市场上有可能出现更廉价的竞争产品或更受大众欢迎的替代产品,以致对该BOT项目的产出需求大大降低,此为市场风险。通常BOT项目投资大都期限长,又需要政府的协助和特许,所以具有垄断性,但不能排除由于技术进步等原因带来的市场风险。此外,在原材料市场上可能会由于原材料涨价导致工程超支,这是另一种市场风险。

(3)技术风险。在BOT项目进行过程中由于制度上的细节问题安排不当带来的风险,称为技术风险。这种风险的一种表现是延期,工程延期将直接缩短工程经营期,减少工程回报,严重的可能导致项目的放弃。另一种情况是工程缺陷,指施工建设过程中的遗留问题。该类风险可以通过制度安排上的技术性处理减少其发生的可能性。

(4)融资风险。由于汇率、利率和通货膨胀率在预期外的变化带来的风险,是融资风险。若发生了比预期高的通货膨胀,则BOT项目预定的价格(如果预期价格约定了的话)则会偏低;如果利率升高,由于高的负债率,则BOT项目的融资成本大大增加;由于BOT常用于跨国投资,汇率的变化或兑现的困难也会给项目带来风险。

(5)不可抵抗的外力风险。BOT项目和其他许多项目一样要承担地震、火灾、洪水和暴雨等不可抵抗而又难以预计的外力的风险。

2.5.8 BOT 模式风险的规避

应付风险的机制有两种。一种机制是规避,即以一定的措施降低不利情况发生的概率;另一种机制是分担,即事先约定不利情况发生情况下损失的分配方案。这是 BOT 项目合同中的重要内容。国际上在各参与者之间分担风险的惯例是:谁最能控制风险,其风险便由谁承担。

(1)政治风险的规避。跨国投资的 BOT 项目公司首先要考虑的就是政治风险问题。而这种风险仅凭经济学家和经济工作者的经验是难以评估的。项目公司可以在谈判中获得政府的某些特许以部分抵消政治风险。如在项目国以外开立项目资金账户。此外,美国的海外私人投资公司(OPIC)和英国的出口信贷担保部(ECGD)对本国企业跨国投资的政治风险提供担保。

(2)市场风险的分担。在市场经济体制中,由于新技术的出现带来的市场风险应由项目的发起人和确定人承担。若该项目由私人机构发起则这部分市场风险由项目公司承担;若该项目由政府发展计划确定,则政府主要负责。而工程超支风险则应由项目公司做出一定预期,在 BOT 项目合同签订时便有备无患。

(3)技术风险的规避。技术风险是由于项目公司在与承包商进行工程分包时约束不严或监督不力造成的,所以项目公司应完全承担责任。对于工程延期和工程缺陷应在分包合同中做出规定,与承包商的经济利益挂钩。项目公司还应在工程费用以外留下一部分维修保证金或施工后质量保证金,以便顺利解决工程缺陷问题。对于影响整个工程进度和关系整体质量的控制工程,项目公司还应进行较频繁的期间监督。

(4)融资风险的规避。工程融资是 BOT 项目贯穿始终的一个重要内容。这个过程全部由项目公司为主体进行操作,风险也完全由项目公司承担。融资技巧对项目费用大小影响极大。首先,工程过程中分步投入的资金应分步融入,否则会大大增加融资成本。其次,在约定产品价格时应预期利率和通胀的波动对成本的影响。若是从国外引入外资的 BOT 项目,应考虑货币兑换问题和汇率的预期。

(5)不可抵抗外力风险的分担。这种风险具有不可预测性和损失额的不确定性,有可能是毁灭性损失。而政府和私人机构都无能为力。对此可以依靠保险公司承担部分风险。这必然会增大工程费用,对于大型 BOT 项目往往还需要多家保险公司进行分保。在项目合同中政府和项目公司还应约定该风险的分担方法。

综上所述,在市场经济中,政府可以分担 BOT 项目中的不可抵抗外力的风险,保证货币兑换,或承担汇率风险,其他风险皆由项目公司承担。

西方国家的 BOT 项目具有两个特别的趋势值得中国发展 BOT 项目借鉴。其一是大力采用国内融资方式,其优点之一便是彻底回避了政府风险和当代浮动汇率下尤为突出的汇率风险。另一个趋势是政府承担的风险愈来愈少。这当然有赖于市场机制的作用和经济法规的健全。从这个意义上讲,推广 BOT 模式的途径,不是依靠政府的承诺,而是深化经济体制改革和加强法制建设。

2.5.9　BOT 模式适用范围

BOT 模式是政府职能与私人机构功能互补的历史产物,特别适用于国家急需建设的大型基础设施项目,这些项目要求投入大量资金,且技术要求高,工期紧张,往往要求在设计和概念上提出新构思。因此,BOT 项目的融资对象一般是资信可靠、实力雄厚的国际公司或财团。

2.5.10　BOT 模式案例

深圳地铁 4 号线由港铁公司获得运营及沿线开发权。根据深圳市政府和港铁公司签署的协议,港铁公司在深圳成立项目公司,以 BOT 方式投资建设全长约 16 千米、总投资约 60 亿元的 4 号线二期工程。同时,深圳市政府将已于 2004 年年底建成通车的全长 4.5 千米的 4 号线一期工程在二期工程通车前(2007 年)租赁给港铁深圳公司,4 号线二期通车之日始,4 号线全线将由香港地铁公司成立的项目公司统一运营,该公司拥有 30 年的特许经营权。此外,香港地铁还获得 4 号线沿线 290 万平方米建筑面积的物业开发权。在整个建设和经营期内,项目公司由香港地铁公司绝对控股,自主经营、自负盈亏,运营期满,全部资产无偿移交深圳市政府。

2.6　TBT 模式

2.6.1　TBT 模式含义

TBT(Transfer-Build-Transfer)就是将 TOT 与 BOT 融资模式组合起来,以 BOT 为主的一种融资模式。在 TBT 模式中,TOT 的实施是辅助性的,采用它主要是为了促成 BOT。TBT 的实施过程如下:政府通过招标将已经运营一段时间的项目和未来若干年的经营权无偿转让给投资人;投资人负责组建项目公司去建设和经营待建项目;项目建成开始经营后,政府从 BOT 项目公司获得与项目经营权等值的收益;按照 TOT 和 BOT 协议,投资人相继将项目经营权归还给政府。实质上,是政府将一个已建项目和一个待建项目打包处理,获得一个逐年增加的协议收入(来自待建项目),最终收回待建项目的所有权益。

TOT(Transfer-Operate-Transfer)模式,是一种通过出售现有资产以获得增量资金进行新建项目融资的一种新型融资方式。在这种模式下,首先私营企业用私人资本或资金购买某项资产的全部或部分产权或经营权,然后,购买者对项目进行开发和建设,在约定的时间内通过对项目经营收回全部投资并取得合理的回报,特许期结束后,将所得到的产权或经营权无偿移交给原所有人。

2.6.2 TBT 模式实施过程

政府通过招标将已经运营一段时间的项目和未来若干年的经营权无偿转让给投资人；投资人负责组建项目公司去建设和经营待建项目；项目建成开始经营后，政府从 BOT 项目公司获得与项目经营权等值的收益；按照 TOT 和 BOT 协议，投资人相继将项目经营权归还给政府。实质上，是政府将一个已建项目和一个待建项目打包处理，获得一个逐年增加的协议收入（来自待建项目），最终收回待建项目的所有权益。

2.6.3 TBT 模式特点

（1）从政府的角度讲，TOT 盘活了固定资产，以存量换增量，可将未来的收入现在一次性提取。政府可将 TOT 融得的部分资金入股 BOT 项目公司，以少量国有资本来带动大量民间资本。众所周知，BOT 项目融资的一大缺点就是政府在一定时期对项目没有控制权，而政府入股项目公司可以避免这一点。

（2）从投资者角度来讲，BOT 项目融资的方式很大程度上取决于政府的行为。而从国内外民营 BOT 项目成败的经验看，政府一定比例的投资是吸引民间资金的前提。在BOT 的各个阶段政府会协调各方关系，推动 BOT 项目的顺利进行，这无疑减少了投资人的风险，使投资者对项目更有信心，对促成 BOT 项目融资极为有利。TOT 使项目公司从BOT 特许期一开始就有收入，未来稳定的现金流入使 BOT 项目公司的融资变得较为容易。

2.7 EPC 模式

2.7.1 EPC 模式含义

EPC（Engineering-Procurement-Construction）模式，即"设计—采购—施工"承包模式，在发达国家的发展和应用已有近百年的历史，其最大特点就是将设计、采购、施工一体化，把人力、物力、财力有效地组合到工程建设项目上来，以减少资源浪费，真正实现责任与权力、风险与效益、过程与结果的有效统一。

2.7.2 EPC 模式优势与缺陷

1. EPC 模式优势

（1）合同管理工作量减少。EPC 模式下合同结构简单，业主的组织和协调任务量小，业主通过合同将拟建项目的实施委托给总承包商负责，由总承包商负责项目设计、采购和施工,并协调自己内部和分包商之间的关系,因此,对承包商的技术和管理水平要求较高。

(2)合同为固定总价合同。业主与总承包商先商定合同价格,考虑到可能发生的风险,合同价格一经确定,便不能随意变动,业主一般不允许承包商因费用的变化而调价。因此,总承包商的风险较大。

(3)有利于承包商综合实力的提高。在 EPC 模式下,设计、采购、施工融为一体,不但要求承包商具有设计、采购和施工能力,还要求其具有较强的融资能力和项目管理能力,从而可以促进承包商提升综合实力。同时,由于 EPC 项目大多采用固定总价合同,承包商风险较大,为获得更高的收益,会促使承包商加强风险管理。

(4)信任与监督并存。业主对总承包商的信任是项目顺利进行的前提,在 EPC 模式下,业主对总承包商的工作只进行有限的控制,承包商的工作方式相对比较自由,业主代表被授予的权利较小,业主一般只需要派出少量管理人员对建设过程进行总体控制即可,因此,在一定程度上有利于业主进行项目群管理。

(5)项目各参与方责、权、利明确。EPC 模式下,总承包商对项目实行全过程管理,因此大大减少了业主的合同界面,降低了业主的项目运营费用和风险。业主、总承包商、监理单位或者是项目管理公司各方责、权、利明确,更加有利于实现以项目目标为中心的组织结构的确立,从而保证了工程的顺利进行。

(6)有利于项目目标的实现。项目的总承包商在项目早期介入项目,使项目工期具有更大的确定性。由于该模式下将设计、采购、施工融于一体,设计和采购之间的经常性沟通避免了采购方面的不必要损失,设计和施工之间的顺利配合使工程质量和投资能更好地协调,项目在同一框架下运作,减少了各阶段的中间环节,从而保证了项目目标的顺利实现。

2. EPC 模式缺陷

(1)EPC 模式对总承包商的要求较高,总承包商需要具备设计、采购、施工等多方面的实力,并且要求总承包商有较高的技术和管理水平,因此在国内选择具备以上实力的总承包商比较困难。

(2)业主不能对工程进行全过程控制,若业主要求调整或变更设计方案,则带来的成本增加风险将由业主承担,这样会加大业主风险。

(3)总承包商要对整个项目的质量、工期和成本负责,因此风险较大。EPC 模式主要适用于规模大、工期长、技术复杂的大型工程项目。

2.7.3　EPC 模式适用范围

可适用于以交钥匙方式提供加工或动力设备、工厂或类似设施、基础设施工程或其他类型开发项目,这种方式项目的最终报价和要求的工期具有更大程度的确定性,由承包商承担项目的设计和实施的全部职责,雇主介入很少。交钥匙工程的通常情况是,由承包商进行全部设计、采购和施工,提供一个配备完善的设施。

2.8 PM 模式

2.8.1 PM 模式含义

PM(Project-Management)模式,又称项目管理模式,是指工程项目管理企业(又称 PM 公司)受业主委托,按照合同约定,代表业主对项目的组织实施进行全过程或若干阶段的管理和服务。其职责范围包括项目的可行性分析和策划、招标代理、设计管理、采购管理、施工管理以及竣工验收和试运行等各项工作,PM 合同属于委托合同,业主可以随时根据情况调整对 PM 公司的委托范围,PM 公司依照合同约定在其职责范围内开展工作,并承担相应的管理责任。

2.8.2 PM 模式分类

根据 PM 公司的授权范围和内容以及 PM 公司是否对实现项目目标承担责任两方面,可以将项目管理分为以下几种模式:

(1)PM 公司作为业主代表,依据合同全权行使业主各项职能并承担相应责任,包括项目供应商、承包商、相关中介咨询机构的选择并签订合同。这种模式下 PM 公司具有较大的权利,同时也需承担较大的责任,当达不到合同约定的工期、质量、造价等相关方面的要求时,PM 公司需承担违约责任。

(2)工程项目建设各合作方的选择和合同的签订由业主自行完成,PM 公司依照合同约定进行项目管理并承担相应责任。这种模式下 PM 公司具有较大的管理范围和权利,业主在签订 PM 合同时应充分调动 PM 公司的积极性,按照 PM 公司的承诺或投标书订立详细的考核指标,当由于 PM 公司的管理造成工程项目的目标不能实现时,PM 公司要承担违约责任。

(3)PM 公司按照合同规定,对项目质量、投资、工期进行管理,并协调项目相关各方面关系,业主自行完成项目各相关单位的选择以及合同的签订。相对于前两种模式来说,这种模式下 PM 公司仅仅是管理协调各相关单位,权力很小,重大问题决策还需业主来决定。该模式类似于目前的建设监理制,只是合同委托的范围更加灵活,PM 公司作为业主的代理人对工程项目目标是否实现不承担责任。

(4)PM 公司不仅承担工程项目的管理工作,还可能承担项目的咨询工作,包括项目可行性研究、设计、监理等工作,这种模式下 PM 公司的职责范围是前三种模式的一种或多种衍生,除了承担项目的咨询工作责任外,还承担与项目管理有关的责任,具体操作情况根据 PM 合同来确定。

在具体的项目管理操作过程中,可以灵活应用以上几种模式,业主可根据自己的需要,将项目的某个阶段或某几个阶段中的某些部分委托给 PM 公司进行项目管理。

2.8.3　PM 模式优势与缺陷

1.PM 模式优势

(1)PM 模式下,项目委托给 PM 公司管理,大大减少了业主工作量。

(2)由于 PM 公司具有大量的专业人才和较高的管理水平,有利于帮助业主更好地实现工程项目目标,从而提高投资效益。

(3)在 PM 模式下,业主可以根据自身情况和项目特点来选择不同的项目管理模式,工作内容和范围比较灵活。

2.PM 模式缺陷

PM 模式作为一种新型管理模式,在我国起步较晚,对 PM 公司的职业道德标准、执业标准和行为标准还未形成,因此对 PM 公司履行职责的评价比较困难,并且业主与 PM 公司双方对于职责的认识还不够全面系统。

目前,PM 模式作为一种新型工程管理模式正被越来越多地应用于我国的工程实践中。从国际上来看,PM 公司提供的项目管理服务从项目前期开始一直贯穿于项目实施各个阶段,直至竣工验收完成,但我国现阶段的项目管理还主要应用于项目实施阶段。

2.9　PMC 模式

2.9.1　PMC 模式含义

PMC(Project-Management-Contractor)模式,也称项目管理承包模式,是指业主聘请专业项目管理公司(一般是具备相当实力的咨询公司或工程公司)代表业主对整个项目进行集成化管理,即对整个项目的组织实施进行全过程管理和服务。项目管理公司先与业主签订 PMC 合同,然后再与各分包商签订合同,在这种模式下,由项目管理公司负责对工程项目进行计划、管理、协调、控制,为业主提供工程管理服务,而工程项目的具体实施则由各分包商完成。在项目前期,项目管理承包商代表业主进行前期管理,包括:项目前期策划,可行性研究,项目定义、计划、融资方案,项目实施方案,编制招标文件,完成项目招标、评标等。在项目实施阶段,项目管理承包商负责项目的全部管理、协调和监督工作,由各项目分包商负责完成项目的详细设计和工程施工,直至项目全部完成。

2.9.2　PMC 模式与 PM 模式的区别

(1)PMC 模式下分包商的选择和合同的签订由项目管理承包商完成,在 PM 模式下则由业主自行选择设计、施工、供货单位并签订合同,然后与 PM 公司签订合同。

(2)在 PMC 模式下,项目管理承包商代表业主对整个项目全过程实施管理和服务,而 PM 公司是根据合同约定对建设项目的全过程,或者是项目的若干阶段实施管理和服务。

（3）PMC 公司和 PM 公司职责范围不同。PMC 公司作为业主代表,全权行使业主的各项职能,而 PM 公司却是根据合同规定对项目的某个或几个阶段实施质量、进度、合同、费用、安全等管理和控制。因此,PM 模式一般被称为项目管理服务,而 PMC 模式被称为项目管理承包。

2.9.3　PMC 模式优势与缺陷

1. PMC 模式优势

（1）由专业的项目管理公司对整个项目进行科学化管理,有利于提高项目管理水平,节约项目投资。业主选用承担 PMC 的公司大都是国内外知名工程咨询公司,他们不仅有丰富的项目管理经验,同时还有多年从事 PMC 的背景,因其专业从事工程建设管理,其技术实力和管理水平均强于附属于业主的相关部门。

（2）有利于帮助业主节约项目投资。业主在和 PMC 签订的合同中大多都有节约投资给予相应奖励的规定。PMC 一般会在确保项目质量工期等目标完成的情况下,尽量为业主节约投资。PMC 从设计开始到工程竣工,全面介入并进行项目管理,从基础设计开始,他们就本着节约的方针进行控制,从而降低项目采购、施工等后续阶段投资,以达到节约费用的目的。

（3）有利于精简业主建设期管理机构。对于超大型项目,业主如选用建设指挥部进行管理,势必需要组建一个人数众多、组织机构复杂的指挥部。而且工程竣工后如何对这些人员进行安置也是令业主较为头疼的问题。而 PMC 和业主之间是合同雇佣关系,在工程建设期间,PMC 会针对项目特点组成适合项目的组织机构协助业主进行工作,业主只需保留很小部分的管理权力和对一些关键问题的决策权即可,从而达到精简管理机构的目的。

（4）有利于业主取得融资。除了日常项目管理工作外,PMC 还会在项目融资、出口信贷等方面对业主提供全面支持。由于从事 PMC 的公司对国际融资机构及出口信贷机构较为熟悉,往往可以在协助业主融资和出口信贷机构的选择上发挥重要作用,而融资机构为确保其投资成功,愿意由这些从事 PMC 的工程公司来对项目建设进行管理以确保项目的成功建成,为其投资收益实现提供保障。

2. PMC 模式劣势

（1）PMC 模式的适用范围较小,只适合于大公司业主联合的大型工程项目的管理;

（2）PMC 项目一般比较复杂且难度较大。PMC 模式通常适用于国际性的大型工程项目,主要包括:

①业主由多个公司组成甚至有政府部门参与的项目;

②由于内部资源短缺而难以实现的项目;

③技术复杂且投资超过 10 亿美元的大型工程项目;

④业主不以原有资产进行担保的项目;

⑤需要得到出口信贷机构或商业银行国际信贷的项目。

2.10　PPP 模式

2.10.1　PPP 模式含义

PPP(Public-Private-Partnership)模式,即公共部门与私人企业合作模式。于 20 世纪 90 年代后在西方,特别是欧洲流行起来,在公共基础设施领域,尤其是在大型、一次性的项目,如公路、铁路、地铁等的建设中扮演着重要角色。PPP 模式是一种优化的项目融资与实施模式,以各参与方的"双赢"或"多赢"作为合作的基本理念,其典型结构是政府部门或地方政府通过政府采购的形式,与中标单位组建的特殊目的公司签订特许合同,特殊目的公司一般是由中标建筑公司、服务经营公司或对项目进行投资的第三方组成的股份有限公司,由特殊目的公司负责筹资、建设及经营。政府通常与提供贷款的金融机构达成一个直接协议,此协议不是对项目进行担保的协议,而是向借贷机构承诺将按与特殊目的公司签订的合同支付有关费用的协定,这个协议使特殊目的公司能比较顺利地获得金融机构贷款。采用这种融资形式的实质是政府通过给予私营公司长期的特许经营权和收益权来加快基础设施的建设及有效运营。

目前,各个国家都成立了类似 PPP 中心的组织,包括中国的财政部 PPP 中心、英国的 Infrastructure UK、加拿大的 PPP Canada、美国的 NCPPP、欧盟的 EPEC 等,这些组织在沉淀 PPP 项目经验和知识的过程中起着非常重要的作用。

2.10.2　PPP 模式特点

PPP 模式的特点主要包括以下几个方面:

(1)PPP 模式是一种新型的项目融资模式。即融资是以项目为主体的融资活动,是项目融资的一种实现形式,主要根据项目预期收益、资产以及政府扶持力度而不是项目投资人或发起人的资信来安排融资。项目经营的直接收益和通过政府扶持所转化的效益是偿还贷款的资金来源,项目公司的资产和政府给予的有限承诺是贷款的安全保障。

(2)PPP 融资模式可以使更多的民营资本参与到项目中,以提高效率,降低风险。这也正是现行项目融资模式所鼓励的。政府的公共部门与民营企业以特许权协议为基础进行全程合作,双方共同对项目运行的整个周期负责。即融资模式的操作规则使民营企业能够参与到城市轨道交通项目的确认、设计和可行性研究等前期工作中来,这不仅降低了民营企业的投资风险,而且能将民营企业的管理方法与技术引入项目中来,还能有效地实现对项目建设与运行的控制,从而有利于降低项目建设投资的风险,较好地保障国家与民营企业的各方利益。这对缩短项目建设周期,降低项目运作成本甚至资产负债率都具有值得肯定的现实意义。

(3)PPP 模式可以在一定程度上保证民营资本"有利可图"。私营部门的投资目标是寻求既能够还贷又有投资回报的项目,无利可图的基础设施项目无法吸引到民营资本。而采取 PPP 模式,政府可以给予私人投资者相应的政策扶持作为补偿,如税收优惠、贷款担保、给予民营企业沿线土地优先开发权等。通过实施这些政策可提高民营资本投资公共基础设施项目的积极性。

(4)PPP 模式在减轻政府初期建设投资负担和风险前提下,可以提高基础设施服务质量。在 PPP 模式下,公共部门和民营企业共同参与基础设施建设和运营,由民营企业负责项目融资,有可能增加项目的资本金数量,进而降低资产负债率,这不但能节省政府投资,还可将项目的一部分风险转移给民营企业,从而降低政府风险。同时双方可以形成互利的长期目标,更好地为社会和公众提供服务。

2.10.3　PPP 模式的组织形式

PPP 模式的组织形式非常复杂,既可能包括私人营利性企业、私人非营利性组织,同时还可能包括公共非营利性组织(如政府)。合作各方之间不可避免地会产生不同层次、类型的利益和责任上的分歧。只有政府与私人企业形成相互合作的机制,才能使得合作各方的分歧模糊化,在求同存异的前提下完成项目的目标。

PPP 模式的机构层次就像金字塔一样,金字塔顶部是政府,是引入私人部门参与基础设施建设项目的有关政策的制定者。政府对基础设施建设项目有一个完整的政策框架、目标和实施策略,对项目的建设和运营过程的各参与方进行指导和约束。

金字塔中部是政府有关机构,负责对政府政策指导方针进行解释和运用,形成具体的项目目标。

金字塔的底部是项目私人参与者,通过与政府的有关部门签署一个长期的协议或合同,协调本机构的目标、政策目标和政府有关机构的具体目标之间的关系,尽可能使参与各方在项目进行中达到预定的目标。

这种模式的一个最显著的特点就是政府或者所属机构与项目的投资者和经营者之间的相互协调及其在项目建设中发挥的作用。

PPP 模式是一个完整的项目融资概念,但并不是对项目融资的彻底更改,而是对项目生命周期过程中的组织机构设置提出了一个新的模型。它是政府、营利性企业和非营利性企业基于某个项目而形成以"双赢"或"多赢"为理念的相互合作形式,参与各方可以达到与预期单独行动相比更为有利的结果,其运作思路如图所示。参与各方虽然没有达到自身理想的最大利益,但总收益即社会效益却是最大的,这显然更符合公共基础设施建设的宗旨。

2.10.4　PPP 模式优势与缺陷

1. PPP 模式优势

(1)在公共基础建设项目初期就允许私营资本参与,可以充分利用私营资本在技术以及管理方面的优势将项目总成本控制在最低。对于公共基础建设项目而言,在立项、项目可行性论证、融资、建设以及实际经营等环节都由政府部门与民间资本共同参与,可以提供技术及资金支持。充分发挥市场导向作用,立足实际情况及需求,在科学预测、充分论证的前提下决定项目规模及投资,防止规模过大所导致的资源浪费以及无法收回项目收益的问题出现。

(2)有利于基础建设水平的提升。受历史因素影响,我国基础设施建设项目不论是管理还是运营都带有明显的垄断色彩,社会私营企业积极性大大受挫,只要供需平衡即可,严重影响生产率及服务质量。PPP 模式赋予了企业自主经营权,激发了企业的竞争意识,因此,企业为获取更多利润,会更加关注管理、服务质量的提升以及成本的控制。

(3)对私营资本予以高效利用,缓解政府部门财政压力,争取社会效益及经济效益共同实现。当前我国所开展的基础设施建设项目主要是政府部门财政支持,然而随着城市化进程的加快,基础设施建设项目急速增加,使政府部门面临极大的财政压力。对于融资困难的基础设施建设项目而言,采用 PPP 模式能够最大化地争取政府支持,有效控制项目风险,保证投资者收益。

(4)更加合理的分配风险。PPP 模式与 BOT 模式最大的区别在于将政府公共部门纳入项目风险承担者范畴,能够在很大程度上分散各参与方风险,缓解融资压力。

2. PPP 模式缺陷

(1)PPP 模式导致私营机构融资成本较高。与公共部门相比,金融市场对私营机构信用水平的认可度通常略低,导致私营机构融资成本通常要高于公共机构融资成本。当然,在评价社会资本的融资成本时,除了考虑利率之外,还需要考虑项目所转移的风险、社会资本的创新能力,以及项目总体绩效的提升等,从社会整体功效出发来考虑项目价值。此外,社会资本和公共机构的融资成本也在进一步接近,虽然融资成本的差异不可能完全消除,但这方面的影响正在逐渐降低。

(2)PPP 模式普遍采用的特许经营制度可能会导致垄断。一方面,在 PPP 模式下,居高的投标成本和交易费用以及复杂的长期合同,导致很多规模较小的私营机构对 PPP 项目望而却步,因此减少了政府部门对社会资本的选择空间,也使招投标过程不能实现良好的竞争。另一方面,PPP 模式普遍采用的特许经营制度,实际上使中标的投资运营商获得了一定程度的垄断性,利益基本上能得到合同保障。这种缺乏竞争的环境在某些情况下会减弱私营机构降低成本、提高服务品质的动力。当然,PPP 模式并不是产生垄断的必要条件,在单纯的政府模式下,政府实际上也表现出一定的垄断性。

(3)PPP 项目复杂的交易结构可能降低效率。首先,在 PPP 项目中,通常需要多个独立参与者通力合作,而多个参与者会导致整个项目的约束条件增加。其次,由于每个参与项目的商业机构都会在咨询、会计和法律等方面产生支出,这部分支出会包括在投标价格中,从而转嫁给公共部门。国外经验显示,PPP 市场越成熟,这部分成本越低。例如,如果公共部门采用标准化合同体系,可为参与的商业机构节省在项目尽职调查和评估过程中所产生的成本。同时,评估增加的这部分交易成本,也需要考虑 PPP 模式下通过风险分担带来的额外好处。再次,复杂的交易结构需要公共部门和私营机构建立与 PPP 模式相匹配的专业能力。

现阶段,国内相关方面的能力欠缺较为明显,现状的改善还需要较长时间。在这种情况下,政府部门过度依赖外部咨询机构会导致在项目开展过程中所积累的知识和经验并没有沉淀在公共部门内部,这又减缓了公共部门提升建设相关能力的进度。最后,交易结构的复杂性和众多的参与方可能使项目沟通存在一定的障碍,特别是在未来发生一些不可预料的事件时,可能会在合同条件的争议方面耗费过多时间。而且,即便在项目启动的过程中,也可能存在公共部门内部意见不一致,或民众和公共部门意见不一致的情况,这在一定程度上会降低效率。

(4)PPP的长期合同缺乏足够的灵活性。为了项目长期运行稳定,PPP合同可能会比较严格,灵活性不够,公共部门或私营机构在起草合同时,很难将未来的变化充分考虑进来,合同条件通常只考虑当前时点的情况,导致项目后期管理不能因时制宜,而只能遵照合同条件执行——哪怕这些条款已经不再能使项目生命周期的综合成本最优化。

解决合同灵活性和合理性的途径有两个方面:一是在项目前期就尽最大努力做好整个生命周期规划。通常,公共部门需要聘请具有丰富PPP项目经验的咨询机构对项目进行前期调查分析,确保参与方对项目需求有充分的理解,对项目的费用有可靠的预算,对风险有全面的评估并可以在公共部门和私营机构间实现最优分担;同时,还要确保通过招投标过程得到具有竞争性的报价,当然这些前期工作势必产生不菲的成本。二是在起草合同时保留适当的灵活性,这也必将增加成本,一方面是由于来自投资的不确定性增加而产生的风险溢价,另一方面是来自将来需要改变对私营机构的激励机制而产生的或有支出。解决合同灵活性和合理性的成本,有可能降低项目投资者的投资回报率,防止出现过高的投资回报率。

2.10.5　PPP模式适用范围

目前关于公共物品可由社会私营部门生产和供应已经基本达成一致,并且鉴于公共部门在开展基础设施建设过程中势必面临的资金及技术压力,而私营企业在技术及管理方面存在优势,再加上PPP模式的诸多优势,这些都为私营部门参与基础设施建设项目创造了有利条件,对于政府部门而言,自然希望扩大该模式在公共基础设施项目中的适用范围,然而并非所有公共基础设施建设项目都适合采取PPP模式。公共基础设施建设是城市的重要组成部分,为社会生产活动的开展及居民生活创造条件,对于城市的意义不容小觑。具体而言,城市公共基础设施涉及能源系统、交通系统、通信系统、生态环境系统、城市防灾系统以及供排水系统等六部分。尽管政府希望进一步扩大PPP模式的应用,但PPP模式有特定的适用范围,必须在对PPP模式进行全面深入分析的基础上才可确定是否适用。从一定意义上讲,投资的公用物品及服务特性对于PPP模式的适用具有决定性影响,具体应考虑公共设施的规模、所涉及的技术的复杂程度、收费情况、生产与消费规模等因素。国外实践表明,公共基础设施项目所需要的投资越多、所涉及的技术越复杂、收费越容易、边界越清晰,则私营资本进入的难度越大。随着PPP模式的不断发展,近年来,其应用范围也逐渐从最初的公路、城市公交、机场及海港等领域扩展到了电力、污水处理、供水、供气、教育、医疗以及国防等部门。

　　PPP 模式的组织形式非常复杂,既可能包括私人营利性企业、私人非营利性组织,同时还可能包括公共非营利性组织,如政府。合作各方之间不可避免地会产生不同层次、不同类型的利益和责任上的分歧。只有政府与私人企业形成相互合作的机制,才能使得合作各方分歧模糊化,在求同存异的前提下完成项目目标。模式的机构层次如金字塔,金字塔顶部是政府,是引入私人部门参与基础设施建设项目的有关政策的制定者。政府对基础设施建设项目有一个完整的政策框架、目标和实施策略,对项目的建设和运营过程的各参与方进行指导和约束。金字塔中部是政府有关机构,负责对政府政策指导方针进行解释和运用,形成具体的项目目标。金字塔的底部是项目私人参与者,通过与政府的有关部门签署长期的协议或合同,协调本机构的目标、政策目标和政府有关机构的具体目标之间的关系,尽可能使参与各方在项目进行中达到预定目标。这种模式一个最显著的特点是政府或者所属机构与项目的投资者和经营者之间的相互协调及其在项目建设中发挥的作用。模式是一个完整的项目融资概念,但并不是对项目融资的彻底更改,而是对项目生命周期过程中的组织机构设置提出了一个新模型。参与各方虽然没有达到自身理想的最大利益,但总收益却是最大的,实现了"帕雷托"效应,即社会效益最大化,这显然更符合公共基础设施建设的宗旨。

2.10.6　PPP 模式案例

　　北京地铁 4 号线是国内首次采用 PPP 模式的项目。该项目将工程的所有投资建设任务以 7∶3 的基础比例划分为 A、B 两部分,A 部分包括洞体、车站等土建工程的投资建设,由政府投资方负责;B 部分包括车辆、信号等设备资产的投资、运营和维护,吸引社会投资组建的 PPP 项目公司来完成。政府部门与 PPP 公司签订特许经营协议,要根据PPP 项目公司所提供服务的质量、效益等指标,对企业进行考核。在项目成长期,政府将其投资所形成的资产,以无偿或象征性的价格租赁给 PPP 项目公司,为其实现正常投资收益提供保障;在项目成熟期,为收回部分政府投资,同时避免 PPP 项目公司产生超额利润,将通过调整租金(为简便起见,其后在执行过程中采用了固定租金方式)的形式令政府投资公司参与收益的分配;在项目特许期结束后,PPP 项目公司无偿将项目全部资产移交给政府或续签经营合同。

思 考 题

1.BOT 模式的优势主要体现在哪些方面?
2.简述 PPP 模式的适用范围。

第 **3** 章

国际工程各参与方

3.1　业主

业主(Owner/Client)是指建设单位,有时也称业主,我国习惯叫发包方或甲方。业主是工程项目的提出者、组织论证立项者、投资决策者、资金筹集者、项目实施的组织者,也是项目的产权所有者,并负责项目生产、经营和偿还贷款。业主机构可以是政府部门、社会法人、国有企业、股份公司、私人公司以及个人。

业主的性质影响到项目实施的各个方面,许多国家制定了专门的规定以约束公共部门业主的行为,尤其是工程采购方面,相对而言,私营业主在决策时有更多的自由。

3.2　业主代表

业主代表(Owner's Representative)指由业主方正式授权的代表,代表业主行使在合同中明文规定的或隐含的权利和职责。

业主代表无权修改合同,无权解除承包商的任何责任。

在传统的项目管理模式中,对工程项目的具体管理均由监理工程师负责。在某些项目管理模式中(如设计—采购—建造、交钥匙项目)不设监理工程师,业主代表要执行类似监理工程师的各项监督、检查和管理工作。总之,业主代表的具体权利和职责范围均应明确地在合同条件中规定。

3.3　承包商

承包商(Contractor)受雇于业主,是工程项目的承包单位,我国习惯称为承包方或乙方。承包商通常指承担工程项目施工及设备采购的公司、个人或他们的联合体。如果业主将一个工程分为若干个独立的合同并分别与几个承包商签订合同,凡直接与业主签订承包合同的都叫承包商。

如果一家公司与业主签订合同将整个工程的全部实施过程或部分实施过程中的全部工作承包下来,则称为总承包商(General Contractor/Main Contractor/Prime Contractor)。

在国外有一种工程公司(Engineering Company)可以提供从投资前咨询、设计到设备采购、施工等贯彻项目建设全过程服务的承包公司。这种公司多半拥有自己的设计部门,规模较大,技术先进,在特殊项目中,这类大型公司有时甚至可以提供融资服务。

3.4 建筑师/工程师

建筑师/工程师(Architect/Engineer)指不同领域和阶段负责咨询或设计的专业公司和专业人员,他们的专业领域不同,在不同国家和不同性质的工作中担任的角色可能不一致。在英国,建筑师负责建筑设计,而工程师则负责土木工程的结构设计。在美国也大体相似,建筑师在概念设计阶段负责项目的总体规划、布置、综合性能要求和外观,而由结构工程师和设备工程师来完成设计以保证建筑物的安全。但在工程项目管理中,建筑师或工程师担任的角色和承担的责任是相似的。在各国不同的合同条件中,可能称该角色为建筑师或咨询工程师(工程师)。各国均有严格的建筑师/咨询工程师的资格认证及注册制度,专业人员必须通过相应专业协会的资格认证,而有关的公司或事务所必须在政府有关部门注册。

咨询工程师一般简称工程师,指的是为业主提供有偿技术服务的独立的专业工程师,服务内容可以涉及各自专长的不同专业。

建筑师/工程师提供的服务内容很广泛,一般包括:项目调查、规划与可行性研究,工程各阶段设计、工程监理、竣工验收、试车和培训、项目后评价以及各类专题咨询。在国外对建筑师/工程师的职业道德和行为准则都有很高的要求,主要包括:

(1)努力提高专业水平,使用自己的专业技能为委托人提供高质量的服务;

(2)按照法律和合同处理问题;

(3)保持独立和公正;

(4)不得接受业主支付的酬金之外的任何报酬,特别是不得与承包商、制造商、供应商有业务合伙和经济关系;

(5)禁止不正当竞争;

(6)为委托人保密等。

建筑师/工程师虽然本身就是专业人员、专家,但是由于在工程项目管理中涉及的知识领域十分广阔,因而建筑师/工程师在工作中也常常要雇用其他咨询专家作为顾问来弥补自身知识的不足,使工作更加完善。

3.5 分包商

分包商(Subcontractor)是指直接与承包商签订合同,分担一部分承包商与业主签订合同中的任务的公司。业主和工程师不直接管理分包商,他们对分包商的工作有要求时,通过承包商处理。国外有许多专业承包商和小型承包商,这些承包商可能在某些领域有特长,或在成本、质量、工期控制等方面有优势。在国外,数量上占优势的是大批小承包商,如在英国,大多数小公司人数在 15 人以下,而占总数不足 1% 的大公司却承包了工程总量的 70%,宏观来看,大小并存和专业分工的局面有利于提高工程项目建设的效率。专业承包商和小承包商在大工程中一般都扮演着分包商的角色。

指定分包商(Nominated Subcontractor)是业主方在招标文件中或在开工后指定的分包商或供应商,指定分包商仍应与承包商签订分包合同。

3.6　供应商

供应商(Supplier)是指为工程实施提供工程设备、材料和建筑机械的公司或个人。一般供应商不参与工程施工,但有些设备由于设备安装要求比较高,因此供应商往往既承担供货,又承担安装和调试工作,如电梯、大型发电机组等。供应商既可以直接与业主签订供货合同,也可以直接与承包商或分包商签订供货合同,视合同类型而定。

3.7　工程测量师(造价工程师)

工程测量师(Quantity Surveyor)是英国、英联邦国家以及中国香港对工程造价管理人员的称谓,在美国称为造价工程师(Cost Engineer)或成本工程师(Cost Consultant),在日本称建筑测量师(Building Surveyor)。

工程测量师的主要任务是为委托人(Client)(一般是业主,也可以是承包商)进行工程造价管理,协助委托人将工程成本控制在预定目标之内。工程测量师可以受雇于业主,协助业主编制工程成本计划,以及选择合适的合同类型,在招标阶段编制工程量表及计算标底,也可在工程实施阶段进行支付控制,编制竣工决算报表等。工程测量师受雇于承包商时可为承包商估算工程量,确定投标报价或在工程实施阶段进行造价管理。

以上介绍的是工程项目实施的主要参与方,不同的合同类型,不同的项目管理模式有不同的参与方,即使是同一个参与方(如建筑师),也可能在不同合同类型和不同的实施阶段中承担不同的职责。

思 考 题

1. 简述国际工程项目实施阶段,业主、承包商、工程师等项目各参与方之间的关系。
2. 建筑师/工程师提供的服务内容包括哪些?

第 **4** 章

国际工程咨询

4.1 国际工程咨询概述

4.1.1 工程师

工程师(Consulting Engineer)是从事工程咨询服务的工程技术人员和其他专业人员的统称。现代工程咨询是现代科学、技术、信息综合运用的智力服务活动,工程师所具有的专业知识、实际经验和信息水平决定了咨询质量,因此,该活动对工程师的素质有很高的要求。在许多经济发达国家,如美国、英国、日本等,通过对工程师的资格审核和注册来规范工程咨询行业管理。

1.工程师的业务知识

工程师应具备的业务知识主要包括知识结构和应用知识的熟练程度。

(1)知识结构。工程师的知识结构应当是一专多能的复合型知识结构。特别是随着社会进步和科学技术发展,更强调工程师的知识结构应当是复合型的,需要掌握经济、法律、技术、金融等多方面的知识以适应社会和科学技术不断发展变化的需要。

(2)应用知识的熟练程度。工程师的应用知识熟练程度主要强调两个方面,一是专业知识的熟练程度(Expertise),二是不断更新知识的熟练程度(Experience)。

2.工程师的工作能力

(1)扎实的专业知识和技能。工程师应当具有较高水平的业务能力,应是所从事专业领域内的专家,并能从事项目规划、设计和施工,熟悉计算机应用,并掌握一门外语。

(2)广博的知识结构。工程师应有广博的知识范围,除了掌握专业技术之外,对于各类工程项目建设过程和特点应有较深的了解,还应具备一定的经济、管理、金融和法律等方面的知识。

(3)丰富的工程实践经验。工程咨询是实践性很强的业务,要很好地完成诸如项目可行性研究、工程设计、施工监理和施工管理等各项工作,必须具备丰富的工程实践经验。

(4)较强的组织协调和管理能力。工程师的工作性质决定了他们除了与本公司各方面人员协同工作,还要经常与客户、合同各方、政府部门、金融机构及物资供应商等发生联系,处理各种问题。这就要求工程师需具有一定的组织协调能力和工作管理水平。

(5)勇于开拓进取的精神。随着世界科学技术迅速发展,新产品、新工艺不断涌现,工程师必须积极进取、更新知识并勇于开拓新领域,与科技进步并驾齐驱。

3. 工程师的业务素质

(1)工程师首先应当是专家型的人才。

(2)工程师不仅需要通晓与项目建设、管理相关的金融、法律、国际金融组织关于项目融资、设备采购和咨询招标的规定和知识,还要了解当前最新技术水平和发展趋势。

(3)工程师要善于协作,责任心强,除了经常与客户、合同各方、本公司各方面人员协同工作外,还要经常与政府官员、金融组织的工作人员及设备材料供应商和施工单位人员打交道。在处理这些关系时,要有高超的沟通技巧,以及高度的协作精神和责任心。

(4)工程师要有较强的经营管理能力,这是社会、建设项目、市场、客户或业主以及工程师所在咨询公司的共同要求。

(5)工程师应有积极进取,勇于开拓,敢于面对各种挑战的精神和作风。

4. 工程师的职业道德素质

除具备上述业务素质外,工程师还应具备良好的职业道德,在国外,许多咨询行业协会都制定了自己行业的规范和准则,用来指导工程师的职业行为。国际工程师联合会(FIDIC)的道德准则和中国工程咨询行业职业道德准则,可以归纳为以下几个方面:

(1)遵守国家法律、法规和政策,认真执行行业自律的各项规定,珍惜职业声誉,自觉维护国家和社会公共利益。

(2)坚持诚信、公平、敬业、进取原则,尽职尽责,以高质量的服务赢得社会和客户的尊敬。

(3)廉洁自律,不得索取、收受委托合同约定之外的礼金和其他财物,不得利用职务之便谋取其他不正当利益。

(4)坚持独立、客观、公正地出具工程咨询成果文件,杜绝欺诈、伪造、作假等行为,对可能产生的一切潜在利益冲突都要告知业主,保证客户和社会的利益。

(5)承担能够胜任的任务。

(6)尊重同行,公平竞争,不得采取不正当手段损害、侵犯同行权益,防止无意、有意损害他人名誉和事业的行为。

(7)防止直接、间接争抢其他工程师已受托的项目任务。在没有收到业主书面通知,也没有预先通知原承办工程师之前,不接手别人承担的项目任务。

(8)工程师与委托方有利害关系应当回避,委托方有权要求其回避。

(9)工程师对客户的技术和商务秘密负有保密义务。

(10)接受国家和行业根据自律性规范对工程师职业道德行为的监督和检查。

4.1.2　国际工程咨询公司

工程咨询公司是具有独立法人地位的经营实体,其基本业务是向各种企事业单位、政府机构等提供有偿专业咨询服务。同样,国际工程咨询公司也是具有独立法人地位的经营实体。世界银行要求承担其贷款项目咨询服务的公司应具备:

(1)与所承担的工作相适应的经验和资历;

(2)与业主签订受法律约束的协议的法人资格。

国际工程咨询公司的组成模式具有多样性,可以是公营公司、私营公司、联营体、国际组织、大学和研究所,较大型的工程咨询公司多采用有限责任公司的形式。工程咨询公司在规模上大小不等,在国外有几人的小公司,也有从业人员数百人的中型公司和几千人的大型公司。不同的工程咨询公司业务范围彼此差异也很大,但往往只限于一个或几个工程领域。

由于国际工程大多比较复杂,所以从事国际工程咨询的公司多为大中型公司。随着社会经济的发展和科技进步,工程项目日趋大型化和复杂化,对咨询服务专业综合性要求也更高,这样的咨询服务往往需要若干家公司共同承担,并且还有来自科研机构和大学的不同学科的专家参与咨询工作。

4.1.3　国际工程咨询公司的业务范围

国际工程咨询公司的业务范围很广泛,其服务对象可以是业主、承包商、国际金融机构和贷款银行,同时工程咨询公司也可以与承包商一起联合投标承包工程项目。

1. 为政府投资服务

工程咨询单位接受政府或其部门、机构委托,为各级政府及其部门和机构的投资项目提供咨询服务。这类咨询服务一般是决策性质的,包括:

(1)规划咨询及规划研究、规划评估等,重点研究地区或行业的投资规划,包括发展目标、投资政策、产业结构、规模布局等。

(2)项目评估,以项目可行性研究评估为主,重点评价项目的目标、效益和风险。

(3)项目绩效评价,通过项目稽查和监测,重点跟踪评价项目的目标、效益和风险。

(4)项目后评价,通过项目竣工验收,重点评价目标、效益和项目的可持续能力,总结经验教训。

(5)宏观专题研究,在项目的不同阶段,特别是后评价阶段,通过总结经验教训,从宏观上研究政府的地区或行业发展目标、投资政策、产业结构、规模布局等问题。

2. 为项目业主服务

项目业主是工程咨询服务的主要对象之一。当工程咨询公司的客户为项目业主时,工程咨询公司常被称作该项目的业主工程师。他们是指经过竞争性招标中标或直接受项目业主的委托,为其提供工程咨询服务的工程咨询公司。工程师不仅作为业主的受雇人开展工作,而且也代替了业主的部分职责,协助业主完成工程项目的开发与建设。

业主工程师是工程咨询公司承担咨询服务的最基本、最广泛的形式之一。业主工程师可能贯穿于整个建设过程中为业主提供咨询服务,也可能为项目的某一阶段或某项具体任务提供咨询服务,其中涉及项目选定、项目决策、工程设计、工程招标、施工管理、竣工验收、后评价等许多工作内容。

(1)全过程咨询服务

全过程咨询服务内容包括:投资机会研究、初步可行性研究、可行性研究、设计、编制招标文件、评标、合同谈判、合同管理、施工管理(监理)、生产准备(人员培训)、调试验收、总结评价。全过程咨询服务的主要特点是:业主工程师接受业主全盘委托,在上述工作进程中,陆续将工作成果提交业主审查认可。业主工程师在某种意义上不仅作为业主的受雇人开展工作,而且代理行使业主的部分职责。

(2)阶段性咨询服务

阶段性咨询服务是指工程项目建设的某一阶段或某项具体工作的咨询服务。业主在一个工程项目的实施过程中,有时只是在部分工作阶段聘请咨询公司,比较常见的是项目的可行性研究、设计和施工监理,多以单独的合同形式出现。在一个工程项目中,业主可能委托不止一个工程咨询公司来承担工作。如委托一个咨询公司完成项目设计,聘请另外的咨询公司对设计方案进行技术审查。业主的意愿、项目的规模和技术复杂性、资金来源渠道等多种因素决定了工程项目对咨询公司的依赖程度。

(3)为承包商服务

工程咨询公司往往以分包商的身份承担工程项目咨询,为承包商或总承包商提供服务。工程咨询公司通常负责工艺系统设计、生产流程设计以及不属于承包商制造的设备选型与配套任务,编制设备、材料清单、工作进度计划等,有时还要协助承包商澄清有关技术问题;如果总承包商负责交钥匙工程,咨询公司则要承担土建工程设计、安装工程设计,协助编制成本估算、施工进度计划和设备安装计划,进行设备检查与验收,参加整套系统调试和试生产等工作。

业主可将工程项目的全部建设任务交给一个承包商或承包商联合体,并由承包者承担相应的责任与风险,即 EPC(Engineering Procurement and Construction)模式或交钥匙工程。

国外一些大型工程咨询公司,由于实力雄厚,往往和设备制造厂家或施工公司联合投标,共同完成项目建设的全部任务。工程咨询公司可以作为总承包商承担项目的主要资金与风险,也可以联合其他公司承担 EPC 项目或交钥匙工程。工程咨询公司的服务内容与作为承包商的设计分包商基本相似,主要区别在于承担的项目风险不同。

虽然联合承包工程的风险相对较大,但可以给咨询公司带来更多的利润,因此承担EPC项目与交钥匙工程,或者参与 BOT 项目,作为这些项目的发起人和总体策划公司,已成为国际上大型工程咨询公司开展业务方面的一个趋势。

（4）为贷款银行服务

工程咨询公司受贷款银行聘请，对申请贷款项目的可行性、设计方案的可靠性、投资估算的准确性进行评估，并对项目的财务指标进行核算或进行敏感性分析，提出客观公正的报告，作为银行贷款的重要依据。

联合国援助机构和国际金融组织，如联合国开发计划署、世界银行等，通常都要求项目业主选聘工程咨询公司采用先进的工艺技术和管理经验为贷款项目提供咨询服务，帮助业主组织工程项目的实施，发挥投资的最大经济效益和社会效益。

（5）为国际组织贷款项目提供咨询

为世行等国际金融组织提供的咨询服务包括：

①咨询公司或个人作为当地咨询专家受聘参与所在国贷款及相关的技术援助；

②投标参与这些机构在国际上其他地区或国家贷款及技术援助项目的咨询服务。

工程咨询的参与方式有两种：以咨询公司名义和以个人咨询专家名义。一般世行在本国的这类咨询服务需要提供国际和国内两方面的咨询服务，并以国际咨询专家为主。

4.2　国际工程咨询服务内容

4.2.1　工程建设的基本程序

咨询公司为工程项目提供服务的内容与工程项目建设程序密切相关。一般来说，各个国家都通过法规形式规定适合本国需要的建设程序，但国际工程建设的基本程序都是类似的。一个工程项目从开始酝酿到竣工投产完成一个项目周期，大体可概括为以下四个阶段：

（1）项目决策阶段。主要任务是进行一系列调查与研究，为投资行为做出正确的决策。

（2）建设准备阶段。主要是为项目进行建设做好各种准备工作，如办理审批手续，进行工程设计和工程采购等。

（3）项目实施阶段。主要是按合同进行项目施工、竣工和投产，达到预期项目目标，实现投资效益。

（4）总结阶段。在项目投产或运营一段时间之后，对项目建设的全过程、项目选择、建设方案、标项的实现情况，特别是项目的经验和教训进行总结与评价。

国际工程咨询在项目各阶段的服务内容如图4-1所示。

世界银行对贷款项目的审批极为严格。将一个项目周期划分为六个阶段，即项目选定、准备、评估、谈判与批准、实施和监督、总结与评价。其中前四阶段为项目的立项工作，即项目决策阶段的工作，而把建设准备和实施合并成一个阶段，并规定必须有世行认可的咨询公司参加。这样就更充分地保证了贷款项目的高效率性，同时提高了项目的成功率。

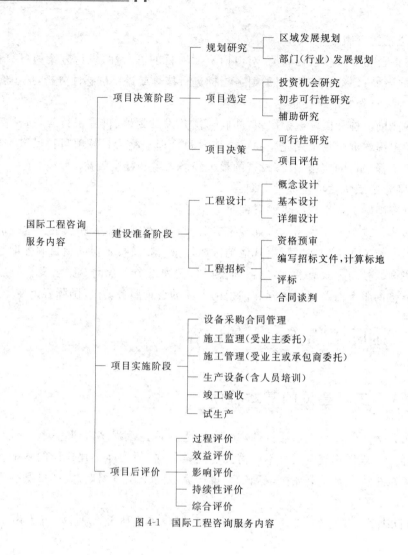

图 4-1　国际工程咨询服务内容

4.2.2　项目决策阶段咨询

　　项目决策阶段咨询也称投资前咨询。在投资前,工程咨询公司受客户委托运用现代工程经济学、市场学、项目管理学理论,通过深入调查研究,采用先进信息处理技术,帮助客户鉴别项目,从社会、经济、技术、财务、组织管理等方面进行分析论证,设计选择项目优化方案,减少投资风险,以达到实现最佳效益的目的。

1.规划研究咨询

（1）区域发展规划

　　区域发展规划是在国家宏观经济发展战略指导下,根据本区域的具体情况、资源优势和限制条件,并考虑与周围地区的协作关系,提出本区域内长远社会经济发展总体战略部署。制定的区域发展规划对于合理利用资源、优化产业结构、保护生态环境、促进社会经济各方面协调一致、保持本地区长期稳定发展均有着重要作用。

区域发展规划通常包括以下方面内容：

①区域发展目标；②区域开发方案；③区域产业结构；④基础设施规划；⑤资源开发规划；⑥环境保护规划；⑦社会发展和科教文卫规划。

（2）部门（行业）发展规划

部门（行业）发展规划是根据国家经济发展的总体目标和对本部门（行业）的发展要求，在分析国内外相关产业发展和市场需求趋势的基础上，制定本部门（行业）发展战略目标和产业政策，合理安排本部门（行业）地区布局和重点建设项目等可持续发展战略部署。部门（行业）发展规划一般包括以下内容：

①部门（行业）发展目标；

②部门（行业）产业政策；

③部门（行业）内部产业结构；

④部门（行业）发展外部条件；

⑤重点骨干项目建设规划。

2. 项目选定咨询

（1）投资机会研究

投资机会研究是对某一区域、某一产业部门或某一项目的投资机会所进行的研究，其目的是通过初步调查研究，探讨建设此项目的必要性和可行性。对于一个工业项目，投资机会研究的内容至少应包括以下方面：

①项目产品的用途；

②初步市场需求调查；

③产品的资源条件；

④其他国家或地区同类产品情况；

⑤本项目与其他产业部门的关系或与国际有关产业部门的关系；

⑥产品生产延伸的可能性；

⑦经济性一般分析；

⑧投资趋向和保护政策要求；

⑨预测结果与结论；

⑩投资建议。

对于普通民用项目，如旅馆、写字楼等，其研究内容与上述具有类似之处，主要探讨投资方向的合理性和可行性，初步分析投资效益并提出建议。

（2）初步可行性研究

初步可行性研究也称预可行性研究，是对项目方案进行的初步技术和经济分析，对投资建议进行的鉴别和估价。研究的目的是判断投资项目是否真正有前途。研究中应提出影响项目可行性的关键因素，并确定是否要对这些关键因素（例如市场、原料、厂址、规模、试验等）进行专题调查研究，通过初步可行性研究掌握较多的数据，以便决定是否有必要进一步做详细的可行性研究。初步可行性研究只对投资项目提出一个轮廓，并分析其建设的必要性和可行性。研究的具体内容为：

①项目方案。其中包括项目产品、生产规模、原料供应、工艺路线、设备选型、厂址选择、建设工期等；

②投资效益分析。其中包括粗略估算经济指标、社会与经济效益分析、预测等。

（3）辅助研究

辅助研究也称专题研究，它是对一个项目的初步可行性研究中某些关系重大而又模糊不清或者因其比较复杂需要进一步了解的问题进行专题性的调查研究。一些常见的辅助研究专题内容有：①市场研究。包括市场需求的调查和预测，市场渗透的调查和预测等；②原材料供应研究。包括原材料来源的目前状况和预测，原材料现行价格的调查以及预测分析等；③对某些原材料或其代用品的适用性的试验研究；④厂址选择。包括建厂条件的调查研究，也可以进行多方案比选，提出推荐意见；⑤生产规模研究。根据不同技术方案和市场需求情况，研究不同生产规模的经济效果，优选合理的生产规模；⑥设备选择研究。包括不同技术水平、供应来源和费用的调查研究，阐明不同的设备选择对投资、经营成本和效益的影响，提出推荐意见。

3. 项目决策咨询

（1）可行性研究

可行性研究是对建设项目进行全面的技术经济论证，为投资决策提供较为可靠的依据，其主要研究内容与初步可行性研究基本相同，只是调查研究在深度上和广度上更全面、更深入、更系统，使用的数据更为准确。同时还需要进行多种方案的分析比较，以便优选，提出最佳社会经济效益方案的推荐意见。

一般工程项目可行性研究的主要内容有以下十个方面：

①市场分析和营销战略研究

对有关产品市场及市场环境资料进行系统分析和估测，对非生产性项目主要是分析经济和社会发展需求，对生产性项目则主要是发现和寻求市场需要的新产品，研究消费者和竞争者的动向，分析市场容量及预测市场增长率，制定市场营销战略。

②建设条件与厂址选择

建厂条件应着重分析所需材料和投入物的来源、数量、质量、供应年限、成本、运输方式、能力和费用等。厂址选择要考虑到自然条件、环境保护、基础设施和当地社会经济环境等各种因素，分析厂址对建设投资和生产成本的影响，通过多种方案的比较，选出建设投资最合适的地点。

③工艺设计

工艺设计包括工艺路线的选择、技术评价、设备的选择、厂区布置、土建工程规划、项目投资初步估算等。

④组织管理与人力资源

设计合理的组织架构，建立相应的管理制度，计算管理费用，提出项目对各种生产技术、管理人员的人力资源需求。

⑤环境影响评价与社会影响评价

对项目可能产生的生态环境影响进行全面、综合、系统、实际的分析评价，同时分析项目对项目所在国家和地区的社会发展目标所做的贡献和影响等。

⑥项目实施计划

编制项目实施计划,包括项目进度安排、施工组织、资金使用和还贷计划等。

⑦投资估算与资金筹措

对整个项目所需全部投资进行估算,确定融资渠道,分析筹资成本,根据项目实施需要,安排资金使用计划。

⑧财务分析

对项目所需的投入物、未来的产出物以及项目的净收益进行估算、分析和评价。

⑨经济评价

也称国民经济评价,是从全社会宏观经济角度来评价项目收益及对社会经济发展的贡献。

⑩风险分析

对项目未来实施过程中以及投入生产或使用之后可能遇到的各种风险进行分析预测,提出避免和减少风险的建议。

(2)项目评估

项目评估是由政府主管部门、投资者、项目贷款银行等有关各方组织或聘请另一家独立的咨询机构来完成。对可行性研究的结论进行审核和评价,进一步对投资项目的可靠性做出判断,使项目决策者能够对项目的选择与实施做出正确合理的决策。

一般项目评估的内容包括如下方面:

①项目目标评估;②资源评估;③基础设施评估;④技术评估;⑤组织机构评估;⑥财务评估;⑦经济评估;⑧社会评估。

项目评估的程序一般分为六个阶段,即评估前准备、组织评估组、制订评估计划、调查收集资料、分析测算以及编写评估报告。

4.2.3 建设准备阶段咨询

项目建设准备阶段的咨询服务内容主要有两个方面。第一方面是工程设计,按照项目发展时序和对设计深度的不同要求,国际上一般将设计工作划分为:概念设计(Conceptual Design)、基本设计(Basic Design)和详细设计(Detailed Design)三个阶段。第二方面是工程招标,国际公开招标应遵循一定程序进行,工程师要协助业主完成资格预审、编制招标文件、评标、合同谈判等一系列工作。

近年来,一些业主开始追求绿色建筑,并希望通过提高这些绿色建筑在当地市场的声誉来取得一些优质的物业估值,因此,LEED 认证开始进入大众视野。LEED(Leadship in Energy and Environmental Design)认证,是评价绿色建筑的工具。宗旨是在设计中有效地减少环境和住户的负面影响。目的是规范一个完整、准确的绿色建筑概念,防止建筑的滥绿色化。LEED 由美国绿色建筑协会建立并于 2003 年开始推行,在美国部分州和一些国家已被列为法定强制标准。这套标准逐步修正,目前适用版本为 2009 版本。适用建筑物类型包含:新建类(既有建筑物、商业建筑内部设计、学校、租屋与住家等)。对于新建类(LEED NC),评分项目包括 7 大指标:可持续性建址(Sustainable Site)、用水效率(Water Efficiency)、能源和大气(Energy and Atmosphere)、材料和资源(Materials and Resources)、室内环境品质(Indoor Environmental Quality)、革新和设计过程(Innovation and Design Process)、区域优先性(Regional Priority)。

评分系统中,总分为 110 分。申请 LEED 的建筑物,如评分达在 40~49,则该建筑物达到 LEED 认证级(Certified);评分达到 50~59,则该建筑物达到 LEED 银级(Silver);评分达到 60~79,则该建筑物达到 LEED 金级;评分达到 80 分以上,则该建筑物达到 LEED 铂金级认证(Platinum)。

截至 2012 年 10 月,中国申请 LEED 认证的项目已达 1045 个,已获得认证的项目共有 267 个,目前越来越多的建设单位对获得 LEED 认证更加重视。

1. 概念设计

概念设计的基本目的是将简明的技术图纸和技术要求,及分析、探讨的最佳设计方案,作为基本设计和详细设计的依据。

概念设计的深度由项目性质和工程业主的要求来决定。至少应包括以下方面的内容:

(1)设计依据(业主委托书和可行性研究报告等);

(2)设计基础资料概述;

(3)主要技术决定(工艺流程、主要设备选择、各专业设计准则等技术说明);

(4)主要规划图纸;

(5)技术经济分析(价格估算和技术经济指标);

(6)方案比较与评价。

概念设计一般委托专门咨询公司进行。如果是交钥匙工程,也可能委托总承包商进行。

2. 基本设计

主要是作为编制施工详图和控制工程造价的基本依据。有些国家用基本设计阶段的图纸和文件进行招标,此时应能满足设备订货和估价师计算工程量以及投标者报价的需要。因此,基本设计的深度随其作用不同而有所差异。

基本设计与概念设计相比,内容较全面和详细。

(1)图纸方面

工艺流程图应当反映工艺过程流向、设备型号和能力,应计算物料平衡数量等;总体布置图不仅要反映出平面位置关系,还应通过计算说明竖向布置的合理性;各车间设备布置图应反映工艺设备选用型号和布置方式,以及对管线的要求;土建图纸应划分为建筑、结构、钢结构和木作工程等。有详细的平面、立面和剖面图,构件的结构及其布置,装修要求及其选用材料等;动力、照明、给排水等专业设计图均应给出系统图和布置图,标明所用设备、仪表、阀门等的型号及管线的材质、管径等。

(2)技术说明方面

主要技术决定应说明各专业的一些技术原则,并列出各种设备仪器清单来说明采用的设计规范和施工技术要求,以及主要材料和特殊材料的规格、性能要求,编制主要工程量及概算和技术经济指标。基本设计一般委托专门的咨询公司进行,也可由交钥匙工程的承包商提供。

3.详细设计

详细设计也称施工详图设计。主要用于工程招标和承包商按图纸及技术说明进行施工的工作。详细设计的图纸和技术文件是在基本设计基础上,根据业主的审查意见做适当修改和补充而成。详细设计应包括建设项目各部分施工详图(例如各部分建筑大样图和结构大样图、构件加工详图、各专业管线和设备安装图等)以及验收标准、方法、施工预算等。

用施工详图进行招标的工程,施工详图由咨询公司绘制。使用基本设计招标的工程,施工详图可由咨询公司在招标后补充提供,但其工程量和技术标准不能超出原招标图纸和技术文件的要求;也可由中标的承包商按基本设计的要求绘制,并交予工程师或转交咨询公司审查批准。

4.2.4　项目实施阶段咨询

咨询公司在项目实施阶段的咨询服务贯穿于从项目开工到项目投产的整个阶段。在此阶段,咨询公司受不同服务对象的委托,承担不同的咨询任务。主要是受业主委托作为工程师承担设备采购合同管理、施工监理、施工管理生产准备和竣工验收等工作或者受业主或承包商委托承担项目施工管理工作。当咨询公司自己负责交钥匙工程时,其工作内容和性质与总承包商类似。

1.设备采购合同管理

设备采购合同管理的工作内容主要是设备的质量控制、设备制造和供货进度控制、支付管理(包括预付款、阶段支付、最终支付等)以及当出现逾期交货、设备零件缺损时进行索赔。

设备采购合同管理咨询服务具体工作有以下几个方面:

(1)在设备制造期间,监督检查设备及零部件质量,出厂前做最终检测,确保达到合同规定的设备性能和质量要求,检查进度,督促厂商按时交货,按合同进行支付管理。

(2)督促办理设备运输和后勤工作。包括考虑人员的配备,检查采购订单,选择运输工具和运输路线,了解运费、保险、进出关手续,货物到达目的地后进行验收,当发现在运输途中损坏或出现短缺时进行索赔等。

(3)设备安装完毕进行检查和试运行,鉴定其技术性能和参数指标是否达到设计要求。

(4)管理工地现场材料、设备采购工作,包括现场采购计划的安排、施工材料和永久设备的接收、存储及保管。

此外,还有所有与材料和设备有关的服务分包合同管理。

2.施工监理

工程师受业主委托,根据承包合同及有关国际惯例,对承包商在施工中的行为进行综合专业的监督、检查、控制和评价,并采取相应的措施,保证施工工作符合有关法律、法规,工程质量、进度、造价满足合同条件,确保施工行为的合法性、科学性和经济性。

施工监理的工作内容可以概括为:"三控、两管、一协调"。

(1)"三控",即质量控制、进度控制、造价控制,它体现了监理的任务和目标。

质量控制是监理工程师运用检验、测量、试验等技术手段和强制性措施,对承包商的建设施工活动进行监督管理,对影响工程实体质量的各种因素进行控制,使之达到合同规定的质量标准和要求。

进度控制是以事先拟定的工程进度计划为依据,对承包商的实际施工进程进行监督、检查、引导和纠正,以保证工程项目在合理工期内竣工投产。

造价控制是对施工过程中各种消耗和费用支出进行合理安排、监督与管理,使工程造价总和限制在业主事先确定的计划之内。

(2)"两管",即合同管理和信息管理。合同管理是达到监理目标的工具和手段;信息管理是进行监理工作的依据和基础。

合同管理是指对工程施工合同的签订、履行、终止等活动的全过程进行分析、检查与管理,以维护合同双方的正当权益。其中包括:合同文件管理、合同执行情况分析与检查、合同变更、支付管理和索赔管理等内容。

信息管理是指对工程施工活动中所需要的或产生的各种信息的分析、加工、传递、存储等进行科学的组织管理,使监理工作高效、有序地进行。其中包括:信息流程;文档资料管理系统;质量、进度与造价信息系统等。

(3)"一协调",即施工监理的组织协调。具体工作内容有:施工活动与政府有关部门之间的协调;业主与承包商之间的协调;工程施工生产要素如劳务、材料、设备、资金供应等方面的协调;项目各施工单位、各施工工序在时间、空间上的配合与协调等等。工程项目内部关系与外部关系的协调一致是工程项目顺利进行的必要条件。

以上所述"三控、两管、一协调"包括了施工监理工作的全部内容。

3. 施工管理

施工管理一般是业主和承包商的工作,业主的管理工作可以由业主自己组织专门的管理团队进行,也可以委托咨询公司进行管理,使业主从日常的管理事务中解脱出来。当总承包商缺少施工管理经验或施工管理人员时,也可将施工管理委托给咨询公司承担。业主的管理相对比较宏观,而承包商的管理则必须十分具体。

(1)为业主服务的施工管理工作的基本内容

①严格控制工程造价、质量与进度。分析预测在施工过程中发生的影响工程成本的各种意外风险,业主项目经理配合监理工程师及时处理有关问题,使工程造价不超过预算。与此同时,经常对实际工程进度与工程质量进行监督检查,落实施工进度计划,确保工程质量达到合同规定的标准。

②抓好合同实施。贯彻执行合同中规定的各方的权利和义务,及时合理地解决合同实施中出现的各种矛盾,如监理工程师与承包商之间的矛盾等,使工程正常进行。

③为工程实施创造良好的外部环境。如协助承包商办理工作人员入境签证、招工及

劳务许可、进出口物资清关、提供施工场地等。

④对施工安全、环境保护等方面的问题给予指导和监督等。

(2)为承包商服务的施工管理工作的基本内容

施工管理是通过建立合理的组织机构来实现的。管理施工现场的最高领导人是项目经理,根据工作需要可配备副经理、总工程师、总会计师、调度长、各职能部门以及各施工队队(组)长等。职能部门一般有施工、合同、计划、物资供应、财务、总务以及实验室等部门。施工管理包括现场总管理和现场施工管理。

①现场施工管理

现场施工管理是指按计划直接组织现场施工,最终完成符合合同要求的工程产品。具体内容涉及现场工作的方方面面。主要有:制订具体的作业计划并付诸实施;接受工程师的指令,保证工程进度与工程质量;对涉及工程变更和影响工程成本的重大问题要提交合同部门研究;做好工程计量及已完工程统计报表,以便编制每月的工程结算清单;保证施工人员安全,维护保养设备,合理保管、使用材料工地的行政管理与日常生活管理等。

②合同管理

合同管理的重点是熟悉合同文件,掌握合同变更,在工程款支付和索赔方面争取获得监理工程师的支持和认可。

③计划管理

计划管理的重点是制订工程总进度计划,编制施工组织设计(包括施工方案和技术保证措施等),制订资源(劳务、施工机械、材料及永久设备等)的配置计划、资金流动计划等,力求各种方案的先进、经济、合理和优化。

④物资采购与管理

这项工作包括各种工程材料、施工机械、永久设备、辅助材料的采购、保险、运输、保管、分发与回收等,不仅有工程所在国的物资采购,还涉及物资进出口的诸多问题。

⑤财务与劳资管理

财务与劳资管理工作主要是资金的筹集与运用;各种保函的开具与保函资金的风险防范;固定资产的管理与成本核算及经济效益的分析;收益的分配和使用等。

⑥分包管理

分包管理是指根据分包合同对分包商进行管理,统筹工程施工程序和进度安排,协调各个分包商之间的工作配合,督促分包商履行应承担的责任和义务。

4. 生产准备和竣工验收

(1)生产准备

为使工程项目一次试车成功,按期交付生产或使用,在管理机构、人员配备、技术条件和物资供应等方面所进行的准备工作,称为生产准备。具体工作主要有以下方面:

①根据生产阶段的人员编制,配备管理人员、技术人员和生产人员,并按要求进行岗位培训;

②根据生产工艺、设备性能和用户需求制定各种生产投入物和产出物的技术标准,以及各道工序的技术操作规程;

③对原料、材料、备品备件、工具器具等要落实采购合同、资金、运输、存储等各个环节,保证按质、按量、如期供应所需物资。

(2)竣工验收

竣工验收包括:验收前准备、初步验收、正式验收、工程移交与决算等。竣工验收前的准备工作包括:整理与汇总技术档案,拟定验收范围、工作计划和验收程序等。

初步验收是在承包商完成自检,确认项目已符合验收条件,向监理工程师提交验收申请和正式验收之前这段时间内进行的。初步验收工作分为技术资料审核和工程实物验收两部分。技术资料包括:竣工图、设备清单和技术文件、施工计划、工程变更、局部验收记录和其他技术档案等,全部资料要求翔实、完整。工程实物验收一般包括对工程总体布局、主体工程、机电设备工程、环境配套工程以及采暖、通风、供水、供电等各专业工程等所进行的全面检查验收。生产设备需要经过单机检测和系统调试后,再进行联合试运转。

正式验收是由政府、业主和有关部门参加的整体验收。具体工作由工程师组织实施,是对技术资料和工程实物的全面正式验收。如验收不合格,则提出意见并限期整改后再次验收;如验收合格,则签署竣工验收证明书和验收工程鉴定书。

在完成上述工作之后,应进行工程移交与决算,移交技术资料和工程实物,以及竣工决算、支付竣工工程款。

4.2.5　项目后评价

工程项目建设完成并投入生产或使用之后所进行的总结性评价,称为后评价(Post Evaluation)。后评价是对项目执行过程、项目效益、作用和影响进行系统、客观分析、总结和评价,最终确定标项达到的程度。由此得出经验和教训,为将来新的项目决策提供指导与借鉴。国际金融组织十分重视项目的后评价工作,并建立了专门机构(如世界银行的执行评价局)来负责指导和规范贷款项目的后评价工作。

后评价方法论的基本原则是采用定量和定性相结合的对比法则,包括前后对比和有无项目的对比等。后评价的基本内容一般包括过程评价、效益评价、影响评价、持续性评价和综合评价五个方面。

过程评价是将立项时的评估和可行性研究报告中所预计的情况,同项目实际执行的结果进行对比、分析,找出差距,分析原因。

效益评价,即财务评价和经济评价,是将内部收益率、净现值、贷款偿还期和敏感性分析等作为主要分析指标。

影响评价是对经济、环境和社会的影响评价。经济影响评价主要分析该项目对国家、所在地区、行业所产生的经济方面的影响;环境影响评价主要分析项目对所在地区环境与生态的影响,以及对自然资源的合理利用的影响;社会影响评价主要分析项目对社会发展、经济增长等方面产生的有形与无形的效益与结果,如对当地就业、生活水平造成的影响。

持续性评价是指在项目的建设投资完成之后,针对项目的原定目标是否能继续,项目是否可以持续发展下去,未来能否以同样的方式建设同类项目等问题所进行的分析与评价。

综合评价是对项目目标的实现情况、效益状况和成功程度所进行的全面评价,是形成评价结论、总结经验教训、提出建议的依据和基础。

4.3　国际工程咨询服务的经营管理

4.3.1　国际工程咨询公司管理的特点

一般来说,国际工程咨询公司作为企业,现代经营管理学中所有基本原则都适用于它。这里仅介绍国际工程咨询公司管理方法的一些特点。

由于工程咨询公司服务于工程项目的建设期,因此其任务具有阶段性和临时性;公司内部咨询人员参加项目的时间、地点和强度是由项目的具体任务和进度决定的,有一定的变动性;此外,工程咨询公司与一般公司的最大不同是,工程咨询公司拥有的知识产权和项目管理体系以及工程技术人员和他们所具有的经验与技能等构成其资产的大部分。以上特点决定了工程咨询公司在管理上十分重视以下几方面:

1. 增强公司整体性和适应性

工程咨询公司的各个部门都是组成公司指挥体系的重要环节,并具有各自的功能,但公司的整体功能并不是这些功能的简单集合,而是其在管理上发挥的整体效能。各部门之间,特别是这些部门与项目组之间的合作,应体现为一种相互依存的关系,并构成一个有机的服务整体。咨询任务的顺利开展与胜利完成,除了公司领导层的统一调度与指挥之外,在很大程度上依赖于公司内部的密切合作。

与此同时,由于咨询任务的灵活多样性,要求咨询公司应具有较强的环境适应能力,善于处理外界的各种关系,在不同的社会经济环境和文化背景下,表现出极强的生存与竞争力,特别是公司的资源与经营方针应能及时和灵活地调整,以适应不断变化的市场。

2. 激励公司员工工作积极性

咨询公司应采取各种激励措施,激发员工的工作积极性。如实行竞争性的工资制度;提高员工生活福利待遇,包括社会与医疗保险、带薪休假制度等;鼓励技术人员取得专业资格证书和注册,增加职业吸引力;实行按技术水平和工作业绩晋升的制度,提高公司的凝聚力。

3. 不断提高公司技术水平和管理水平

随着社会经济的发展,新材料、新技术不断涌现,工程项目也向大型化和复杂化方向演变。咨询公司也应适应形势需要,发扬和充实公司专业特长来紧跟世界先进水平。具体工作主要有广泛采用先进的计算机技术,开发和应用功能强大的软件;利用互联网实现全球范围内的信息交换和项目的跨国经营管理;重视员工的培训和知识更新;掌握高新技术项目的专业知识和项目管理知识,提高公司综合实力。

4.3.2　国际工程咨询公司的经营战略

制定正确的经营战略是工程咨询公司生存和发展的保证,根据国际工程咨询行业和市场的特点,在经营战略方面侧重以下工作:

1.确定公司的长期发展目标

确定长期的发展目标是一种管理手段,能给公司活动指明发展方向,同时对员工产生激励作用。长期发展目标不应是单一的,一般要包括:

(1)确定营利性目标,增加公司营业额和利润,保障公司可持续发展;

(2)扩展业务范围,提高市场占有率;

(3)改善公司资金结构,如增加员工持股比例,减少长期负债等;

(4)增强公司实力,增添人员和仪器设备(包括软件),扩大企业规模;

(5)提高员工工资与福利,激发员工工作积极性;

(6)履行社会责任,如建立基金会等,提高公司知名度。

2.采取科学决策机制

任何公司的人力、物力都是有限的,管理层做出的战略决策,实质是利用公司的全部资源并以最优的配置来实现公司的目标。为实现决策科学化,需考虑下列因素:

(1)市场分析与预测;

(2)公司在特定专业工程项目中已占有的份额;

(3)公司的声誉、特长以及和竞争者相比较的优势和弱点;

(4)扩展业务的机会与风险。

3.明确实施步骤

实现公司的发展目标,必须采取有力的措施和步骤。一个工程咨询公司如果想在某一业务领域确立自己的领先地位,可采用下列步骤:

(1)在一些国家或地区设立办事处,以扩大公司影响,并通过在当地的业务活动,取得新的项目机会;

(2)将业务开发相对集中在这一领域,以获得更多的客户,特别是一些有影响力的客户;

(3)对新客户采取低收费策略,着眼于获得更多项目和长远利益;

(4)聘用更多的在这一领域有经验和资格的专业人员,以便能够高质量地完成工程咨询任务;

(5)在有发展前景的地区,考虑成立合资企业,进一步增强竞争实力。

4.3.3　国际工程咨询公司的业务开发

在激烈的市场竞争中,积极有效地开发业务是国际工程咨询公司实现其发展战略的前提条件,业务开发应以公司的专业特长和实力为基础。通常其过程可分为几个相互衔接的步骤,如图 4-2 所示。

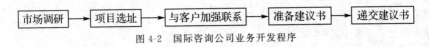

图 4-2　国际咨询公司业务开发程序

(1)首先,由公司市场部以尽可能多的渠道收集项目信息,确定可能的目标市场,详细了解这一目标市场的政治形势、经济状况、发展前景、工程建设项目的实施计划等。目标市场应选择多个,以便于比较,并选择前景较好的市场。

(2)为选择适合公司业务领域和专长的服务项目,公司专业部门应进一步对项目信息进行分析,分析的主要方面有:客户需要提供咨询服务项目的内容和要求;是否采用国际竞争性方式招标;本公司参与竞争的技术实力;需要采取的商务竞争策略以及咨询项目的风险分析等。通过分析研究对项目进行对比与筛选,确定公司准备参与的项目。通过对项目的分析与筛选,可以避免投标盲目性,降低执行项目的风险;同时通过项目选择,体现和贯彻公司的经营战略。

(3)在项目选定之后,应立即组织项目投标小组,并做好以下工作:

①以书面形式向客户表达本公司对该项目的兴趣;

②编写好宣传本公司技术水平、工作经验和咨询人员资历的材料,如公司的能力声明文件等,让客户充分了解公司实力;

③广泛收集与该项目有关的信息,充分了解项目的背景情况以及相关的政治、经济和自然环境条件;

④组织少数人员到项目所在地进行现场考察和与客户会晤。一方面可以获得项目的现场情况第一手资料,直接了解客户对项目和咨询任务的想法;另一方面可以当面向客户宣传自己公司的实力,加深客户对公司的了解,增加中标的机会。

(4)编写咨询服务项目的投标书,即建议书,按规定日期递交给客户。

思考题

1.简述国际工程咨询行业的性质和特点。

2.从四个方面简要概述国际工程咨询的主要内容。

第 5 章
国际工程招标与投标

5.1 国际工程招标

5.1.1 国际工程招标概述

1. 国际工程招标的概念

现代工程项目营建周期长,占用资金大,施工技术复杂,管理水平要求高,不可预测的技术经济风险大,因而,国际工程承包的商业成交程序相当复杂。按照科学技术和商品经济的原则,国际工程承包市场中的任一投资项目都必须遵循下述规范:

(1)拟建中的项目,按照科学的建设施工程序,有次序、有步骤地建设起来。而且每个次序和步骤都要符合要求的规定和标准。

(2)业主与承包商双方的一切联系都必须以法律保障为其关系的基础。

要实现上述两条,承包商和业主必须明确定义双方所公认的技术、经济和法律规范,以保证承发包双方的利益得到保障,并据此协调投资项目实施过程中双方利益冲突。

业主从事投资项目时,总希望选择施工技术水平高、能力强、经验丰富、质量好、效率高、工程价款合理的承包商,而承包商却希望承揽盈利丰厚、且自己在技术和管理上较擅长的投资项目。于是,国际工程承发包双方本着商品经济的竞争原则互相选择对方,这种选择的重要手段就是招标。

综上所述,可将招标的概念归纳如下:

招标就是择优,是业主对将实施的工程建设项目某一阶段特定任务的实施者,采用市场采购的方式进行选择的方法和过程,也可以说是业主对自愿参加某一特定任务的承包商或供货商的审查、评比和选用的过程。通过招标的方式,业主从众多的投标者中选择自己认为的最优胜者。业主可以按工程性质和评价标准从技术、质量、价格和工期四个方面对投标者进行评选,最后确定中标者。

对承包商来说参加投标就如同参加赛事竞争。要求承包商不仅要熟知比赛规则,更要掌握比赛策略、技巧和经验。因为这场比赛只有一个获胜者,不仅是报价的较量,更是一场技术、经验、实力和信誉的较量。

2. 国际工程的招标方式

大中型国际工程招标时,经常采用的招标方式一般可分为三种。

(1)公开招标(Open Bidding)

公开招标又称无限竞争性公开招标。这种招标方式是业主在国内外主要网站、报纸及有关刊物上刊登招标广告,凡对该招标项目感兴趣的承包商都有均等机会购买资格预审文件,参加资格预审,预审合格者均可购买招标文件进行投标。

这种方式可以为一切有能力的承包商提供平等的竞争机会,业主也可以选择一个比较理想的承包商(既有丰富的工程经验、必要的技术条件,又有足够的财务条件),同时也有利于降低工程造价,以合理的最低价采购合适的工程、货物或服务,保证采购按事先确定的原则、标准和方法公开进行,增加招标透明度,减少和防止贪污腐败现象的发生。因此,一般各国的政府采购,世行、亚行的绝大部分采购均要求公开招标。

这种方式的不足之处是,国际竞争性招标从准备招标文件、投标、评标到授予合同,均要花费较长时间;文件较烦琐;如果是货物采购可能造成设备规格多样化,从而影响标准化和维修。此外,也要防止一些投机商故意压低报价以挤掉其他态度严肃认真而报价较合理的承包商。这些投机商很可能在中标后,在某一施工阶段以各种借口要挟业主。

采用这种方式时,业主要加强资格预审,认真评标。

(2)邀请招标(Invitated Bidding)

邀请招标又称有限竞争性选择招标。这种方式一般不刊登招标广告,业主根据自己的经验和资料或请咨询公司提供承包商情况,然后根据企业的信誉、技术水平、过去承担过类似工程的质量、资金、技术力量、设备能力、经营能力等条件,邀请某些承包商来参加投标。邀请招标一般以 5~8 家为宜,但不能少于 3 家。因为投标者太少会缺乏竞争力。这种方式的优点是邀请的承包商大都有经验且信誉可靠。缺点则是可能漏掉一些在技术上、报价上有竞争力的后起之秀。

世行、亚行项目如要采用邀请招标需征求银行同意,一般适用于合同金额较小、供货人数量有限等情况。如为国际邀请招标,国内承包商不享受优惠。

(3)议标(Negotiated Bidding)

议标也称谈判招标或指定招标。国际工程中适用于工期紧、工程总价较低,专业性强或军事保密工程,有时对专业咨询、设计、指导性服务或专用设备、仪器的采购安装、调试、维修等也采用这种方式。

我国《工程建设项目施工招标投标办法》第九条中规定:工程施工招标分为公开招标和邀请招标。因此,在我国招投标法律法规中,议标并不是一种法定招标方式。议标是采购人和被采购人之间通过一对一谈判而最终达到采购目的的一种采购方式,且不具有公开性和竞争性,因此在使用议标时容易产生幕后交易、暗箱操作等现象。

这种方式的优点主要有:

①招标形式灵活多样,招标人可以根据项目特点的不同来改变议标形式,议标对象没

有数量要求,有采用一对一直接谈判的方式,也有模仿公开招标和邀请招标的方式。

②议标程序最为简单,公开招标与邀请招标由于受法定程序限制,必须经历发放消息、编制标书、组织评标等过程,耗时费力,不利于工程项目尽快实施,但议标如果采用直接谈判的方式则所需时间最短,费用也最少。

但其缺点也较为明显:

①议标不具有公开性,易发生幕后交易、暗箱操作等,易滋生腐败,难保工程质量。

②议标的界限不明确,议标在我国不属于法定招标类型。

(4)其他方式

国际工程常用的招标方式除了上述三种通用的方式外,有时还采用一些其他的方法,如两阶段招标、双信封投标等。

①两阶段招标。对交钥匙合同以及某些大型复杂合同,事先要求准备好完整的技术资料是不现实的,此时可采用两阶段招标。先邀请投标人根据概念设计或性能要求提交不带报价的技术建议书,并要求投标人应遵守其他招标要求。在业主方对此技术建议书进行仔细评审后,指出其中的不足,并与投标人一同讨论和研究,允许投标人对技术方案进行改进以更好地符合业主的要求。凡同意改进技术方案的投标人均被同意参加第二阶段投标,即提交最终的技术建议书和带报价的投标书。业主据此进行评标。

世行、亚行的采购指南中均允许采用两阶段招标。

②双信封投标。对某些形式的机械设备或制造工厂的招标,其技术工艺可能有选择方案时,可以采用双信封投标方式,即投标人同时递交技术建议书和价格建议书。评标时首先开封技术建议书,并审查技术方面是否符合招标要求,之后再与每位投标人对其技术建议书进行讨论,以使所有的投标书达到所要求的技术标准。如由于技术方案的修改致使原有已递交的投标价需修改时,将原提交的未开封的价格建议书退还投标人,并要求投标人在规定期间再次提交其价格建议书,当所有价格建议书都提交后,再一并打开进行评标。

亚行允许采用此种方法,但需事先得到批准,并应注意将有关程序在招标文件中写清楚。世行不允许采用此方法。

3. 合同类型

按计价方式的不同,国际承包工程合同可以分为总价合同、单价合同和成本加酬金合同三种类型。

(1)总价合同(Fixed-Price Contract)

总价合同是指支付给承包商的款项在合同中是一个总价,在招投标时,要求投标人按照招标文件的要求报出总价,并完成招标文件中规定的全部工作。采用总价合同,业主应能够提供详细的规划、图纸和技术规范,提供足够的有施工专长的监督人员(自有的或雇用的均可)拥有从事规划、预算、施工方案研究的雇员或咨询人员;具有良好的财务能力及对该项目支付的能力。

采用总价合同的主要优点:

①由于承包商投入的资金存在风险,承包商会努力降低成本;

②选择承包商的程序比较简单;

③选定承包商的原则比较客观,通常采用最低标价法;

④投标时可确定最终价格(假设不发生图纸和规范变更或不可预见的情况);

⑤会计与审计的费用较低。

总价合同分为固定总价合同和可调值总价合同。

①固定总价合同

固定总价合同是指业主和承包商以有关资料(图纸、有关规定、规范等)为基础,就工程项目协商一个固定总价,这个总价一般情况下不能变化,只有当设计或工程范围发生变化时,才能更改合同总价。对于这类合同,承包商要承担设计或工程范围内的工程量变化和一切超支的风险。

②可调值总价合同

可调值总价合同中的可调值是指在合同执行过程中,由于通货膨胀等原因造成的费用增加,可以对合同总价进行相应的调值。可调值总价合同与固定总价合同的不同在于:固定总价合同要求承包商承担设计或工程范围内的一切风险,而可调值总价合同则对合同实施过程中出现的风险进行了分摊,即由业主承担通货膨胀带来的费用增加,承包商一般只承担设计或工程范围内的工程量变化带来的费用增加。

(2)单价合同(Unit-Price Contract)

单价合同是国际工程承包中最常用的一种计价方式,其特点是根据合同中确定的工程项目所有单项的价格和工程量计算合同总价。通常是根据估计工程量签订单价合同。单价合同适用于工程项目的内容和设计指标并不十分确定,或工程量出入可能较大的情况。

单价合同的主要优点有以下几点:①可减少招标准备工作,缩短招标准备时间;②能鼓励承包商通过提高工效等手段节约成本;③业主只按工程量表项目支付费用,可减少意外开支;④结算时程序简单,只需对少量遗漏单项在执行合同过程中再报价;⑤对于一些不易计算工程量的项目,采用单价合同会有些困难。

单价合同主要有估计工程量单价合同和纯单价合同两类。

①估计工程量单价合同

估计工程量单价合同是由业主委托咨询公司按分部分项工程列出工程量表及估算的工程量,适用于可以根据设计图纸估算出大致工程量的项目。

②纯单价合同

纯单价合同是在设计单位还来不及提供设计图纸,或出于某种原因,虽有设计图纸,但不能计算工程量时,可采用这种合同。采用这种合同时,招标文件只向投标人提供各分部分项工程的工作项目、工程范围和说明,不提供工程量。

(3)成本加酬金合同(Cost-Plus Contract)

成本加酬金合同是一种根据工程实际成本加上一笔支付给承包商的酬金作为工程报价的合同方式。采用成本加酬金合同时,业主向承包商支付实际工程成本中的直接费,再按事先议定的方式为承包商的服务支付酬金,即管理费和利润。

这种合同方式适用于某些急于建设但设计工作并不深入的工程项目,由于不具备计算工程单价或总价的条件,只能以估算的工程成本为基础加额外补偿来计价,尤其是一些灾后或战后重建工程,涉及承包商专有技术的工程等。

采用成本加酬金合同主要的优点是:可在规划完成之前开始施工;适用于由于不能确定工作范围或规模等原因无法确切定价的工程。

采用该方式时应注意以下问题:项目开始施工时,最终成本不能确定;需要业主的雇员、工程师进行较多的控制成本、记账及审计工作;业主与工程师应挑选一个熟悉这种合同类型的总承包商(有作为项目组成员进行管理工作的经验,并有良好的会计工作水平);如果设计发生较大变化,过早的开工会导致延误和额外的开支。

成本加酬金合同,根据其酬金的确定方法不同可分为如下三种形式:

①成本加百分比酬金合同

这种合同方式是指承包商除收回工程实际成本外,还可得到实际成本的百分比计取的酬金,这个百分比是双方在签订合同时共同商定的。

②成本加固定酬金合同

这种合同方式是指按工程实际成本加上一个双方事先商定的固定不变的数额作为酬金的计价方法。与前一种不同的是,采用这种方式时,酬金不随成本的增减而变动。

③成本加浮动酬金合同

这种合同方式是指按一定条件计算浮动酬金的计价方法,即业主与承包商事先商定预期酬金水平,当实际成本等于预期成本时,按预期酬金水平支付;当实际成本低于预期成本时,增加酬金;当实际成本高于预期成本时,减少酬金。这种合同方式与前两种方式相比的最大优点是可以促使承包商降低工程成本。由于成本加酬金合同方式的竞争性差,而且业主很难控制投资,因此,在国际工程承包中很少被采用。

5.1.2 国际工程资格预审

资格预审(Pre-qualification)是国际工程招标中的一个重要程序,对采用国际公开竞争性招标的大中型工程而言,特别是国际金融组织贷款的项目,一般都要对投标人进行资格预审。资格预审的目的主要有:

(1)了解投标人的财务能力、技术状况及以往从事类似工程的施工经验,从而选择在财务、技术、施工经验等方面优秀的投标人参加投标。

(2)淘汰不合格的投标人。

(3)缩短评审阶段工作时间,减少评审费用。

(4)为不合格的投标人节约购买招标文件、现场考察及投标等费用。

(5)减少将合同授予没有经过资格预审的投标人的风险,为业主选择一个较理想的承包商打下良好的基础。

1. 资格预审的程序

(1)编制资格预审文件

由业主委托设计单位或咨询公司编制资格预审文件。资格预审文件的主要内容有:

①工程项目简介;②对投标人的要求;③各种附表。资格预审文件编好后要报上级批准。如果是利用世界银行或亚洲发展银行贷款的项目,资格预审文件要报该组织审查批准后,才能进行下一步工作。

(2)刊登资格预审广告

资格预审广告应刊登在国内外有影响的、发行面比较广的网站、报纸或刊物上。资格预审广告的内容应包括工程项目名称、资金来源(如国外贷款项目应标明是否已得到贷款,还是正在申请贷款),工程规模、工程量、工程分包情况,投标人的合格条件,购买资格预审文件的日期、地点和价格,递交资格预审文件的日期、时间和地点。

(3)出售资格预审文件

在指定的时间、地点出售资格预审文件,资格预审文件的售价不能太高。资格预审文件的发售时间为从开始发售至资格预审申请时为止。

(4)对资格预审文件的答疑

在资格预审文件发售以后,购买资格预审文件的投标人可能对资格预审文件提出各种质疑,这种质疑可能是由于投标人对资格预审文件理解困难,或者由于业主在编写资格预审文件时存在模糊和错误。投标人提出的各种质疑都要以书面形式(包括电子邮件、电传、传真、信件)提交业主。对投标人提出的各种质疑业主将以书面文件回答并通知所有购买资格预审文件的投标人,而不涉及这种问题是由哪些投标人提出的。

(5)报送资格预审文件

投标人应在规定的资格预审截止时间之前报送资格预审文件。在截止日期之后,不接受任何迟到的资格预审文件,投标人在资格预审截止时间之后不能对已报的资格预审文件进行修改。

(6)澄清资格预审文件

业主在接受投标人报送的资格预审文件后,可以找投标人澄清资格预审文件中的各种疑点,投标人应按实际情况回答,但不允许投标人修改资格预审文件的实质内容。

(7)评审资格预审文件

此部分将在后文详细阐述。

(8)向投标人通知评审结果

招标单位(或业主)以书面形式向所有参加资格预审者通知评审结果,在规定的日期、地点向通过资格预审的承包商出售招标文件。

2. 资格预审文件的内容

资格预审文件的内容包括如下五个主要方面:

(1)工程项目总体描述

使投标人能够理解本工程项目的基本情况,做出是否参加投标的决策。

①工程内容介绍。详细说明工程性质、工程数量、质量要求、开工时间、工程监督要求、竣工时间等。

②资金来源。政府投资、私人投资,还是利用国际金融组织贷款。资金落实程度如何。

③工程项目的当地自然条件。包括当地气候、降雨量(年平均降雨量,最大降雨量、最小降雨量发生的月份)、气温、风力、冰冻期、水文地质方面的情况。

④工程合同的类型。是单价合同还是总价合同,或是交钥匙合同,是否允许分包。

(2)简要合同规定

对投标人提出哪些具体要求和限制条件,对关税、当地材料和劳务的要求,外汇支付的限制等。

①投标人的合格条件。对投标人是否有国别和资质等级的限制,是否要求国外投标人必须和本国投标人联合。利用国际金融组织贷款的工程项目,投标人资格必须满足该组织要求。如利用世界银行或亚洲开发银行贷款的工程,投标人必须是来自世界银行或亚洲开发银行的会员国。

②进口材料和设备的关税。投标人应调查和了解工程项目所在国的海关对进口材料和设备的现有法律和规定及应缴纳关税的细节。

③当地材料和劳务。投标人应调查和了解工程项目所在国的海关对当地材料和劳务的要求、价格、比例等情况。

④投标保证和履约保证。业主应规定对投标人提交投标保证和履约保证要求。

⑤支付外汇的限制。业主应明确向投标人支付外汇的比例限制,外汇兑换率在合同执行期间保持不变。

⑥优惠条件。业主应明确是否给予本国投标人以价格优惠。

⑦联营体的资格预审。联营体的资格预审可由各公司单独提交,或由两个或多个公司作为合伙人联合提交。两个或多个公司联合提交的资格预审申请,如不符合对联营体的有关要求,其申请将被拒绝。

⑧仲裁条款。在资格预审文件中应写明在业主与投标人之间出现争执或分歧时,应通过哪一个仲裁机构进行仲裁。

(3)资格预审文件说明

准备申请资格预审的投标人(包括联营体)必须回答资格预审文件所附的全部提问,并按资格预审申请文件提供的格式填写。

业主将投标人提供的资格预审申请文件,依据下列四方面来判断投标人的资格能力:

①财务状况。投标人的财务状况将依据资格预审申请文件中提交的财务报告,以及银行开具的资信情况报告来判断,其中特别需要考虑的是承担新工程所需的财务资源能力,未完工程合同的数量及其目前的进度,投标人必须有足够的资金承担新的工程。其所承诺的工程量不应超出其财务能力。

②施工经验与过去履约情况。投标人要提供过去几年中,完成过相似类型和规模以及复杂程度相当的工程项目的施工情况,最好提供工程验收合格证书或业主对该项目的评价。

③人员情况。投标人应填写拟选派的主要工地管理人员和监督人员的姓名及有关资料供审查,要选派在工程项目施工方面有丰富经验的人员,特别是负责人的经验和资历。

④施工设备。投标人应清楚地填写拟用于该项目的主要施工设备,包括设备类型、制

造厂家、型号，设备是自有的还是租赁的，哪些设备是新购置的。设备的类型、数量和能力要满足工程项目施工的需要。

投标人对资格预审申请文件中所提供的资料和说明要负全部责任。如果提供的情况有虚假，或在审查时对提出的澄清要求不能提供令业主满意的解释，业主将保留取消其资格的权力。

资格预审文件中还要说明业主对资格预审的评审标准。

（4）要求投标人填报的各种报表

（5）在资格预审时要求投标人填报的各种报表包括：

①资格预审申请表；②公司一般情况表；③年营业额数据表；④目前在建合同/工程一览表；⑤财务状况表；⑥联营体情况表；⑦类似工程合同经验；⑧类似现场条件合同经验；⑨拟派往本工程的人员表；⑩拟派往本工程的关键人员的经验简历；⑪拟用于本工程的施工方法和机械设备；⑫现场组织计划；⑬拟定分包人；⑭其他资料表（如银行信用证、公司质量保证体系、争端诉讼案件和情况等）；⑮宣誓表（即对填写情况真实性的确认）。

世行、亚行、FIDIC 等国际组织所拟定的资格预审表内容大同小异，一般均根据贷款来源选用有关组织的资格预审表或由业主自行拟定。

3. 资格预审的评审

（1）评审委员会的组成

评审委员会人员的技术、业务素质的高低，是否参加过评审工作，直接影响到评审结果。为保证评审工作的科学性和公正性，评审委员会必须具备权威性。评审委员会必须由各方面专家组成。

评审委员会一般是由招标单位负责组织。参加的人员有：业主代表、招标单位、财务经济专家、技术专家、上级领导单位、资金提供部门、设计咨询单位等部门，根据工程项目规模，评审委员会的委员一般由 7～13 人组成。评审委员会下设商务组、技术组等。

（2）评审标准

资格预审的目的是检查、考核投标人是否能够满意地执行合同。评审内容包括：

①财务状况。能否有足够的资金承担本工程，投标人必须有一定数量的流动资金；

②施工经验。是否承担过类似本工程的项目，特别是本工程具有特殊要求的施工项目过去施工过的工程数量和规模；

③人员。投标人所具有的工程技术人员和管理人员的数量、工作经验和能力是否满足本工程的要求，特别是派往本工程的项目经理的能力能否满足要求；

④设备。投标人所拥有的施工设备是否能够满足工程的要求。

此外，还要求投标人守合同、有良好信誉，才能被业主认为是资格预审合格。

经过上述四个方面的评审，对每一个投标人统一打分，得出评审结果。一般情况下，每个项目的满分线和最低分数线见表 5-1，投标人只有满足：

①每个项目均达到最低分数线；

②四项累积分数不少于 60 分，才能获得投标的资格。

表 5-1	资格预审评分表		
项目		最高分数线	最低分数线
财务状况		30	15
施工经验/过去履历情况		40	20
人员		10	5
设备		20	10
总计		100	60

（3）评审方法

首先对接收到的资格预审文件进行整理,看是否对资格预审文件做出了实质性响应,即是否满足资格预审文件的要求。检查资格预审文件的完整性,检查投标人提供的财务能力、人员情况、设备情况及履行合同的情况是否满足要求。只有具备了对资格预审文件做出实质性响应的投标人才能参加评审。

一般情况下,资格预审都采用评分法进行,按上述评分标准逐项进行。评审结果按淘汰法进行,即先淘汰资料不完整的投标人,对于满足资格预审文件要求的投标人再逐项打分评审。最低分数线的选定要根据参加资格预审的投标人的数量来决定。如果投标人数量比较多,则可适当提高最低合格分数线,仅给予获得较高分数的投标人以投标资格。

（4）资格预审评审报告

资格预审评审委员会对评审结果要做出书面报告,评审报告的主要内容包括:工程项目概要;资格预审简介;资格预审评审标准;资格预审评审程序;资格预审评审结果;资格预审评审委员会名单及附件;资格预审评分汇总表;资格预审分项评分表;资格预审详细评审标准等。如为世行或亚行等贷款项目还要将评审结果报告送交该组织批准。

4. 资格后审

（1）资格预审与资格后审的区别

对于开工期要求比较早、工程不算复杂的中小型工程项目,为了争取早日开工,可不进行资格预审,而进行资格后审。

资格后审,即在招标文件中加入资格审查内容,投标人在报送投标书的同时报送资格审查资料,评标委员会在正式评标前先对投标人进行资格审查。对资格审查合格的投标人再进行评标,淘汰资格不合格的投标人,不对其进行评标。

（2）资格后审的内容

资格后审的内容与资格预审的内容大致相同,主要包括:

①投标人的组织机构,即公司情况表;②财务状况表;③拟派往项目工作的人员情况表;④工程经验表;⑤设备情况表;⑥其他,如联营体情况等。如有的内容在招标文件中要求投标人在投标文件中填写,则可不必在此重新填写。

5.1.3 国际工程招标程序

FIDIC施工合同条件中要求由业主采用竞争性招标方式来选择承包商。国际工程招标程序(Tendering Procedure)如图 5-1 所示。

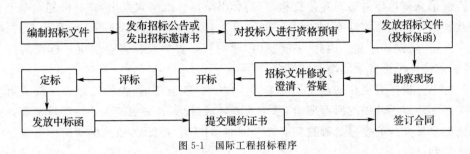

图 5-1 国际工程招标程序

对于大型项目和涉及国际招标的项目来说,业主需要在招标前对投标者进行资格预审。资格预审可以使业主(或工程师)提前了解应邀投标公司的实力。同时,也可以利用这种方式向不一定愿意参加公开投标或无限制投标的大公司发出邀请。此外,如果各公司在明知大部分投标不可能中标的情况下仍大量投标,不仅会使各投标商蒙受无效损失,同时大量的多余投标也会降低业主的工作效率,而资格预审可以有效避免上述困扰。

1. 招标文件

招标文件(Tender Document)一般包括:合同条件、规范、图纸、工程量表、投标书格式以及投标者须知。除投标者须知外,上述全部文件在授予合同时构成合同文件。通常,将招标文件连同一封信函送予投标者,信函仅限于说明上述文件,同时要发予投标人一份投标邀请函。

(1)合同条件(Conditions of Contract)

合同条件由红皮书第一部分和第二部分组成。合同条件对适用的法律法规和合同内容进行了说明。

(2)规范(Specification)

规范对合同的范围和技术要求进行了规定。对承包商提供的材料质量和工艺标准,以及承包商对永久性工程设计所负责的程度(如果该工程由承包商设计)都做出了明确规定。同时包括了对合同期间承包商提供的样品细节以及所要进行试验细节的规定;对承包商实施工程或区段的顺序、时间安排或方法选择有限制时须做出明确规定;同时须对承包商在施工过程中对现场通道和空间使用权等进行说明。

(3)图纸(Drawings)

为使投标者在参考了规范和工程量表后,能够准确确定合同所包含的工作性质和范围,图纸必须足够详细。多数情况下,业主在投标阶段一般无法提供一整套完整图纸,在这种情况下,投标者也无法进行更进一步的工作,因此,在合同授予后,业主将为中标者陆续发放补充图纸。

(4)工程量清单(Bill of Quantities)

工程量清单包含按照合同实施的工作说明以及估算的工程量。红皮书采用合同重新计量的方式。

（5）投标书（Tender）

当邀请众多投标者参与竞争性报价时，标书应以标准格式发出，并尽可能地基于平等的条款和条件订立。这样有利于更为简单、准确地对收到的投标进行评价和比较，并能有效减少误解、错误和遗漏。因此，在招标时，业主有必要为投标者提供统一标准的标书格式，并要求每位投标者全部填写并签字。

投标书是投标者提交的最重要的单项文件。一旦提交，则表示投标者已默认阅读了招标文件并理解了其中的所有要求，基于这些要求，投标者写明的关于用于承担和完成合同规定的全部义务的投标金额真实有效。因而，对于业主来说，收到的所有标书应是根据统一条款制订的。

因此，官方建议采用附在红皮书第一卷后紧接合同条件第一部分的投标书格式。该投标书简明扼要，一经签字和提交，报价即生效，同时具有法律约束力。

通常，为将投标书与有关工程项目联系在一起，投标书应标明投标参考编号或合同号。

在投标书格式的适当位置，必须标明将标书送交的机构名称。

投标书第一段填写的金额为投标者的投标书总金额，该金额必须与工程量表中一览表中所列总价一致。该金额应同时用文字和数字填写，如文字和数字不一致，大多数国家的一般惯例是，文字标明的金额优于数字标明的金额。

双方决定的合同金额可能会随着项目的实施发生变化，如出现变更或不可预见事件。对此，承包商可以根据合同条件得到业主增加或减少的付款。

在投标书中，业主要根据评估和授予合同的程序要求预留这两项所需时间，并注明其要求投标书保持有效和同意被接受的时间。

倘若发现注明的时间不能满足要求，业主可要求投标者将其投标书的有效期再延长一段确定的时间。同时，还应要求投标者相应地延长投标保函有效期。投标者在接到此类要求后，有权决定是否延长。如投标者决定不予延长，则业主无权将其投标保函兑换成现金或持有该保函。

（6）投标者须知（Instructions to Tenders）

必须编制投标者须知以满足每一具体合同的需要。"须知"的目的在于将招标期间适用的信息和指令传递出去。但在授标后需作为依据的任何资料都必须被包括在另外的文件中，如：包括在合同条件或技术规范中。以下为"须知"内容指南。

①概述（General）

概述是对招标机构（政府、部、部门、当局等）的简短的具体介绍，以及合同所包含的项目的概况。应对涉及有资格投标的公司或个人的任何规定，诸如提前资格预审和（或）对组成联营体的要求以及有关确定投标书有效性和签署人权力（如代理人权力）的任何特殊规定的详细情况予以申明。如要求中标者为合同目的建立一个在当地注册的公司，须告之投标者。

②文件（Documents）

颁发给投标者的文件中应包含文件清单，此文件清单应说明其中哪些文件应由投标者填写并在规定的提交日期提交。如果招标文件不是免费发放,则应说明一套正本和任何附加套数的应收金额,并说明是否需要使用当地货币或等值外币支付。同时,还应告知投标者如何获得额外的各套文件,以及未中标的投标者退还这些文件时应遵循的程序。

③投标书的完成与递交(Completion and Submission of Tenders)

应告知投标者提交投标书的时间、日期和地点。还应告知投标者所有签字均使用碳素笔。除必须要改正的错误外,不允许其他删减或增加。所有更改均须签字盖章确认。

通常要求两份或多于两份的投标书副本。同时,业主应对投标者装订投标书的方法予以指导。应标明投标书正本与副本,如出现差异,以投标书正本为准。投标书正本的复印本可将出现差异的风险降至最低程度。

应告知投标者,如果其在正式提交日之前已提交或邮寄出投标书,他是否拥有在发送之后撤回、修正或更改投标书的权力。在接收投标书的规定时间之前,业主一般允许投标者对以书面或以电子邮件、电传、传真等方式进行修改。修改后的投标书被认为是正式报价。

④要求提供补充信息(Supplementary Information Required)

业主应告诉投标者随投标文件同时提交的所有补充信息,如:为所有履约担保所拟用的保证人详情;保险的一般条件;投标者的机构组成和为合同目的所使用的地址;工作的初步进度计划(投标者须知中应说明要求);以及为施工目的所需要的承包商设备的主要项目一览表。

业主需对当地和国外的劳务与职员的需求量进行预测。当要求投标金额可以因劳务、材料和运输成本的变化进行调整时,除了招标文件中已说明由业主给出的详细说明这种情况外,应要求所有投标者说明其希望使用的作为调价基础的计算公式。如果其公式以指数为基础,那么,就应使用项目所在国已公开发布的正式指数。投标者还须提供其拟雇用的所有分包商姓名及其准备分包的部分工程的细节。

⑤招标文件修正(Amendments to Tender Documents)

在招标期间可能需要对发给投标者的文件进行解释、修正、增加或删减,一般采用正式补遗的方式告之投标者。如果投标者对招标文件中的某一条目含义存有疑问,应建议其在投标书提交日期前某一确定的期限(如 42 天)内通知工程师。然后,由工程师以补遗的方式向所有投标者进行解释。每项补遗必须附有回执,以便业主与工程师确认每位投标者均已收到所有必要的补遗信息。如未能告知收到补遗,可能导致投标者投标书被拒绝。补遗属于招标文件的一部分,发出的编号应由投标者填入。

通常,投标者应严格按照招标文件的要求提交报价。如果允许投标者提交一个含有替代方案的投标书,其中出现任何与颁发给投标者的文件相偏离的地方均应清楚地标明并详细说明。但此方法可能增加评标过程难度。

⑥货币要求与汇率(Currency Requirements and Exchange Rates)

如果合同已授予投标者,则投标者就应将希望业主支付的货币币种告知业主。此类信息应在招标文件颁发后,并于投标书提交日期之前不迟于某一特定的期限(如 42 天)内尽快提供。业主一般希望使用在投标者须知中规定的获得货物和服务的国家的货币进行支付。

招标文件中应包括计划表,该表应由投标者记载构成投标总金额的各种已经批准的货币金额。授予合同时,此类计划表也属于合同的一部分。

正常情况下要求投标者提交标书时使用单一货币,一般为工程实施所在国的货币。这种情况下,需要确定将要求支付的各种货币兑换成单一货币所采用的汇率。由于不止一位投标者可能要求部分支付使用某一特定货币,采用的汇率以一致为宜。所以,上述汇率须由业主确定,并在提交投标书前的合理时间内,由业主或由工程师代表业主通知每位投标者。此类汇率应在 FIDIC 合同条件第二部分中规定。如果没有这样的规定,则采用提交投标书截止日期前 28 天当天或按投标书中规定日期工程实施所在国中央银行确定的通行汇率。授予合同时,此类汇率应列入合同中。

为有助于提前预算,要求投标者提供在合同期间(以每季度为宜)业主应支付承包商款项的估算额。上述付款的估算额不构成合同的一部分,因而不应被认为具有约束力。其数额在工作进程中可能需要复查和调整。暂定金额下的支出将对数额产生影响,同样,材料来源的变化、进度计划的修正或工程变更也将影响到此类数额。

⑦现场考察(Site Visits)

投标期间,业主常期望投标者前往现场考察。业主的职员和工程师可在现场回答问题并可将已进行的任何勘探工作(如展示钻到的岩芯和有照明的勘探平洞)提供视察时,则应安排考察的具体日期和相关事宜。上述有关问题和答复的概要情况,应发给所有投标者。投标者的现场考察不应受到限制,同时,业主还应给出投标者要求再次考察时与何人联系等细节。

⑧投标保函(Tender Bond)

如需要投标保函,则保函的文本形式应在招标文件中进行说明,同时对保函金额及所要求的货币也要进行说明。任何情况下,担保人必须使业主满意。如果业主要求提交投标保函,除非另有说明,否则未附保函的任何投标书将被拒绝。

应通知投标者,在规定的时间段后保函将被送还。如果其中一份投标书在该时间段内被业主接收,且中标者已提供了一个可接受的履约保证,则该保函将被提前送还。同时还应说明,如发生下述情况投标保函将面临的问题,即如果已被接受的投标者在被要求提供履约保证之后未能于规定的时间内提交履约保证,通常,投标保函将被没收。

⑨奖金(Bonus)

如果合同中有关于提前竣工的奖金,假如投标者能够获得此类奖金,则应提醒投标者在投标书附件中预留的空白处标明其希望收到的当地货币与外币比例。

⑩地方法规(Local Legislation)

如果有任何地方法律或条例,或业主希望投标者格外注意的所有特殊协议,应将其列入投标者须知中,但应对文件的不全面性进行说明。

⑪对投标书的审查(Examination of Tender)

应告知投标者,业主或代表业主的工程师也许会要求所有投标者阐明其投标书,但在开标之后则不允许任何投标者改变其投标金额。未改变投标金额的投标书说明如被接受,则可纳入合同。

应当对投标书有效期进行说明,如所有投标书必须在规定有效期内保持有效,或在每位投标者同意的任何延长期内保持有效。

评标时,应将投标金额以外的任何其他因素,如外币比例告知投标者。

⑫中标(Acceptance of Tender)

业主一般将正式声明不受将合同授予最低报价投标者或任何投标者的约束。

(7)评标(Evaluation of Tenders)

大型国际合同的投标一般均采用公开开标,届时公布投标者姓名及其投标金额。此时,不公布其他任何细节。随后,由工程师代表业主对投标书进行审查。

工程师的首要任务之一是核实投标书的计算是否正确,若不正确,应怎样纠正这些错误。另一任务是检查投标书是否全部填写,所有要求的资料是否已提交以及所有事项是否与招标文件条款相一致。

如有明显错误、遗漏或不一致,可召开一次会议,此会议由标价最低的投标者以及另外一到两位其他投标者参加,就一旦签订合同时如何解决上述问题表明态度并达成一致意见。会议期间,不允许投标者改变其投标书内容。如果无法就怎样解决差异表明态度并取得一致意见,则此投标书应按没有全部填写的投标书处理,且对此投标书不再予以考虑。

(8)授予合同(Award of Contract)

工程师完成评标并得到必要澄清之后将就授予合同的相关事宜向业主提出建议。如果业主同意工程师的建议并准备立即授予合同,则工程师将向中标者颁发中标函。

在业主授予合同之前,需要政府对贷款协议的批准或认可。在这种情况下,业主可以向有望中标的承包商颁发意向书。此类意向书应对能够被授予合同之前必须达到的条件进行说明。多数情况下,业主在意向书中不做任何许诺。因此,有望中标的承包商只能自担风险,进行所有准备工作或支付所有费用。有时,意向书指示有望中标的承包商采取某种行动,如订购材料和设备。在这种情况下,如果由于任何原因最终没有缔结合同,业主有必要对该有望中标的承包商所做的工作如何支付,以及支付程度进行阐明。

业主中标函连同投标者的投标书组成对双方都具有约束力的合同,并自中标函颁发之日起生效。如果由于投标书中的错误、遗漏或不一致,或因任何其他原因,在澄清问题会议上已对所有变动暂时达成协议,则业主的信函仅是临时承诺,当承包商回函同意,并以书面形式确认中标函条件之日起,合同方才具有约束力。

(9)合同协议(Contract Agreement)

合同条件中对合同协议书的实施做出了详细规定,然而,此文件的实施一般并不一定会产生具有法律约束力的合同。在一些国家,尽管已有投标书和中标函,但是,若要产生具有约束力的合同,需按照法律要求提供合同协议书。在这种情况下,需要细心编制合同协议书以符合有关法律的要求。因此,保证合同协议书(包括构成协议书一部分的所列文件)的准确措辞,并严格记录已达成的协议显得尤为重要。同时,双方必须保证签署人和签署方法符合相关法律。

5.2 国际工程投标

5.2.1 国际工程投标概述

1. 国际工程投标的概念

投标即是争优,国际工程投标是指投标者(工程承包商)受非本国政府部门、公司、企业或项目所有人(业主或发包人)的邀约,发出以国际工程投标报价为基础的一系列承诺,经过招标人的择优选定,最终形成针对此工程项目的协议和合同关系的平等主体之间的经济活动过程,是法人之间承诺有偿的、具有约束力的法律行为。

国际工程投标的核心内容是国际工程投标报价。因为国际工程投标报价是国际工程承包中的一个重要环节,无论对业主还是承包商而言,都直接影响到获取工程的成功与否。

因此,国际工程投标报价编制是正确进行投标报价决策的重要依据,其工作内容繁多,工作量大,而且时间紧迫,因而必须进行周密地考虑,统筹安排,并遵循一定的工作程序,使工程投标报价编制工作能够保质、按期完成。

国际工程投标报价编制,不论承包方式和工程范围如何,都必须涉及生产要素市场、工程技术规范和标准、施工组织和技术、人材机消耗、合同形式和条款以及金融、税收、保险等方面的问题。因此必须由经济、技术、财务、合同管理人员参加,才能保证国际工程投标报价编制工作有条不紊地完成。

2. 国际工程投标的主要特点

与国内工程投标相比,国际工程项目涉及的国际化因素复杂多样。各国的国情差异导致国际工程项目外界环境复杂性因素更加凸显,也使国际工程投标显示出了鲜明的新特点。

(1)高复杂性

由于标的项目一般都在境外执行实施,而且招标文件遵循的是国际惯例要求,同时还要遵守工程现场的实际情况,如业主所在国的有关投资、外贸、税务法律、规范等,因此为国际工程投标文件的编制和对招标要求的响应增加了难度。

(2)高风险性

受国际政治、经济形势变化的影响大,风险因素多,因此存在大量未知或不确定的潜在影响因素,其风险性也远远高于国内工程投标。

(3)惯例导向性

在国际工程招投标中,应遵循国际招投标的规范或惯例。为充分体现双方责、权、利的对等,发包人和承包人需要严格遵守 FIDIC 合同条件,按照平等、自愿、互利的原则和规范程序进行招投标活动。

(4)开放竞争性

进行国际招投标活动,必须在国际公开发行的媒体上刊登招标公告,打破行业、部门、地区、国别界限,在最大限度范围内让所有符合条件的国际投标者前来投标。招投标的核心是竞争,由于国际工程的发包是面向全球的招标活动,一般标的大,范围广,参与投标的大部分都是在国际上有一定知名度的公司和企业,所以竞争激烈,投标者需要充分展示各自的实力、信誉、服务、报价优势来战胜其他投标者。

（5）造价非强制性

没有法定定额约束,只有部分指数供参考。在国际工程竞争中,一般没有国家法定的定额作为强行制约承包商投标报价的依据。各国政府或业主虽对工程从项目立项至合同实施进行全过程的跟踪管理,但主要是控制技术标准及规范,在一定标准前提下并不对造价进行强制性管理,只有一些咨询顾问公司定期汇总发布一些造价资料,如建筑成本指数及造价指数,建材或工资水平等。

（6）标价计算方法多样性

在不同国家或地区不仅标书格式不同,且标价计算方法也不尽相同。有的将直接费与其他直接费及间接费分列,最后汇总为总造价;有的按分部或分项工程将直接费与其他直接费及间接费分摊入各分部分项工程中,得到包含直接费、其他直接费、间接费甚至是利润等在内的单价,最终计算总价。总之,不同国家、不同地区的标价计算有不同的法则和惯例。

（7）币种与支付方式多样性

国际工程肯定要使用多种货币用于支付来自不同国别的费用,而支付方式除了现金、支票外,还包括保函、信用证等。

（8）标价影响因素多样性

影响投标价格的因素多,前期调查、咨询工作量大。在国际工程投标中,由于地域不同、流通环节不同、技术水平不同,材料、机械、设备的消耗量和人员工资等存在很大差异,同时运输、海关费用等其他因素也间接地对标价产生了不可忽略的影响。这就要求在投标前对项目所在国的建材、机械设备、人工市场情况进行详细询价,并大量调查国内、国际运输费用及港杂费等情况。

国际工程报价不同于国内项目或援外项目报价,其人工、材料单价及机械台班单价等需要更多地从项目所在地调查并获得第一手资料,采用定额的人材机消耗量也会产生变化。在有限的投标时间内,尤其是大型项目,这些数据很难在短时间内取得。如何利用国内现有定额的消耗量,在国际工程投标过程中,更迅速、准确地进行人材机用量分析及单价计算,仍是一个值得研究和探讨的问题。

5.2.2　国际工程投标报价的内容

1. 国际项目筛选

国际工程承包与国内工程承包是有很大区别的,其中主要包括竞争对手不同、操作模式不同、风险可控难度相对较大、技术规范及施工标准差异、文化差异较大等,所以任何一项国际工程对于企业来说都是挑战,必须有完善的投标准备和工作规划。如今,各类工程项目的信息接踵而来,在获取国外项目信息后,首先要辨别项目的真实性,因此市场负责部门应首先通过各种信息渠道了解项目背景、资金来源、业主相关情况等。最有效的办法就是与各领事馆联系确定项目的真伪,同时针对具体项目制定出项目跟踪、实施模式及今后工作等安排。

2. 投标决策

在拿到招标文件后,应尽快组织技术、商务、合同人员仔细分析招标文件,对项目所在国政治经济环境、招标文件主要合同条件(重点进行主要风险性合同条件分析及风险规避对策)、项目技术重点和难点、后续工作及投标策略等进行认真分析,提出所需澄清问题。然后,以上述重难点及业主的澄清回复,决定最终是否投标。

(1)投标决策的主要方法

承包商的投标决策,就是解决投标过程中的对策问题,决策贯穿竞争的全过程,对于招投标中的各个主要环节,都必须及时做出正确的决策,才能取得竞争的全胜。决策包括以下四个方面:

①分析本企业在现有资源条件下,在一定时间内,应当和可承揽的工程任务数量;

②对可投标工程的选择和决定。当只有一项工程可供投标时,决定是否投标;有若干项工程可供投标时,正确选择投标对象,决定向哪个或哪几个工程投标;

③确定对某项工程投标后,在满足招标单位对工程质量和工期要求的前提下对工程成本的估价做出决策,即对本企业的技术优势和实力,结合实际工程做出合理评价;

④在收集各方信息的基础上,从竞争谋略的角度做出高价、微利或保本投标报价决定。

(2)投标决策的重要因素

①管理条件:即能否抽出足够的、水平相应的管理工作人员参加该工程。人员水平、经验和资质往往对项目执行的成败起决定作用,该问题的实质是本公司的工作负荷度,在许多正式的国际工程招标文件中,业主要求承包商提交本年度的工作负荷或下年度,甚至下两三个年度(对于特大型项目)的工作负荷和人力负荷安排;

②工人条件:即工人的技术水平和工人的工种、人数能否满足该工程的要求;

③设计人员条件:根据该工程对设计及出图的要求而定;对于不同业主,其习惯使用的设计软件也不同;

④机械设备条件:该工程需要的施工机械设备的品种、数量能否满足要求;

⑤对该项目有关情况的熟悉程度:包括对项目本身、业主和监理情况,以及当地市场情况等的熟悉程度;

⑥项目的工期要求及交工条件:本公司有无可能达到;

⑦以往对同类工程的经验;

⑧竞争对手的情况:包括竞争对手的多少、实力以及与业主的关系等;

⑨该工程对公司今后所在地区带来的影响和机会。

3. 投标工作

投标工作主要包括技术和商务报价等方面的工作。做好技术和商务的投标策略是决定成败的关键。

(1)技术方面

提供最优化的总体施工方案、分项工程施工方案说明、各工种间的协调方案以及业主要求的其他文件。其本身在很大程度上决定施工成本并进而影响最后报价,因此投标者应在详细阅读招标指南、通用规范、特殊规范等文件以及投标图纸的基础上,组织人员前往现场实地勘察,认真研究总体施工方案。进出现场的临时通道的路线选择和相应变化、临时结构物的设计、重点和难点工程的解决方案研究等大量课题都需要认真研究,反复论证和比选。因为每一个项目都有其自身特点,因此投标者应在准确判断的基础上,合理组织编制投标书。有的工程尽管施工难度不大,但工程量大、工期紧,这就要求投标者合理组织,优化方案,提高效率;有的工程看似工期充足,但对参与该项目施工的各个承包商之间的协调要求严格,且对各项目节点的要求严格,且附带在不满足各项目节点要求情况下所施加的罚款,这就要求投标者做好协调工作,处理好与系统中其他承包商的工序衔接和任务交接问题;有的工程看似范围不大,但地下地质条件较差,需要认真研究加以处理其中所隐含的技术将是该项目的难点所在。在编写投标书时,凡是常规性的施工方法,只需简明扼要地加以叙述,针对本工程提出的创造性的方案和工法应着重表述,但也要艺术性地掌握分寸。通过对总体施工方案、分项工程施工方案以及重点和难点工程的解决方案的叙述,让业主感到投标者已在总体上把握了未来实施该工程的过程,而且对其中的重点和难点工程有清晰的认识和解决思路,从而增强业主对投标者实施工程的信心,进而增大中标的可能性。有时一个特别吸引专家的施工工艺或方案甚至可以决定承包商获得实施该项目的机会。

(2)商务报价

报价工作是投标过程的一个极为重要的环节,直接关系到投标的成败。在国际工程投标中,灵活的报价方法非常重要,主要可以采用不平衡报价法、优化替代方案报价法、保本或低价投标、高利润投标等多种报价方法。

4. 专业化的投标人员

高质量的投标还必须建立在高素质的国际专业化投标人员基础上,这些高素质投标人员除了具备国内投标的一些基本素质,如技术、计经、电脑等业务外,还需在以下几个方面不断学习,提高综合业务水平,尽快使投标人员成为新型的复合型人才。

(1)掌握基本的外语技能

英语是国际通用语言,也是目前大多数合同的主导语言。如果不懂英语,就无法大量全面地获取各方面的商务、技术信息,难以高质量地完成国外工程项目的标书编制工作。

(2)掌握必要的外贸知识

国外工程投标中要涉及许多外贸知识,如银行保函、保险、关税、远洋运输、CIF 及FOB 等。这些知识的掌握情况直接关系到商务标编制的准确性,进而影响企业的执行力。

(3)了解竞争对手国与业主国的劳务政策

一般来讲,英、美、日、德、法等发达国家的劳动力价格较高,而亚、非、拉美的大多数发展中国家劳动力价格偏低。所以,在了解竞争对手的情况下,报价要有所区别。国外承包工程除经济因素外,还要考虑政治因素,比如项目所在国有无反劳务倾销政策,业主有无鼓励承包商雇用当地劳动力的规定或提示。有关这些方面的政策和动向,必要时可向我国驻当地的领事馆经参处寻求援助。

(4)了解外事接待及礼仪常识

在对外投标中,不可避免地要和外商打交道,除标书编制、合同谈判等专业业务必须熟练外,还要具备基本的对外接待和外事礼仪常识。针对不同民族、不同宗教信仰及不同性格特征的外商,研究他们的不同心理并采取不同方法,促使谈判气氛融洽,增进相互了解,方能在市场经济中拥有更多的商机。

有策略的国际工程投标是一项复杂的系统工程,涉及合同、法律、商务、技术、国际金融及贸易等方方面面的内容,因此投标人应具备相关的业务知识,丰富的实践经验,良好的心理素质及灵活的应变能力,时刻保持头脑清醒,才能做到有的放矢,收放自如。

5.2.3　国际工程投标成功的影响因素

在竞争性投标中,业主对所有竞争的承包商进行了合理的判定,将工程授予提交最低报价的承包商。因而投标成功被定义为提交一个具有足够竞争力的投标价格,投标价格包含合同价、服务费和适当比例的公司管理费并且包括一个合适的利润水平。

国际工程报价没有定额可以参考,各国的国情、政策、法律都不一样,从而给确定工程报价带来一定难度,这就要求相关人员从实际出发,认真分析各种因素,从而科学合理地报价,确保公司利益最大化。国际工程投标成功的影响因素包括:

1.估价准确性

(1)工程量因素

工程量作为国际工程投标报价的基础,其大小直接影响工程报价的数值,因此,工程量是影响国际工程投标报价的首要因素。工程量的准确与否直接影响到报价的合理性,要根据招标方提供的图纸、设计文件、工程量清单(BOQ)及招标文件等各种资料,尽量准确地计算出工程量,为准确报价打下良好的基础。由于目前大多采用工程量清单报价,实行量价分离,投标单位承担价格风险,在这种情况下仍需要认真研究招标文件,分析工程量清单中每一项所包含的工程内容,力求使报价完整准确。

(2)人力资源因素

投标人在中标后的施工中不可能全部使用自己本国的劳动力,必然会大量利用工程所在国的劳动力,甚至会大量使用第三国劳动力。由于各个国家条件不同,劳动力技能水平、熟练程度均不一样。劳动力的来源直接影响着劳动力价格、施工进度和生产效率。在投标报价时,投标人必须对将要使用的劳动力进行详细了解,了解其技能水平、熟练程度以及一般工作态度问题、工资水平等。同时,投标人还应考虑工程所在国的劳动法律法令规定。在大多数国家的劳动法律法令中,均规定了每天的工作时间、加班时间和节假日加班及加班工资发放标准,有一些国家还明确规定了劳动力年终奖金、津贴等。这些都构成了国际工程直接人工费用的不确定性。

（3）建筑材料因素

作为决定工程投标价格最主要的组成要素——国际工程建筑材料也立足于工程所在国（地区）。但由于各地区发展的不均衡，一些建筑材料在工程所在国（地区）无法采购到，必须依赖进口。建筑材料是来自于工程所在国还是来自投标人所在国，或者来自第三国，如招标文件没有明确规定，这将是投标人首要考虑的问题。如果建筑材料采用工程所在国（地区）材料，其价格组成和国内建筑工程价格组成基本一致。但对于某些特殊材料如炸药或爆破工程等，在一些地区（如中东地区）由于实施管制，必须由专业公司代理采购，其价格将为垄断价格，并需增加代理费用等。如果建筑材料来自投标人所在国或者第三国，除正常计算材料采购原价、运输费和采购费外，还必须计入关税、清关费、港口仓储费等。

（4）设备因素

通常国际工程设备包括临时施工设备和永久设备，招标人对永久设备实施关税政策，而对于临时施工设备，各招标人可能会有不同的规定，投标人必须认真阅读和分析招标文件。永久设备和建筑材料一样，也是一个工程的主要组成要素，往往决定工程的投标价格。对于永久设备，各国政府往往鼓励采用先进的技术设备（但也有选用满足目前需要而价格低廉的他国设备的）。但不管设备是来自于工程所在国还是来自投标人所在国，或者来自第三国，如招标文件没有明确规定，这将是投标人需认真考虑的问题。如果设备采用工程所在国（地区）的，其价格组成和国内基本一致。如果设备来自投标人所在国或者第三国，除正常计算设备采购原价、运输费和采管费外，还必须计入关税、清关费、港口仓储费等。

（5）间接费因素

间接费包含一般管理费和现场管理费、各种税费、施工技术及质量安全管理费用、各种保险费用、利润以及一些在报价单价中无法体现的劳工费用等。各国和各行业的间接费率标准各不相同，国际工程投标人可以根据本国条件、工程所在国条件、投标人自身条件和管理水平，自行确定和适当调整。

（6）利润因素

利润是企业发展的根本。随着我国施工技术和管理水平的提高，那种纯粹靠延长劳动时间和"省吃俭用"方式以获得利润的时代已经一去不复返了。国际工程盈利应该从投标阶段开始就制定投标策略，制订盈利计划，并合理进行报价。

2.市场条件

市场条件从宏观方面（行业）来看，包括以下因素：

（1）对所有工程的订单总数；

（2）建筑市场每个部门的工程订单总数；

（3）预期的未来订单数；

（4）现行的以及预期的政策与法规；

（5）工程建设的价格水平及资金成本。

从微观（即公司）的角度看，还应包括对下列项目的评估：

(1)地区的、全国的乃至国际的投标机会；

(2)竞争者的活动情况；

(3)在建工程的数量；

(4)工程订单。

3. 竞争水平

作为承包商投标的一个决定性因素,竞争水平显然是一个重要因素。

相关研究及公司记录表明,投标者众多可能会导致中标价低于正常水平,越多的投标人竞争一个合同越有可能使合同被授予估价较低的承包商,并且这种可能性会随投标人的数目增加而增加。因此,承包商很难获得一个可赚钱的合同。

大多数承包商希望通过提高估价准确度并避免与过多的投标者竞争来获得价格合理的合同。但在上述情况下,一个具有精确估价数据库和完善估价程序并能准确进行估价的承包商也可能输给标价计算不太准确的承包商,这种事件在国际国内市场上经常出现。

4. 公司的效率和规模

建筑公司的特性和发展经历决定了每个公司在不同类型工程上竞争水平的不同。不同的竞争水平导致公司专门从事或更愿意从事某一特定的市场部分或工程种类。以往的工程经验以及公司的自有工程设备使他们在投自己专业工程项目时更具有优势。当然,公司的组织结构和管理风格也会影响到他们的效率。

5. 其他外界环境

(1)关税因素

如采用工程所在国之外的他国材料和设备,均会存在关税问题,每个国家关税法律和政策都不一样,投标人应认真分析研究。对于国际工程的材料、施工临时设备、永久设备的进口关税,一般都会在招标文件中明确规定。

每个国家的市场经济状况都不一样,设备、材料进口的报关程序和手续都不一样,所需的费用也不一样。在国际工程施工中,经常遇到设备材料到港后,由于报关无法及时完成,导致巨额货物滞港罚款。这就要求投标人在投标时,对项目所在国的实际状况和代理机构进行深入了解。

(2)法律法规政策因素

投标报价时,投标人必须对工程招标文件中有关法律法规使用的有关条款规定进行认真分析和研究,通过各种途径搜集工程所在国所实行的相关法律法规。一般情况下,国际工程招标人会提供相关法律法规政策文件,但如果在伊朗等中东地区投标,由于其市场的不完善,投标人必须自己设法搜集相关的法律法规政策文件。在朝鲜和一些中东国家,承包商必须通过工程所在国中介才能了解到工程施工的相关法律规定,即使是投标人自己获得工程招标信息,也必须通过中介商,并承担中介费用。

(3)风俗习惯因素

每个国家都有其特殊的风俗习惯,国际工程承包商必须了解和尊重当地风俗习惯,不然将会使工程施工陷于被动。例如,在伊斯兰国家,每天在固定时间都会进行祷告。当然,因国家而异,有的较为严格,有的则较为松懈,但投标人如果考虑使用大量该地区劳动力,那么就必须考虑祷告时间和工作时间的冲突所带来的生产效率降低等问题。另外,在一些宗教节日,所有人员均必须休息,不得上班。在一些国家的招标文件中,会明确提出投标人在中标后应对业主或者业主代表、工程师或者监理工程师提供应有的设备、设施和服务,投标人应将此计入报价。而在某些国家的招标文件中,并不明确上述要求,但在工程实施时,根据该国建筑业不成文的规矩,要求承包商向业主或者业主代表、工程师或者监理工程师提供应有的设备、设施和服务。虽然这在竞争性投标中,有时是可以进行索赔的,但对于封顶价格下的 EPC 和 BOT 工程,将是一件非常棘手的事情,最终必然影响企业利润。因此,投标人应尽可能地了解所投标工程所在国(地区)成文或不成文的规定或俗成约定,尽可能减少工程实施中的矛盾,降低自己的风险,增加自己的利润。

(4)投标策略因素

投标策略也是影响投标报价的一个重要因素。投标人应根据自己对所投标市场的了解和搜集的信息,对该市场做出正确的判断,制定投标策略。

此外,还要对竞争对手分析,分析其实力(施工技术和管理能力、融资能力等),并制定投标报价策略。国际市场风云跌宕、变化万千,只有把握国际市场的脉搏,才会最终赢得市场,占领市场,获得利润。这就要求投标人应放眼世界,搜集、整理、分析和及时更新各种信息,不仅要了解世界建筑市场的动态和方向,更要了解国际政治经济的动向。

5.2.4　国际工程投标报价的策略与技巧

在世界多元化和全球经济一体化的国际背景下,国际工程承包市场竞争日趋激烈。为了能够在国际工程的竞争中达到预期目的,在国际工程投标时应注意以下几方面的策略与技巧。

1.果断回应国际工程招标信息

(1)投标前应果断进行决策

从中介、代理公司或联营体的合作公司获取国外工程信息后,公司决策层首先要根据工程特点、项目所在国国情、近期及长远目标等关键因素迅速做出决策,必要时要做可行性分析。投标决策还牵涉到对公司自身各种因素的分析和判断,如机械劳力、技术力量、外语水平等,只有这样,在创造利润的同时,也创造了公司良好的信誉。

(2)认真对业主进行调研分析

决策投标后,一方面要组织人员精心编制标书,同时,还要利用各种途径了解业主的有关情况,如:项目资金来源(是自筹还是贷款);业主在国内、国际的信誉;业主拥有的其他项目;业主已有项目所采用的设备情况等。所有这些信息对标书内价格的定位、方案的确定及设备的选型都至关重要。对业主的心理分析也同样重要,根据常规,资金紧缺的业主一般考虑最低投标价中标;而资金充足者则多数要求牌子响、名气大、技术先进的设备供货商;对急需使用的业主,在报价上可稍稍抬高,但工期一定要保证,有可能的话需尽量提前。

(3)认真对项目所在国财政与金融进行调研分析

详细了解税率、保险、币种、汇率及其他可能发生的附加费用,分析当地币种近几年的升贬值变化趋势,美元或欧元的支付比例和付款进度,并考虑工程中标后可能带来的汇兑损益。对于可能发生的其他费用也不可忽视,如果在报价内没有考虑此项附加费用,中标后无形间会增加工程成本。

(4)了解项目所在国的建筑法及施工技术标准

通过各种渠道进一步深入了解项目所在国的建筑法及施工技术标准。要求投标商投标时对当地的法律法规要相当熟悉,在投标过程中就要与当地的法律事务所和系统施工承包商签订拟中标后合作协议,并在报价中充分考虑这些费用,否则即使中标,成本也无法控制,后果不堪设想。

2. 科学组织投标工作

(1)成立高素质的投标小组

高素质、高水平的投标队伍是编制好国际工程标书的关键。公司决策层对项目进行标前评审,决定投标后,要成立投标小组。此投标小组的成员不仅要有专业翻译人员,更要有既懂外语又懂工程的复合型人才,不仅要懂得国际工程清单报价和施工技术标准,还要熟练运用 FIDIC 合同条件,ACA 和国际惯例,从源头上规避国际工程的投标风险。

一般来说,投标小组包括商务、技术、报价三类人员,这些人员要有相当的专业知识,要熟悉设计、工程技术、施工组织、设备和材料等,要具备法律、金融、税务和保险方面的知识,更要有丰富的施工经验,要熟悉国际通用合同条件和国际工程投标报价程序。另外还应注意,投标人员应既懂专业又懂外语。同时,对于投标小组人员的组成要相对稳定,在分工的基础上,要有 1~2 名协调人作为投标小组的负责人。

(2)认真研究招标文件

业主的招标文件是编制投标书的主要依据,在某些情况下甚至是唯一的依据。因此,一定要研究透业主的招标书,主要包括以下几个方面:

①认真阅读招标文件,充分了解所投标项目的各种条件和各种要求,如项目的工程性质与规模、采用的技术标准和工期要求、项目的计价和付款方式及比例、对设备材料的采购和劳动力使用的要求、税收和有关法律法规等方面的要求。对于业主标书中要求的工期必须无条件满足,还要根据总工期编制出总体网络进度图,尽量使业主满意。弄清项目所在国的币种、汇率及付款条件等,尤其要弄清分期付款比例和制约措施,业主往往会根据承包商完成的工程量决定分期付款的比例,并规定延期罚款的一些具体措施。

②认真研究图纸资料,分析投标项目的工程复杂程度和技术难易程度,考虑拟选择的施工方法及如何进行合理的施工组织。

③认真分析工程量清单中的项目内容;准确界定工作范围,熟悉工程量计算规则;准确计算工作量来保证报价的准确性;了解相应的暂定金额等相关规定;复核其工程量,检查是否有漏项或存在一些特殊项目等。

④认真分析招标文件合同条件,包括业主和承包商的工作范围及责任义务的对等性、工程变更和合同价格的调整、工程预付款和材料预付款的规定、索赔或违约责任的规定和其他罚则、验收标准和保修期限的要求、合同语言和货币及汇率的使用、合同争议的解决方法等。

⑤项目所在国的海关、税收、劳动力许可证等各项取费标准。

（3）重视对项目所在地的实地调查

投标小组不能只看招标文件，不能仅靠业主提供的有限图纸资料进行报价，必须重视实地调查，要在与业主面对面的质询中获取信息。

①调查项目所在国家和地区的社会情况，主要包括：该国政治形势、社会安全与治安状况、国民经济整体发展水平、宗教文化、种族分布、法律完善程度、生产要素市场情况、交通运输情况、政府机构的工作效率、出入境管理、民俗风情、流行疾病及节假日情况等；

②调查项目所在国家和地区的自然情况，包括当地的气象、地形、地质、土质、水文、自然灾害的发生情况等；

③调查业主的情况，包括业主的政治背景、规模实力、银行资信、履约支付能力、社会信誉等；

④调查项目所在国家和地区的市场情况，包括当地的人工、材料、机械、运输、税收、保险、市场的供应能力、配套协调机制、交通状况、港口卸货能力、清关运输能力、水电供应和通信状况、当地货币的汇率、通货膨胀水平、正在实施的同类项目情况、当地的主要竞争对手实力、当地分包商的能力和信誉等。

（4）重视技术方案的经济选择和施工组织设计的合理安排

近年来，工程总承包这种强调对工程项目实行整体构思、全面安排、协调运行的前后衔接的承包体系模式逐渐成为建设市场发展的必然趋势和客观要求，它的显著特点和优越性主要表现在：设计和施工深度交叉，设计阶段成为对工程造价影响最大的环节之一。在设计阶段实行限额设计，能够在保证工程质量的前提下，优化方案降低工程造价。设计阶段多属于案头工作，进行设计修改优化的成本也较低，而在非工程总承包模式下，施工和设计是分离的，双方难以及时协调，常常产生造价和使用功能上的损失。

同理，不同的技术方案和施工组织设计也会带来完全不同的结果，它不仅影响到项目的劳动力效率、机械设备和主体材料的使用数量、措施性材料的有效周转和施工工期的长短，更重要的是，技术方案的选择是否经济和施工组织设计的安排是否合理直接决定了工程的报价和最终造价，因此，必须重视技术方案的经济选择和施工组织设计的合理安排。近年来兴起的 BIM（Building Information Modeling，建筑信息模型）技术在方案设计、优化和施工组织设计上均体现出了一定的优势，将在后续章节中介绍。

（5）综合运用不同的方法确定报价

传统的国内投标预算定额以单位估价表为基础，其每个子目都是在编制定额时进行一定的选型，以一个选型来代表此子目，将花费在此选型上的工料、辅助材料、船机设备进行分摊形成定额消耗。虽然这种方法有一定的局限性，不能很好地反映现场的施工条件和体现施工组织设计，但它仍有一定的代表性，可以运用此法做出初步报价，作为一个对照数据。工料机成本汇总法是把成本的各个构成要素进行汇总，包括人工费、材料费、船机费、分包工程费、人员设备调遣费、营地和临时工程费、现场管理费、财务费用、配套服务费、保险、通货膨胀、公司管理费、代理费、利润、税金和不可预见费等，构成项目的最低成本作为投标报价的底价。

可以通过对以往大量数据的收集、分析和筛选，建立企业自己的投标数据库，逐步建立起自己的综合定额、各种取费和费率，包括利润率等，为企业的投标报价和综合分析奠定科学的基础并提供有力的依据。在此基础上，争取灵活的报价办法，如不平衡报价法、可选方案报价法、突然降价法、保本从长计议法等。

3. 对招标文件的无条件响应

一份完整的投标文件无论是报价还是施工组织设计，要列出与招标文件规定的细目完全对应一致的项目，然后根据具体情况有所增删。如工期、大型机械设备的配置，业主招标文件中要求的工期及大型机械设备必须无条件满足，并根据总工期绘制关键工序网络进度图和机械设备配置表。为了增强投标竞争力，大多数投标企业会承诺在保证工程质量的前提下，适当提前工期，尽量使业主满意。

要特别注意对招标文件中的实质性要求和条件做出响应。按照规定，如果投标方对招标文件中有关招标项目价格、项目技术规范、合同的主要条款等实质性要求和条件的某一条未做出响应，都将导致废标。因此，投标人应对此慎之又慎，必须对招标文件逐条进行分析判断，找出所有实质性的要求和条件，并一一响应。投标人如果把握不准实质与非实质性的界限，可以向招标人询问，且最好以书面方式进行。如果投标方不能完全满足这些实质性要求和条件，应在招标文件中做出详细说明。如果偏离过大，说明此标的与本企业产品不相适应，就应考虑放弃投标。

一般情况下，投标人都会认真研究招标文件中的技术要求，根据自己的产品情况，在技术方面较好地响应招标文件的实质性要求和条件。但是，许多投标人往往会在商务条款上出现疏漏，导致投标失败。例如，在某个电站机电产品的招标中，招标文件明确要求用当地货币支付。因某投标人的产品含有 50% 左右的进口件，在递交的投标文件中提出进口件部分的货款用外币结算，其主要意图是与招标人共同分担汇率风险。但评标委员会认为，该投标人属于没有完全响应招标文件商务方面的实质性要求，因此不能入围。再比如，某电站永久设备采购招标文件中明确提示需填报投标报价表，而且需要填报相邻配置的报价，比如计算机的 CPU，除了提供招标要求的配置之外，还要提供不同频率配置的报价。可是，有的厂商忽视了这个实质性的要求，没有提供这个数据，结果导致投标失败。

与此相反，有的投标人在认真揣摩招标文件之后往往可以发现招标文件中有利于自己的内容。比如，在一次太阳能电站产品的招标中，招标文件中要求投标人提供产品的媒体价格作为基准价格，但标书中并未指定是什么媒体，而在不同媒体上，同一产品的报价又不完全相同，有时甚至差别较大。某企业就根据自己的报价策略，挑选了适合自己的媒体报价。这种报价是实质性的响应，真实有效，又有利于企业。

4. 精雕细琢投标文件

有关标书的装订和排版等问题，有些投标人不给予足够重视，事实上，往往是这些细节影响全局，导致全盘皆输。

(1)投标文件的装订，要用明显的标志区分投标文件的每个部分。一般情况下，评标时间都很紧张，如果投标文件排列有序，查阅便利，便有利于评标人在较短时间内全面了解投标文件内容；另外，投标文件要避免差错，装订要精致，这样会给评委一个非常认真严肃的印象,增加他们的信任感。

(2)投标文件的语言要严谨,特别是关键细节处,不要给评委留下企图蒙混过关的印象。例如在维修条款上,有的企业只写保修,没有指明是否免费保修。另外,表格、证件等一定要真实有效。例如,标书中要求企业提供产品的有关证书,甚至要求经过相关使馆的认证,但有的企业提供的证件已经过期,却不做出任何说明,这些都会导致废标。

(3)在投标文件中注意宣传自己的产品形象。尽量仔细描述投标产品情况,特别是突出展示自己产品优于竞争对手产品的性能和特点。同时,还应将自身业绩、在其他项目中中标的情况、有关方面的评价、产品样本等有关材料充实到投标文件中,并分别配上详细介绍,以便向评委和招标人充分展示自己的实力。

5. 巧妙确定投标报价

投标报价与工程施工是密切关联的统一体,有时一个项目的投标报价如果略微出现一些小差错,工程施工也许还可以弥补其不足,但有时虽然项目的投标报价合理,可工程施工出现漏洞也可能会拖垮整个项目。这就对做投标报价的人员提出了一个课题:是否非常熟悉国际工程施工的全过程,是否真正了解本企业的实际施工成本。国际投标和国内投标的区别就在于,国内投标报价可参照相关行业规定的定额,而国际投标报价由投标人自己确定人材机耗量。

企业投标能否获胜,决定因素就是投标报价。在某些评标过程中,报价在评标因素中所占的比重一般为30%～40%,有的高达60%。

在招标中,如果招标人采购简单商品、半成品、设备、原材料以及对其技术性能、质量没有特殊要求的物品,价格基本上就是决定授标的唯一考虑因素,在商务、技术条件均满足招标文件要求时,投标价最低者即为中标者。

如果需要采购比较复杂的设备或有特殊要求的项目,招标人一般采用综合评价法评标:对价格因素和非价格因素,按照招标文件中规定的评价标准,折算为货币或分数,量化后进行加权平均。因此,投标者必须清楚招标文件中规定的投标价格的评定原则和方法,然后来确定适当的利润率,有的放矢地报出适中的投标价。投标报价应注意以下几点:

(1)投标环境的调查,即对标的所在国政治、社会和法律方面、自然条件、市场情况、工程项目情况进行调查。

(2)在编制报价表之前,必须做出对整个项目的初步施工方案。该方案中至少要包括:根据工程进度需投入多少施工设备;大宗的建筑材料采购方法;当地劳工和国内人员的比例;流动资金的来源和使用。

(3)测算成本。根据历年来该类项目的投标范围、投标结果、施工大纲测算自己的实际成本,最后得出合理且具有竞争性的报价。对海外工程做出既合理又有竞争性的报价是国际工程承包中一个值得研究的课题。目前,国内的工程投标大多还按国家规定的定额条件做报价,用到国外工程报价上,往往价格差之甚远。

(4)把握好确定投标报价的时间。有经验的投标人都会在递交投标文件的前夕,根据竞争对手和投标现场的情况,最终确定投标报价或折扣率,现场填写有关方面的文件。

(5)慎重确定投标保证金的金额。通常招标文件都规定投标保证金的金额为投标报价的 2%。由于出具投标保证金需要一些必要的程序,其金额较容易被竞争对手掌握,推算出投标报价,为保密起见,可适当提高投标保证金的金额,以迷惑竞争对手。

(6)投标报价应一步到位。投标人要考虑到投标报价是一次性的,开标后不能更改。有些企业曾经受过一些不规范招标的影响,认为开标后还能压价,因而报价时报了高价,结果与中标无缘。

6. 开标前、后报价的调整

投标书按照规定的时间交到业主规定的机构后还不能算是结束,与国内工程投标相比,国际工程投标过程存在着更多的变化因素,各投标单位根据所掌握的信息以及业主单位的最新资料,往往会在开标前和开标后对报价进行调整,因此,投标单位必须安排有决策权的领导进行现场定价。

7. 合理使用辅助中标手段

国内企业参加国际投标时,主要应该在先进合理的技术方案和较低的投标价格上下功夫,以争取中标。但还有其他一些手段对中标有辅助作用,现介绍如下:

(1)许诺优惠条件

投标报价附带优惠条件是行之有效的一种手段。招标方评标时,除了主要考虑报价和技术方案外,还要分析其他的条件,所以在投标时主动提出提前竣工、低息借款、赠给施工设备、免费转让新技术或某种技术专利、免费技术协作、代为培训人员等均是吸引招标方、利于中标的辅助手段。

(2)与当地公司联合投标

借助于当地公司力量也是争取中标的一种有效手段,有利于超越"地区保护主义",并可分享当地公司的优惠待遇,一般当地公司与官方及其他本国经济集团关系密切,与之联合可为中标疏通渠道。

8. 在招标机构留下良好记录

投标人在招标机构和采购单位的信用情况往往会成为能否中标的原因之一。以前投标的良好信用记录,会为下一次投标铺平道路。这种信用主要体现在投标产品性能与投标文件的一致性上,它标志着投标文件的信用度。一旦有了这方面的不良记录,该投标人则很难在下次投标中获胜。

供货方面的信用就是企业要按合同办事,在可能的情况下,要为招标人着想。例如,从招标人的角度考虑,指出高端配置可能过于奢侈,没有发挥最大效能,建议使用其他配置。这种负责任的态度,很容易赢得招标人的好感和信任。

售后服务更是衡量企业信用的重要方面。提供好的甚至是超过投标文件服务条款的售后服务,如提供周边设备、延长服务时间等,会为投标人树立良好信用。

9. 递送投标书

在递送投标书之前,应详细检查投标书内容是否完备。要重视印刷和装帧质量,使招标方能从投标书的外观上感觉到投标人工作认真且作风严谨,并必须在指定时间前送至目的地。

5.2.5 国际工程开标、评标与决标

1.开标

开标,即在规定的日期、时间、地点当众宣布所有投标文件中的投标人名称和报价,使全体投标人了解各家投标价和自己在其中的顺序。招标单位当场只宣读投标价(包括投标人信函中有关报价内容及备选方案报价),不解答任何问题。

开标后任何投标人都不允许更改其投标内容和报价,也不允许再增加优惠条件,但在业主需要时可以做一般性说明和疑点澄清。开标后即转入秘密评标阶段,这阶段工作要严格对投标人以及任何不参与评标工作的人保密。

对未按规定日期寄到的投标书,原则上应视作废标,其投标书原封退回,但如果迟到日期不长,延误并非由于投标人的过失(如邮政、罢工等原因),招标单位也可以考虑接受该迟到投标书。

2.评标

(1)评标组织

评标委员会一般由招标单位负责组织。为保证评标工作的科学性和公正性,评标委员会必须具有权威性。一般由建设单位、咨询设计单位、工程监理单位、资金提供单位、上级领导单位以及邀请的各有关方面(技术、经济、法律、合同等)专家组成。评标委员会成员不代表各自的单位或组织,也不应受任何个人或单位的干扰。

(2)对投标文件的初步审核

对投标文件的初步审核,主要包括投标文件的符合性检验和投标报价核对。所谓符合性检验,有时也叫实质性响应,即检查投标文件是否符合招标文件的要求。一般包括:

①投标书是否按要求填写上报;

②对投标书附件有无实质性修改;

③是否按规定格式和数额提交了投标保证金;

④是否提交了承包商的法人资格证书及对投标负责人的授权委托证书;

⑤如是联营体,是否提交了合格的联营体协议书以及对投标负责人的授权委托书;

⑥是否提交了外汇需求表;

⑦是否提交了已标价的工程量表;

⑧如招标文件有要求时,是否提供了单价分析表;

⑨是否提交了计日工表;

⑩投标文件是否齐全,并按规定签了名;

⑪当前有无介入诉讼案件;

⑫是否按要求填写了各种有关报表(如投标书附录等);

⑬是否提出了招标单位无法接受的或违背招标文件的保留条件等。

(3)正式评标

如果由于某些原因,事先未进行资格预审,则在评标的同时进行资格后审,内容包括

财务状况、以往经验与履约情况等。评标内容一般包含下面五个方面：

①价格比较。既要比较总价，也要分析单价、计日工单价等。对于国际招标，首先要按"投标人须知"中的规定将投标货币折成同一种货币，即对每份投标文件的报价，按某一选择方案规定的办法和招标资料表中规定的汇率日期折算成一种货币来进行比较。

②施工方案比较。对每一份投标文件所叙述的施工方法、技术特点、施工设备和施工进度等进行评议，对所列的施工设备清单进行审核，审查其施工设备的数量是否满足施工进度的要求，以及施工方法是否先进、合理，施工进度是否符合招标文件要求等。

③对该项目主要管理人员及工程技术人员的数量及其资历进行比较。拥有一定数量有资历、有丰富工程经验的管理人员和技术人员是中标的一个重要因素。至于投标人的资历和财力，因在资格预审时已获通过，故在评标时一般可不作为评比的条件。

④商务、法律方面。评判在此方面是否符合招标文件中合同条件、支付条件、外汇兑换条件等方面的要求。

⑤有关优惠条件等其他条件。如软贷款①、施工设备赠给、技术协作、专利转让以及雇用当地劳务等。

在以上工作的基础上，可最后评定中标者，评定的方法既可采用讨论协商法，也可采用评分法。评分法由评标委员会在开始评标前，事先拟定一个评分标准，在对有关投标文件分析、讨论和澄清问题的基础上，由每一个委员采用不记名打分，最后以统计打分结果的方式得出建议的中标者。用评分法评标时，评分的项目一般包括投标价、工期、采用的施工方案、对业主动员预付款的要求等。

3. 决标

决标，即最后决定将合同授予某一个投标人。评标委员会做出建议的授标决定后，业主还要与中标者进行合同谈判。合同谈判以招标文件为基础，双方提出的修改补充意见应写入合同协议书补遗书（Addendum）并作为正式合同文件。

双方在合同协议书上签字，同时承包商应提交履约保证，才算正式决定了中标人，至此招标工作方告一段落。业主应及时通知所有未中标投标人，并退还所有的投标保证金。

思考题

1. 简述国际工程招标的概念和基本特征。
2. 简述国际工程招标的方式及其适用条件。
3. 资格预审的主要审查内容有哪些？
4. 正式评标的主要内容有哪些？

---

① 软贷款：是国家开发银行作为政策性银行可以通过政府或国有公司的融资平台进行贷款，其贷款允许用于国家确定的重点建设项目的资本金或股本投入，这是软贷款与商业银行硬贷款的最大区别。其特点是利息低，还款期限长。

第 **6** 章

国际工程融资管理

6.1 国际金融市场概述

6.1.1 国际金融市场的概念

国际金融市场的概念有广义和狭义之分。广义的国际金融市场是指进行各种国际金融活动的场所,包括国际货币市场、国际资本市场、外汇市场和黄金市场;狭义的国际金融市场是指在国际间经营借贷资本,即进行国际资金借贷活动的场所,因而狭义的国际金融市场又称国际资金市场。本节仅从狭义概念出发讲述国际金融市场。

6.1.2 国际金融市场的类型

1.传统的国际金融市场

传统国际金融市场主要从事市场所在国货币借贷,其借贷活动受市场所在国政府政策与法令管辖的金融市场。这种类型的国际金融市场的形成是以市场所在国强大的工商企业、对外贸易和对外信贷为基础,经历了由地方性金融市场到全国性金融市场,最后发展为世界性金融市场的发展历程,比如:伦敦、纽约、苏黎世、巴黎、东京、法兰克福等就属于这类国际金融市场。

2.新型的国际金融市场

新型的国际金融市场,是指第二次世界大战后形成的欧洲货币市场,所谓的欧洲货币是指在其发行国以外存放和流通的货币,这里的"欧洲"是"境外"的意思。同传统的国际金融市场相比,欧洲货币市场有着明显的特点:它经营的对象是除市场所在国货币以外的任何主要西方国家的货币,它打破了只限于市场所在国国内的资金供应者的传统界限,从而使贷款人与借款人都不受国籍限制;该市场的借贷活动也不受任何单个国家政府政策与法令的管辖。这个市场的形成不以所在国强大的经济实力和巨额的资金积累为基础,只要市场所处国家或地区政治稳定、地理位置优越、通信发达、服务周到、条件优越并实行较为突出的优惠政策,就有可能发展为新型的国际金融市场。最早形成的欧洲货币市场是欧洲美元市场,其后欧洲货币市场的范围不断扩大,分布地区已不限于欧洲,很快发展到亚洲、北美洲和拉丁美洲。欧洲货币市场最大的中心是伦敦,加勒比海地区的巴哈马、欧洲地区的卢森堡的业务略逊于伦敦,其他各大金融中心也分散地经营其他境外货币业务。

6.1.3 国际金融市场的构成

1. 国际货币市场

国际货币市场指经营期限为 1 年及 1 年以内的借贷资本的市场。按照借贷方式不同,货币市场可分为银行短期信贷市场、贴现市场和短期票据市场。

(1)银行短期信贷市场

该市场主要包括银行对国外工商企业的信贷和银行同业间拆放市场。前者主要解决企业流动资金的需要,后者主要解决银行平衡一定时间的资金头寸、调节资金余缺的需要,其中银行同业间拆放市场处于重要地位。伦敦银行同业间拆放市场是典型的拆放市场,伦敦银行同业间拆放利率已成为制定国际贷款利率的基础,即在这个利率基础上再加 $0.05\% \sim 0.1\%$ 的附加利率作为计算的基础。伦敦银行同业间拆放利率有两个价:一是贷款利率;另一是存款利率。二者一般相差 $0.25\% \sim 0.5\%$,在报纸上见到的报价如果是 $15\% \sim 15.25\%$,那么前者为存款利率,后者为贷款利率。

(2)贴现市场

贴现市场是经营贴现业务的短期资金市场。贴现是银行购买未到期票据,扣除自贴现日起至票据到期日为止的利息的业务。贴现市场由贴现行、商业票据行、商业银行和作为“最后贷款者”的中央银行组成。贴现交易的对象,除政府短期债券外,主要是商业承兑汇票、银行承兑汇票和其他商业票据。

(3)短期票据市场

短期票据市场是进行短期信用票据交易的市场。在该市场进行交易的短期信用票据主要有国库券、商业票据、银行承兑汇票、定期存单等。

2. 国际资本市场

资本市场是经营期限在 1 年以上的借贷资本市场。按照借贷方式不同,资本市场分为银行中长期贷款市场和证券市场。

(1)银行中长期贷款市场

银行中长期贷款市场主要满足国外企业固定资本投资的需要。

(2)证券市场

证券市场包括国际股票市场和国际债券市场。国际债券指的是一国政府、企事业单位、机关团体到国际金融市场上发行的债券。若债券标值货币是市场所在国家货币,则称其为国外债券;若债券标值货币为市场所在国以外的货币,则称其为欧洲债券。主要资本主义国家的国外债券市场非常发达,比如美国、英国、日本,这些国家的国外债券在长期发展过程中形成了自己的专有名称,如美元国外债券又称扬基债券,英镑国外债券又称猛犬债券,日元国外债券又称武士证券。

6.2　国际商业银行中长期信贷

6.2.1　国际商业银行中长期贷款的特点

中长期贷款指的是期限在 1 年以上的贷款。第二次世界大战前将贷款期限 1～5 年的贷款称为中期贷款,5 年以上的称为长期贷款。第二次世界大战后,习惯上将 1 年以上的贷款称为中长期贷款,一般不严格划分中期与长期的界限。当前欧洲货币市场对工商企业的中长期贷款最长为 6～7 年,对政府机构的贷款最长为 12 年。中长期贷款有四个主要特点:

1. 签订贷款协议

短期贷款,银行与借款人之间常常通过电话、电讯联系就能明确贷款条件、利率水平和归还期限等,一般无须签订书面协议;而中长期贷款,由于期限较长,贷款金额较大,一般均需签订书面贷款协议。

2. 联合贷款

所谓联合贷款,即一笔贷款往往由数家至二三十家银行提供,这也叫银团贷款、辛迪加贷款。采取联合贷款的原因,一是中长期贷款金额较大,一家银行无力提供;二是可以分散风险,万一贷款到期不能收回,则由诸多银行分担损失。

3. 政府担保

中长期贷款如果没有物质担保,一般均由政府有关部门对贷款协议的履行与贷款的偿还进行担保。

4. 采用浮动利率

由于贷款期限较长,若在贷款期内将利率定死,对借贷双方都是不利的。如果采取固定利率方式,贷款协议签订时利率较低,在贷款期内,市场利率高涨,但协议已将利率定死,贷款银行不能要求再行提高利率,这时贷款银行吃亏(损失)较大;反之,贷款协议签订时利率较高,以后市场利率下降,因协议将利率定死,借款人不得要求贷款银行降低利率,这时借款人吃亏较大。如为浮动利率,则在贷款期内允许借贷双方视市场利率的实际情况,对原定利率进行调整,一般贷款协议规定每半年或三个月调整一次利率。

6.2.2　中长期贷款的利息及费用负担

1. 利率

中长期贷款收取的利息,一般按伦敦银行同业拆放利率(LIBOR)来收取。在香港、新加坡、巴林,中长期贷款也有分别按 HIBOR、SIBOR 和 BIBOR 计算利息的。

2. 附加利率

LIBOR 为短期利率,所以借取中长期贷款要在 LIBOR 的基础之上,附加两个利率。附加利率的习惯做法是随着贷款期限的延长,附加利率的幅度逐渐提高。

3. 管理费

管理费近似于手续费,根据贷款金额,按一定费率收取,费率一般为 $0.25\% \sim 0.5\%$。

4. 代理费

代理费即在银团贷款中借款人对银团代理行所支付的费用。因为代理行或牵头银行要与借款人及参加贷款的银行进行日常的联系交往,从而发生电传费、电报费、办公费等支出,这些费用均包括在代理费中。

5. 杂费

贷款协议签订前所发生的一切费用均为杂费。如贷款银行与借款人联系的车马费、宴请费、文件修订费以及律师费等;杂费由牵头银行提出账单,借款人一次付清,收费标准无统一规定,如 1 亿美元的贷款,杂费多则 10 万美元,少则 4 万~5 万美元。

6. 承担费

承担费指的是贷款协议签订后在承担期间对未提用的贷款余额所支付的费用。承担费根据未提用贷款的余额,按一定费率计算。承担费率一般为年率 $0.25\% \sim 0.5\%$。承担费的支付办法大致有以下几种情况:在整个贷款期内,规定一个承担期,借款人应在承担期内用完贷款额;如承担期内未用完,应交纳承担费。过期未用的贷款额应自行注销。例如,有一笔 5 年期的贷款,规定承担期为半年。在承担期内,借款人应支用而未支用的贷款要支付承担费,已支付的贷款则开始支付利息。有的贷款规定从签订贷款协议之日起就开始收取承担费,有的贷款则规定从签订贷款协议之日一个月以后(或两个月以后)才开始收取承担费。在前一种情况下,实际上借款人只有在签订贷款协议的当天即将全部贷款提取完毕,才能避免支付承担费,但在实际经济生活中难以做到。在后一种情况下,借款人获得了 1~2 个月的缓冲时间,如能在这段时间里支用全部贷款,就无须支付全部承担费;只有在规定的一两个月后仍未支用的那部分贷款,才需交纳承担费。由此可见,后一种情况对贷款人较为有利。收取承担费的方法客观上促使借款人在签订贷款协议后积极地、尽快地动用贷款,有助于加快资金周转。承担费按未支用金额和实际未支用天数计算,每季、每半年支付一次。

6.2.3 贷款期限

贷款期限是指连借带还的期限,一般由宽限期与偿付期组成。宽限期指借款人只提取贷款不用偿还贷款的期限。宽限期一过则到了偿付期,借款人要开始偿还贷款。宽限期虽不偿还贷款,但要支付利息。如果贷款的期限为 7 年,一般宽限期为 3 年,偿付期为 4 年。一般宽限期越长对贷款人越有利,因为他可以充分利用外借资金从事经营生产,获利后再偿还贷款,从而有较充分的回旋余地。

6.2.4　贷款本金的偿还方式

1. 到期一次偿还

这适用于贷款金额相对不大、贷款期限较短的中期贷款。例如，某借款人借了一笔 3000 万美元的 3 年期贷款，分批使用。贷款利息从每次实际使用贷款之日起算，每半年（或每 3 个月）付息一次；本金则从签订贷款协议之日起算，3 年期满一次还清。

2. 分次等额偿还

这种方式下，在宽限期内，借款人无须还本，只是每半年按实际贷款额付息一次，宽限期满后开始还本，每半年还本并付息一次，每次还本金额相等。这适用于贷款金额大、贷款期限长的贷款。例如，某借款人获得一笔 2 亿美元 8 年期长期贷款，规定宽限期为 3 年，借款人在宽限期内只付息不还本，宽限期满后开始分次还本，即从第 3 年年末开始到第 8 年贷款期满时止，分 11 次等额偿还贷款本金，每半年归还贷款 1818 万多美元，到 8 年期满时，借款人还清贷款本息。

3. 逐年分次等额偿还

这种方式与第二种方式类似，但无宽限期，从借款第一年起开始分次还本付息。例如，某借款人获得两笔 1 亿美元的 4 年期中期贷款，从第一年起每年偿还贷款本金 2500 万美元，并每半年支付利息一次，到 4 年期满时，借款人还清贷款本息。

对借款人来说，在上述方式中，以到期两次偿还最为有利。因为一方面，实际贷款期限与名义贷款期限一致，占用时间较长；另一方面，到期才偿还贷款本金，偿债负担不重。第二种方式尚可接受，因为实际贷款期限虽比名义贷款期限短，但有几年宽限期，在几年内可不还本，偿债负担相对有所缓和。第三种方式对借款人很不利，因为实际贷款期限仅为名义贷款期限的一半，且须从第一年起开始还本，偿债负担较重。

6.2.5　贷款协议中的提前偿还条款

一般来说，一国借款人从国外银行获得中长期借贷，在贷款所用货币的汇率、利率不变，而且借款人又确有长期资金需要的情况下，贷款期限越长，则对借款人越有利。但在有些情况下，借款人动用贷款协议中的提前偿还条款反而较为有利。在下列三种情况下，提前归还贷款就较为有利。

(1) 借款所用货币汇率开始上涨，并有继续上涨的趋势，此时，借款人如仍按原定期限归还借贷，则将蒙受由于汇率上涨造成的巨大损失。

(2) 在借款采用浮动利率的条件下，利率开始上升，并有继续上升的趋势；或利率一次上升幅度较大。此时，借款人如仍按原定期限归还贷款，则将负担较重的利息。

(3) 在贷款采用固定利率的条件下，当国际金融市场上利率下降时，借款人可以筹措利率较低的新贷款，提前偿还原来利率较高的旧贷款，借以减轻利息负担。

6.2.6 贷款货币的选择

一个贷款人从国际商业银行贷款,基本上应遵循以下原则:

(1)借款的货币与使用方向相衔接;

(2)借款的货币要与购买设备后所生产产品的主要销售市场相衔接;

(3)借款的货币最好选择软币,即具有下浮趋势的货币,但这类货币利率较高;

(4)如果在借款期限内硬币上浮的幅度小于硬币和软币的利率差,则借取硬币也是有利的,否则借软币。

6.3 出口信贷

6.3.1 出口信贷的概念

出口信贷是一种国际信贷方式,是国家为支持和扩大本国大型设备的出口,加强国际竞争能力,以给予利息补贴并提供信贷担保的方法,鼓励本国的银行对本国出口商或国外进口商提供利率较低的贷款,以解决本国出口商资金周转的困难,或满足国外进口商对本国出口商支付货款需要的一种融资方式。

6.3.2 出口信贷的特点

出口信贷具有以下几个特点:

(1)出口信贷属于对外贸易中长期信贷;

(2)一国出口信贷的利率,一般低于市场利率,利差由国家给予补贴。大型机械设备制造业在西方国家的经济中占有重要地位,其产品价值高,交易金额大。在垄断资本已占有了国内销售市场的情况下,加强这些资本货物的出口,对西方国家的生产与就业影响甚大。为了加强本国机械设备的竞争能力,削弱竞争对手实力,主要发达国家的银行,竞相以低于市场的利率对国外进口商和本国出口商提供中长期贷款,给予信贷支持,以扩大该国资本货物的国外销路。

(3)出口信贷的发放与信贷保险相结合。由于中长期对外贸易信贷偿还期限长、金额大,发放贷款的银行存在着较大的风险,为了减缓出口国家银行发放中长期信贷的后顾之忧,保证其信贷资金的安全,发达国家一般都设有国家信贷担保机构,对银行发放的中长期出口信贷给予担保。如发生贷款不能收回的情况,信贷保险机构利用国家资金给予赔偿。从而加强本国出口商在国外市场的竞争能力,促进资本货物的出口。

(4)国家成立专门的发放出口信贷的机构,制定政策,管理与分配国际信贷资金,特别是中长期信贷资金。发达国家提供的对外贸易中长期信贷,直接由商业银行发放,如金额巨大,商业银行资金不足时,则由国家专设的出口信贷机构予以支持。如英国曾规定商业银行提供的出口信贷资金超过其存款的 18％时,超过部分则由出口信贷保证局予以支持。美国发放中长期对外贸易信贷的习惯做法是由商业银行和出口银行共同负担。有的国家对一定类型的对外贸易中长期贷款,直接由出口信贷机构发放。由国家专门设置的出口信贷机构,利用国家资金支持对外贸易中长期信贷,可以弥补私人商业银行资金的不足,改善本国的出口信贷条件,加强本国出口商争夺国外销售市场的实力。这些出口信贷机构在经营出口信贷保险的同时,还根据国际商品市场与资本市场的变化,经常调整本国的出口信贷政策。

6.3.3　出口信贷的主要类型

1. 卖方信贷

在大型机械装备与成套设备贸易中,为便于出口商以延期付款方式出卖设备,出口商所在地银行对出口商的信贷即为卖方信贷。在卖方信贷方式下,进出口商签合同后,先支付 10％～15％的订金,在分批交货验收和保证期满时,再分期付给 10％～15％的贷款,其余 70％～80％的贷款在全部交货后若干年内分期偿还(一般每半年还款一次),并付给延期付款期间的利息。而出口商(卖方)需向其所在地的银行商借贷款,融通资金。进口商(买方)随同利息分期偿还出口商(卖方)贷款后,根据贷款协议,出口商再用以偿还其从银行取得的贷款。出口商向银行借卖方信贷,除按出口信贷利率支付利息外,还须支付信贷保险费、承担费、管理费等,这些费用均附加于出口成套设备的货价中。因此延期付款的货价一般高于以现汇支付的货价,有时高出 3％～4％,甚至高出 8％～10％。

2. 买方信贷

在大型机械设备贸易中,由出口商(卖方)所在地的银行贷款给国外进口商(买方)或进口商的银行,以给予融资便利,扩大本国设备的出口,这种贷款即为买方信贷。在买方信贷方式下,进口商与出口商洽谈贸易,签订贸易合同后,进口商先缴相当于货价 15％的现汇订金,在贸易合同签订后至预付订金前,进口商再与出口商所在地银行签订贷款协议,进口商用其所贷款项,以现汇条件向出口商支付贷款,进口商对出口商所在地银行的贷款,按贷款协议的条件分期偿还。

3. 福费廷交易

福费廷交易是指在延期付款的大型设备贸易中,出口商把经过进口商承兑的、期限在半年至五到六年的远期汇票,无追索权地授予出口商所在地的银行和大金融公司,以提前取得现款的一种资金融通方式。其与一般贴现的区别如下:

(1)一般票据贴现,如票据到期遭拒付,银行对出票人能行使追索权,要求票据的出票人付款。而办理福费廷业务所贴现的票据,不能对出口商行使追索权,这是福费廷与贴现的最大区别。

(2)贴现的票据一般为国内贸易往来中票据;而福费廷则多为与出口设备相联系的票据。

(3)贴息的票据,有的国家规定须具备三人的背书,但一般不需银行担保;而办理福费廷业务的票据,必须有一流银行的担保。

（4）办理贴现的手续比较简单，而办理福费廷业务则比较复杂。贴现的费用负担一般仅按当时市场利率收取贴现息；而办理福费廷业务的费用负担则较高，除按市场利率收取贴现息外，一般还收取管理费、承担费等费用，若出口商未能履行合同或撤销贸易合同，以致福费廷业务未能实现，办理福费廷业务的银行还要收取罚款。

4. 安排限额

信用安排限额是指出口商所在地的银行为了扩大本国一般消费品或基础工程的出口，给予进口商所在地的银行以中期融资的便利，并与进口商所在地银行配合，组织较小金额业务的成交。其一般有两种方式：一种是一般用途信用限额，有时也叫购物篮信用。在这种形式下，出口商所在地银行向进口商所在地银行提供一定的贷款限额，以满足进口国厂商购买出口国的基础设备和基础工程建设的资金需要。

5. 混合信贷

混合信贷是指国家为扩大本国设备的出口，加强本国设备出口的竞争能力，在出口国银行发放卖方信贷或买方信贷的同时，出口国政府还从预算中提出一笔资金，作为政府贷款或给予部分赠款，连同卖方信贷或买方信贷一并发放，以满足出口商或进口商支付当地费用与设备价款的需要。政府贷款的利率一般比出口商信贷利率更低，这就更有利于促进该国设备的出口，并可加强与借款国的经济技术与财政合作关系。政府贷款一般占整个贷款金额的 $30\%\sim50\%$。这种为满足同一设备项目的融通资金需要，卖方信贷或买方信贷与政府贷款混合贷放的方式即为混合信贷。这一信贷形式近几年来发展较大。

6.4 政府贷款

6.4.1 政府贷款的概念

政府贷款是指一国政府利用财政或国库资金向另一国提供的优惠性贷款。贷款国政府使用国家财政预算收入或国库的资金，通过列入国家财政预算支出计划，向借款国政府提供贷款。因此，政府贷款一般由各国的中央政府经过完备的立法手续批准后予以实施。政府贷款通常是建立在两国政府政治经济关系良好的基础之上的。

6.4.2 政府贷款的特点

（1）政府贷款是以政府名义进行的双边政府之间的贷款，因此，往往需要经过各自国家的议会通过，完成应具备的法定批准程序；

（2）政府贷款一般是在两国政治、外交、经济关系良好的情况下进行的，是为一定的政治、外交、经济目的服务的；

（3）政府贷款属于中、长期无息或低息贷款，具有援助性质；

（4）政府贷款一般要受到贷款国的国民生产总值、国家财政收支状况的制约，因此，它的规模不会太大。

6.4.3　政府贷款的条件

（1）政府贷款的标的应该是货币金额，常以贷款国的货币表示，有时也以第三国货币表示，它是每笔政府贷款规模的标志。

（2）政府贷款既可以无息（即不必计算与支付利息）又可以计息。有息贷款利率较低，年利率一般在 1%～3%，当然个别也有高达 5%左右的。按规定，政府贷款的赠予部分应高于 25%，甚至高于 35%。

（3）政府贷款中的无息贷款或者低息贷款，有时规定应由借款方向贷款方支付一定比例的管理费，或称手续费。对于计息的政府贷款，有时还规定应由借款方向贷款方支付一定百分比的承担费，多数国家提供的政府贷款不收取费用。

（4）政府贷款的期限属于中、长期贷款，一般为 10 年、20 年、30 年甚至长达 50 年。贷款的用款期，即使用贷款的支付期限，一般规定为 1～3 年，有的长达 5 年；贷款的宽限期，即贷款开始使用后只支付利息、不偿还本金的期限，一般为 5 年、7 年或 10 年；贷款的偿还期，即还款的期限，一般规定从某年开始即 10 年、20 年或 30 年之内，每年分两次偿还贷款本金并支付利息。

（5）政府贷款虽属优惠性质，但它毕竟要为贷款国家的政治、外交和经济利益服务，因此，政府贷款中除很少使用的现汇款外，对于商品贷款或与项目结合的贷款，通常规定采购限制条件，比如，借款人借入贷款，必须用于购买贷款国的资本货物、技术、商品和劳务，从而带动贷款国的货物和技术劳务的出口。

6.4.4　政府贷款的种类

政府贷款指一国政府对另一国政府提供的贷款，这种贷款一般是优惠贷款，其优惠来源于贷款方政府的财政资金支持，一般表现为贷款期限长，利率低，带有经济援助的性质，且大多数要求用于采购贷款方国家的商品或者劳务。

1. 无息贷款

这是最优惠的贷款，不必计算和支付利息，但要收取一定的手续费，一般不超过 1%。

2. 计息贷款

这种贷款必须计算和支付利息，它的利息率都比较低，年利率一般在 1%～3%。除贷款利息之外，有时也规定借款国须向贷款国政府支付不超过 1%的手续费。

3. 现汇贷款

现汇贷款系指贷款国政府向借款国政府提供可以自由兑换的货币的贷款，由借款国根据自己的需要予以使用，还款期内借款国须偿还同种可自由兑换的货币。

4. 商品贷款

商品贷款是指贷款国政府向借款国政府提供规定品种数量的原材料、机械、设备等商品，计价汇总作为贷款，至于商品贷款是以货物偿还，还是以可自由兑换的货币偿还，由双方协商决定。

5. 与项目结合的贷款

与项目结合的贷款是指贷款国政府向借款国政府提供为双方协议的建设项目提供所需要的整套原材料、机械设备、设计技术图、专利许可证和专家指导、人员培训、劳务技术服务等,计价汇总作为贷款额度。

6. 政府混合贷款

政府混合贷款是指政府提供的低息优惠性贷款或政府提供的无偿赠款与出口信贷结合使用而组成的一种贷款。

6.5 国际金融组织贷款

在国际工程开发与投资业务中,可以进行融资的一条主要渠道是国际金融组织的贷款。在国际金融组织中,有全球性金融组织(如世界银行集团),也有区域性金融组织(如亚洲开发银行)等。了解这些金融组织贷款对搞好国际工程开发与投资有重大的作用与意义。

6.5.1 世界银行贷款

1. 世界银行的成立及宗旨

世界银行成立于 1945 年 12 月,凡参加世界银行的国家必须首先是国际货币基金组织的会员国。根据《国际复兴开发银行(世界银行)协定》第一条规定,世界银行的宗旨可以归纳为:对用于生产目的的投资提供便利,以协助会员国的复兴与开发;鼓励较不发达国家生产与资源的开发;促进私人对外投资;用鼓励国际投资以开发会员国生产资源的方法来促进国际贸易的长期平衡发展,并维持国际收支平衡。

2. 世界银行的贷款条件

世界银行的主要业务以其实收资本、公积金和准备金,或者以其从其他会员国金融市场筹措的资金和其他金融机构一起联合对外发放贷款,或自行发放贷款;也承做对私人投资、贷款给予部分或全部保证的业务。世界银行的贷款条件有以下几点:

(1)限于会员国,若贷款对象为非会员国的政府,则该项贷款须由会员国政府、中央银行和世界银行认可的机构进行担保。

(2)申请贷款的国家确实不能以合理的条件从其他方面取得贷款时,世界银行才考虑发放贷款、参加贷款或提供保证。

(3)申请的贷款必须用于一定的工程项目,有助于该国生产发展与经济增长。

(4)贷款必须专款专用,并接受世界银行的监督,银行的监督不仅在使用款项方面,同时对工程的进度、物资的保管、工程管理等方面也进行监督。

(5)贷款的期限一般为数年,最长可达 30 年。从 1976 年 7 月起,贷款利率实行浮动利率,随着金融市场利率的变化定期调整,并附加一定的利息。与国际资金市场收取承担费相似,世界银行对已订立借款契约而未提取部分,按年征收 0.75% 的手续费。

（6）世界银行使用不同的货币对外发放贷款，对承担贷款项目的承包商或供应商，一般用该承包商、供应商所属国的货币支付。如果由本地承包商供应本地物资，即用借款国货币支付。如果本地供应商购买的是进口物资，即用该出口国货币支付。

3. 世界银行的贷款种类

（1）项目贷款与非项目贷款

这是世界银行传统的贷款业务，属于世行的一般性贷款。项目贷款是目前世界银行最主要的贷款，指的是世行对会员国工农业生产、交通、通信、市政、文教卫生等具体项目所提供的贷款的总称。非项目贷款是世行为支持会员国现有的生产性设施需进口物资、设备所需外汇提供的贷款，或是支持会员国实现一定的计划所提供的贷款的总称。

（2）技术协助贷款

这种贷款包括两方面：首先是指在许多贷款项目中用于可行性研究、管理或计划的咨询，以及专门培训方面的资金贷款；其次还包括独立的技术援助贷款，即为完全从事技术援助的项目提供的资金贷款。

（3）联合贷款

联合贷款起始于 20 世纪 70 年代中期，是世界银行同其他贷款者共同为借款国的项目融资，有助于缓和世界资金有限与发展中会员国不断增长的资金需求之间的矛盾。联合贷款的一种方式是，世行同有关国家政府合作选定贷款项目后，即与其他贷款人签订联合贷款协议，然后，世行和其他贷款人按自己通常的贷款条件分别同借款国签订协议，分头提供融资；另一种联合贷款的方式则是，世行同其他贷款者按商定的比例出资，由世行按其贷款程序与商品、劳务采购的原则同借款国签订借款协议。两种方式相比，后一种方式更便于借款国管理，世行也倾向于采用这种方式。

4. 世界银行的贷款程序

由于世行发放贷款要与一定的项目相结合，专款专用，并在使用过程中进行监督，所以会员国从申请到按项目进度使用贷款，都有严密的程序。概括起来有以下几个方面：

（1）会员国申请贷款首先要提出计划，世行贷款部门初步审查后，派人到申请贷款的国家实地考察，经与申请国研究、核实后确定最重要、最优先的项目。为保证贷出款项能得到偿还，项目投建即能收到实效，世行要对借款国的经济情况与技术管理水平进行全面调查。调查涉及的范围包括工农业生产、交通、资源、经营管理水平、外贸和国际收支、偿债能力和经济政策等。

（2）在项目确定以后，世行专家组要对项目建设过程中的技术方案、组织管理方案、部件和附属设备配套计划、资金拨付方案、财务计划以及项目竣工后经济效益的核算等多方面进行审查。只有经专家组确认各项计划落实、可行，且经济效益显著后，申请借款国才能与世行进行具体贷款谈判。

（3）贷款谈判结束后，世行行长提出报告，并将贷款申请送交执董会审议。执董会批准后，由世行与借款国全权代表正式签订贷款协议。贷款文件签字生效后在联合国注册登记。

(4)工程项目招标,按工程进度发放贷款,并进行监督,确保资金合理使用。在贷款全部发放后一年左右,世行对其贷款项目提出实际情况的审计报告,就该项目计划完成情况是否经济合理,以及竣工后的效益与作用做出评价。

6.5.2　国际开发协会贷款

国际开发协会是专门向低收入发展中国家提供优惠长期贷款的一个国际金融组织,是世界银行集团的附属机构。其宗旨是对欠发达国家提供比世行条件宽、期限长、负担轻,并可用部分当地货币偿还的贷款,以促进它们经济的发展和居民生活水平的提高,从而补充世界银行的业务,促进世界银行目标的实现。

从国际开发协会的贷款条件来看,协会贷款只提供给低收入发展中国家,按最初标准,人均 GNP 为 425 美元以下,1992 年这一标准已调整为 675 美元,均有资格获得信贷。协会贷款对象仅限于成员国政府。其贷款的用途与世界银行一样,是对借款国具有优先发展意义的项目或发展计划提供贷款。贷款的期限为 50 年,宽限期为 10 年,前 10 年不必还本,第二个 10 年,每年还本 1%,其余 30 年每年还本 3%。偿还贷款时,可以全部或部分使用本国货币偿还,贷款只收取 0.75%的手续费。

6.5.3　国际金融公司贷款

国际金融公司和国际开发协会一样也是世界银行集团的一个附属机构。其宗旨是通过对发展中国家尤其是欠发达地区的重点生产性私人企业提供无须政府担保的贷款与投资,鼓励国际私人资本流向发展中国家,支持当地资金市场的发展,以推动私人企业的成长和成员国经济的发展,进一步充实世界银行的业务活动。

国际金融公司的贷款与投资,只面向发展中国家的私营中小型生产企业,并不要求会员国政府提供担保,公司贷款一般每笔不超过 200 万～400 万美元,在特殊情况下最高也不超过 2000 万美元。公司贷款与投资的部门,主要是制造业、加工业和采掘业、旅游业以及金融开发公司。

国际金融公司的贷款方式为:直接向私人生产性企业提供贷款;向私人生产性企业入股投资,分享企业利润,并参与企业管理;或将上述两种方式相结合:公司在进行贷款与投资时,或者是单独进行,尔后再将债权或股票转授给私人投资者,或者是与私人投资者共同对会员国生产性私人企业进行联合贷款或联合投资,以促进私人资本向发展中国家转移。

国际金融公司贷款的期限一般为 7～15 年,还款时需用原借人货币进行支付,贷款的利率不统一。

6.5.4　亚洲开发银行贷款

亚洲开发银行类似于世界银行,但只是面向亚太地区的区域性政府间金融开发机构。于 1966 年 11 月正式成立,并于同年 12 月开始营业,总部设在菲律宾首都马尼拉。其宗旨是向成员国和地区成员提供贷款与技术援助,帮助协调成员在经济、贸易和发展方面的政策,同联合国及其专门机构进行合作,以促进亚太地区经济发展。

从亚行的贷款条件来看,亚行根据 1990 年人均国民生产总值的不同将发展中成员分为 A、B、C 三类,对不同种类的国家或地区采用不同的贷款或赠款条件。按贷款条件划分,亚洲开发银行的贷款可分为硬贷款、软贷款和赠款三类。硬贷款的贷款利率为浮动利率,每半年调整一次,贷款的期限为 10～30 年(含 2～7 年宽限期);软贷款,即优惠贷款,仅提供给 A 类成员(人均国民生产总值不超过 851 美元),贷款期限为 40 年(含 10 年宽限期),不收利息,仅收 1%的手续费。B 类成员有可能获得软贷款,但要与普通资金混合使用。至于赠款,则用于技术援助,资金由特别基金提供,但赠款金额有限制。

亚行贷款的具体形式可分为以下几种:

(1)项目贷款,即为某一成员发展规划的具体项目提供的贷款,这些项目须具备:经济效益好、有利于借款成员的经济发展、借款成员有较好的资信三个条件。

(2)规划贷款,即对成员某个需要优先发展的部门或其所属部门提供资金,以便通过进口生产原料、设备和零部件,扩大原有生产能力,使其结构更趋合理化和现代化。

(3)部门贷款,即对成员的同项目有关的投资进行援助的一种形式。这项贷款是为提高所选择的部门或其分部门执行机构的技术与管理能力而提供的。

(4)开发金融结构贷款,是通过成员的开发性金融机构进行的间接贷款,因而也称中间转贷。

(5)综合项目贷款,是对较小的借款成员的一种贷款方式,把借款数额不大的一些项目捆在一起作为一个综合项目办理贷款手续。

(6)特别项目援助贷款,是为避免亚洲开发银行提供贷款的项目执行过程中由于缺乏配套资金等未曾预料到的困难所提供的贷款。

(7)私营部门贷款,分为由政府担保的贷款,或没有政府担保的股本投资以及为项目的准备等提供技术援助的直接贷款;通过开发性金融机构的现额转贷和对开发性金融机构进行股本投资的间接贷款等。

(8)联合贷款,指一个或一个以上的官方机构或私人投资者等经济实体与亚洲开发银行共同为成员某一项目融资。它主要有以下五种类型:

①平行融资指将项目分成若干具体、独立部分,以供亚行和其他融资伙伴分别融资。

②共同融资指亚行与其他融资伙伴按商定的比例,对某成员的某一项目进行融资。

③伞形融资或后备融资,这类融资在开始时由亚行负责项目的全部外汇费用,但只要找到联合融资伙伴,亚行贷款中的相应部分即取消。

④参与性融资,是指亚行先对项目进行贷款,然后商业银行购买亚行贷款中较早到期的部分。

⑤窗口融资,是指联合融资伙伴将其资金通过亚行投入有关项目,联合融资伙伴与借款人之间并不发生关系。

6.6 项目融资

6.6.1 项目融资的定义

项目融资是一个涵盖内容十分广泛的融资方式。这种方式有一个特点,就是融资不仅是依靠项目发起人的信用保障或资产价值,贷款银行主要依靠项目本身资产和未来的现金流量考虑贷款偿还保证,贷款方十分重视项目本身的可靠性。因此,他们需要非常仔细地考察项目的可行性和出现潜在不利因素的可能性。

项目发起人(股份持有者)寻求项目融资是因为这种融资所产生的债务不反映在项目发起人的资产负债表上,也不构成政府外债,不要求项目发起人(或政府)就项目对债权人做出担保,一般称为无追索融资。实际上大多数项目均为有限追索融资,即项目发起人除提供的初始股本承诺外,还承诺提供备用资金支持,以使债权人更加放心,对许多基础项目,由于政府部门直接购买项目产品,因此债权人可依赖项目发起人和政府的支持来提高项目的信誉等级。这样,除要求项目发起人提供支持,减少超支等传统商业风险外,债权人还可能要求购买项目产品的国有机构签订一份购买或支付合同,并在合同中写明政府赔偿条款,以防政府以后政策的变化影响项目的有效实施。

项目融资目前没有严格的定义,其涵盖内容范围一般包括以下几方面:

(1)由于贷款方回收贷款本息主要依靠项目资产和现金流量,因而对项目发起人没有完全的追索。

(2)贷款方对发起人的业务、项目和项目运行的全过程进行技术和经济评价。

(3)冗长复杂的贷款担保文件极有可能涉及融资方式的创新。

(4)较高的盈利水平和费用反映出贷款方所承担的项目风险经常是政策风险。

一般来讲,采用项目融资的项目都是大型项目。这些项目所涉及的工艺、技术都比较复杂,如果没有技术保证,贷款方将不会轻易介入。对贷款方来说,项目的技术可行性是非常重要的。

项目融资的资金来源比较广泛,常见的有以下十种渠道:

(1)银行;

(2)租赁公司;

(3)投资机构,包括保险公司和养老基金管理机构等;

(4)个人;

(5)投资管理公司；

(6)国外投资者；

(7)客户；

(8)供应商；

(9)政府机构；

(10)出口信贷机构，即世行和亚洲开发银行。

6.6.2　项目融资的特点

(1)项目必须有可靠的信用支持，这种支持可由主办者提供，也可由第三方提供，其作用仅限于项目的开发阶段和建设期，而不是项目的整个运作过程。支持形式可以是直接或间接的担保，或取/付协议等，项目融资不会在资产负债表上反映，但无论如何，这种信用支持必须是确确实实存在的。

(2)信用风险与股本风险没有关系。

(3)项目在经济上的可行性须通过一定方式表现出来，必须具备关于项目现金流量的可信方案，该方案应有独立的可行性研究和工程报告作证明，证明项目的未来现金流量足够支付项目的现金需要，支付施工费用及偶然费用。

(4)确保项目供应的原料及能源的费用与项目的资金融通安排相一致。

(5)确保项目生产的产品或服务存在市场需求，且价格与项目的融资安排相一致。

(6)项目所需的供给品和项目生产的产品的运输成本应与项目融资安排相一致。

(7)生产制造项目设备的供货商的专业技术必须可靠。

(8)确保资金能力与技术水平能够完全达到成本指标和生产技术指标，并足以弥补成本超支。

(9)项目的整个建设过程和设备的可靠性应有充分保证，项目的技术可行性、商业的可行性应有可靠证明。

(10)主办者或者主办关系的受益人最好是具备现成专业的技术人员。

(11)项目管理人员配置妥当。

(12)被用来融资的财产可作为抵押品。

(13)项目所在地政局稳定。

(14)主办人应根据自身能力、自己对项目的兴趣大小以及项目的风险程度提供一定比例的产权资本。

(15)项目的施工期及运行阶段均应有相应的保险计划。

(16)得到有关部门的支持。

(17)项目融资杠杆比例高但不影响股权控制。

(18)项目融资结构极其复杂且开发期长。

(19)采用项目融资实施的项目在还清贷款前要受贷款人的监督。

(20)贷款人要对项目进行详细研究和审查。

6.6.3　项目融资的常见形式

项目融资结构复杂、种类千差万别,甚至没有两个项目采用的融资形式是完全相同的。经过对现有项目认真分析归类,可以把项目融资归纳为以下几种常见形式:

1. 产品支付

产品支付是针对项目贷款的还款方式而言的。借款方在项目投产后不以项目产品的销售收入偿还债务,而是直接用项目产品还本付息。在贷款得到偿还以前,贷款方拥有项目的部分或全部产品,借款人在清偿债务时把贷款方的贷款看作这些产品销售收入折现后的净值。

当然,这并不意味着贷款银行真的要储存几亿桶石油或几亿度电力,在绝大多数情况下,产品支付只是产权的转移而已。在产品支付这种形式下,贷款方常常要求项目公司重新购回属于它们的项目产品,或充当它们的代理来销售这些产品。因此,销售的方式可以是市场出售,也可以由项目公司签署或取/付合同。无论哪种情况,贷款方都不用接受实际产品。产品支付在美国的石油、天然气和采矿的项目融资中应用最为普遍。这种偿贷方式的运作技巧就是由贷款方设立一家专设公司购买项目公司的石油、天然气或矿物等产品。专设公司的成立有助于把某些潜在的责任(如环保责任)同项目产品的所有权分割开来。

产品支付这种形式具有以下几个特点:

(1)用来清偿债务本息的唯一来源是项目的产品;

(2)贷款的偿还期应短于项目有效生产期;

(3)贷款方对项目经营不承担直接责任。

产品支付这种形式的可行性在某种程度上取决于项目产品的所有权能否合法地顺利转移。在很多方面,矿产和油田的所有权属于国家,不能随便转移。项目公司的权利仅仅是进行开发和管理,对其产权无权染指。

2. 远期购买

远期购买具有产品支付的许多特点,但前者更为灵活。同产品支付一样,贷款方可以成立一个专设公司。这个专设公司不仅可以购买事先商定好的一定数量的产品,还可以直接接受这些产品的销售收入。具体销售的方式可以选择公开市场,或取/付合同,或与项目发起人签订类似的协议等。与"产品支付"情况一样,贷款银行将会对影响到其对产品所有权的任何风险进行投保。

3. 融资租赁

租赁在资产抵押性融资中用得很普遍,特别是在购买轮船和飞机的融资中。在英国和美国,很多大型工业项目也采用融资租赁,因为融资租赁可以通过厂房和设备的折旧为项目发起方带来税收好处,从而降低其生产成本。

在英国一些正在筹建的大型电力项目中,租赁这种形式重新受到了发起人的重视,虽然这些年来折旧所带来的税收优惠越来越小,但项目发起人通过付给租金所得到的税收好处依然很有吸引力,所以他们并不在乎文件的烦琐以及高额的律师费用。

除了税收好处外,项目发起人和贷款方选择融资租赁还有其他方面的考虑。譬如,在某些国家为某些资产进行融资的时候,如果该国缺乏充分和稳定的担保法律,租赁便具有优越性,因为资产的所有权仍属于贷款人。另外,融资租赁也具有灵活性。短期的经营租赁可以使项目公司仅在建设开发期的某一特定时期使用某些特定的设备或其他资产。

出租人和担保人之间协商谈判的过程是项目进行融资最困难的阶段。尽管有担保银行的担保,出租方仍希望保持对资产的所有权,以便在将来需要的时候可以重新拥有它;而银行却希望有足够的资产抵押来担负其担保责任。出租方和银行之间谁享受优先权这个问题总是谈判的一个焦点,出租方一般不会放弃优先权,除非是在与税务无关的补偿索赔中。银行担保的范围是谈判的另一个重点,特别是当出租方坚持要它对整个项目长达20~30年的还款责任进行担保的时候。一般而言,银行会尽量把其担保局限在租金偿付和其他金融风险内,它们不愿为项目公司的所有责任提供一揽子担保。

对于一些大的项目来说,任何一家租赁机构都很难具有足够大的资产负债表吸纳所有税收好处。因此,项目资产往往由许多租赁公司分别购置和出租,或者由它们组成一个新的合伙制公司共同完成租赁业务。

融资租赁这种融资方式的步骤大致如下:

(1)项目发起方组成项目公司,项目公司或项目发起方中的某一方签订资产购置和施工合同,购买开发建设所需的厂房设备,并在合同中声明这些厂房和设备的所有权都将转移给一个或几个融资租赁公司。当然,此合同必须在融资租赁公司同意的前提下方可签署。

(2)融资租赁公司从银行获得贷款,并用银行贷款购买厂房和设备,然后把它们租给项目公司。贷款银行以租赁方对项目厂房、设备的所有权及相关合同作为担保,并同租赁公司就担保细节进行协商谈判。在这个阶段,贷款银行可能还会要求项目发起方对项目公司的责任进行一定程度的担保。项目的开发建设将由项目公司(或项目发起方中的某一方)代表租赁公司进行监督。

(3)在建设阶段,项目公司开始向租赁公司支付租金,租金在数额上应该等于租赁公司购置资产所需资金的利息。租金担保通常由一家或几家银行完成,个别时候也可以由项目发起方作担保。融资租赁公司一般不会承担风险。

(4)工厂建成后进入经营阶段。在这个阶段,承租方要向租赁公司补缴在建设期内没有付清的租金。租赁公司以其收到的租金通过担保信托支付银行贷款的本息偿还。项目建成后,项目发起人往往会终止担保,贷款银行需要承担一定的项目风险,但它仍可从租赁资产的租金及项目的销售合同和应收款项的转让中获得担保。

(5)在第一阶段的后期,当租赁公司的成本全部收回并获得了相应的回报后,融资租赁便进入第二阶段。在这个阶段,项目公司只需交纳很少的租金。在租赁结束时,项目公司没有购买租赁资产的权利,否则一切租赁形式所能带来的税收好处都不复存在。但是,项目公司可以以代理的身份代表租赁公司,把资产以租赁方可以接受的价格卖掉,售价大部分都会被当作代销手续费由租赁方返还给项目公司,而资产的买主很多时候都是项目发起方本身。

6.6.4 BOT 模式融资

1. BOT(建设—运营—移交)融资方式的优越性:

BOT(建设—运营—移交)融资方式的优越性:参见章节 2.5

2. 项目所在国政府与项目公司关系

对于那些具有较强社会性的项目(如交通或能源项目),BOT 是非常理想的融资方式。在这种融资方式中,通常由项目所在国政府或它的某一机构与项目公司签署特许权协议,把项目建设及运营的特许权交给后者。但并不是所有的 BOT 项目都需要政府亲自出面,我国的广东沙角 B 电站是早期以 BOT 方式进行的一个项目,这个项目的特许权是通过一家有政府背景的企业和在香港注册的合资公司之间的合作协议授予的。

另外,如果项目专设公司完全是为了从政府那里得到项目而设立的,而它又要承担相当的法律义务,那么政府就希望项目发起方对专设公司给予一定的担保和支持。从政府角度看,在运用 BOT 方式时,项目公司必须确保以下事项:

(1)在整个特许经营期内提供足够的服务;

(2)达到有关的安全和环保标准;

(3)对消费者和用户的收费是合理的;

(4)经常对机械和设备进行维修、保养,使它们能够进行正常工作并安全移交。

同样,项目发起方也希望政府能在某些情况下对项目给予照顾和扶持,如为项目提供必要的配套设施(道路、电力等)或保证项目的换汇需求等。它们也会尽可能地得到政府的某种许诺,保证政府不会做出违背协议或其他对项目不利的事。

在 BOT 项目中,贷款银行同样是项目融资谈判的主角之一。特许协议对项目风险的分配起很大作用,政府和项目公司进行协商谈判时,应该充分考虑到贷款银行对协议的反应。由于在 BOT 项目中项目所在国政府一般不直接同贷款银行发生联系,它们双方有着各自不同的利益,因此项目发起方应充分考虑到它们之间的协调和沟通工作。

3. BOT 融资方式的过程

BOT 融资方式的过程大致如下:

(1)项目发起方成立项目专设公司(项目公司),专设公司同项目所在国政府或有关政府部门达成项目特许协议。

(2)项目公司与建设承包商签署建设合同,并得到建筑商和建设设备供应商的保险公司担保。专设公司与项目运营承包商签署项目经营协议。

(3)项目公司与商业银行签订贷款协议或与出口信贷银行签订买方信贷协议。出口信贷银行为商业银行提供政治风险担保,同时,贷款方得到项目本身的资产担保,项目本身可以用作担保的资产包括销售收入、保险、特许协议和其他项目协议等。

(4)进入经营阶段后,项目公司把项目收入(如依照销售合同所得的销售收入以及道路、隧道和桥梁的通行费等)转移给一个担保信托。担保信托再把这部分收入用于偿还银行贷款。

6.6.5　资产收益证券化融资

资产收益证券化简称为 ABS。它是以项目资产可以带来的预期收益为保证,通过一套提高信用等级的计划,在国际资本市场发行债券来募集资金的一种新的项目融资方式。

1. ABS 特点:

(1)通过证券市场发行债券筹集资金,是 ABS 不同于其他项目融资方式的一个显著特点。无论是产品支付、融资租赁,还是 BOT 融资,都不是通过证券化进行融资的,而证券化融资代表着项目融资的未来发展方向。

(2)由于是通过 SPC 发行高档投资级债券募集资金,这种负债不反映在原始权益人自身的"资产负债表"上,从而避免了受原始权益人资产质量的限制。

(3)利用成熟的项目融资改组技巧,将项目资产的未来现金流量包装成高质量的证券投资对象,充分显示了金融创新的优势。

(4)由于证券投资者的还本付息资金来源于项目资产,奉献取决于可预测的现金收入,而不是项目原始权益人自身的信用状况,并且不受原始权益人破产等风险的牵连。

(5)由于债券在证券市场上由众多投资者购买,从而使投资风险得到了分散。

(6)债券信用风险得到了 ABS 的信用担保,是高档投资级证券,并且还能在二级证券市场进行转让,变现能力强,投资风险小,因而具有较大的吸引力,易于债券的发行推销。

(7)ABS 融资涉及的机构较少,从而最大限度地减少了酬金、差价等中间费用,并且使融资费用降至较低水平。

(8)ABS 融资债券属高档投资级债券,利息率一般较低,但比普通储蓄的投资回报高。

(9)因为通过证券市场筹集资金,操作比较规范,一般应有高质量的专业咨询机构的参与,并且按照严格的专业标准提供服务。

(10)这种融资方式适于大规模地筹集资金,特别是在国际证券市场筹集资金。

2. ABS 运作过程

(1)组建特别的专门目标公司 SPC(Special Purpose Corporation),该机构可以是一个信托投资公司、信用担保公司、投资保险公司或其他独立法人,该机构应能获得权威性资信评估机构较高级别资信等级(AAA 级或 AA 级)。成功组建 SPC 是 ABS 能够成功运作的基本条件和关键因素。

(2)SPC 寻找可以进行资产证券化融资的对象。原则上,投资项目所依附的资产只要在未来一定时期内能带来现金收入,都可以进行 ABS 融资。能够带来现金流入量的收入形式可以是信用卡应收款,房地产未来租金收入,飞机、汽车等设备未来运营收入,项目产品出口贸易收入,航空及铁路未来运费收入,收费公路及其他公用设施收费收入,税收及其他财政收入等。

拥有这种未来现金流量所有权的企业(项目公司)称为原始权益人。这些未来现金流量所代表的资产,是 ABS 融资方式的物质基础。在进行 ABS 融资时,一般应选择未来现金流量稳定、可靠、风险小的项目资产。一般情况下,这些代表未来现金收入的资产,本身具有很高的投资价值,但是由于受各种客观条件的限制,它们自身无法获得权威信用评估机构授予的较高级别的资信等级,因此无法通过证券化途径在资本市场筹集项目建设资金。

(3)以合同、协议等方式将原始权益人所拥有的项目资产的未来现金收入的权利转让给SPC。转让的目的在于将原始权益人本身的风险和项目资产未来现金收入的风险割断。这样,SPC进行ABS融资时,其融资风险仅与项目资产的未来现金收入有关,而与建设项目的原始权益人本身的风险无关。在实际操作中,为了确保这种风险隔绝万无一失,SPC一般要求原始权益人或有关机构提供充分的担保。

(4)SPC直接在资本市场发行债券募集资金,或者经过SPC通过信用担保,由其他机构组织债券发行,并将通过发行债券募集的资金用于项目建设。由于SPC的信用等级很高(一般均获得权威性资信评估机构授予的AAA级或AA级信用等级),按照信用评级理论和惯例,由它发行的债券或者通过它提供信用担保的债券,也自动具有相应的信用等级,从而使得项目能够在高档投资级证券市场上以较低的资金成本募集项目建设所需资金。

(5)SPC通过资产的现金流入量,清偿债券本息。

思考题

1.简述项目融资的常见形式。

2.简述国际金融市场的类型。

第 7 章

国际工程合同管理

7.1 国际工程合同管理具体内容

7.1.1 国际工程合同概述

1. 国际工程合同的定义

合同是一个契约,是平等主体的自然人、法人以及其他组织之间设立、变更、终止民事权利义务关系的协议。它是工程项目全生命周期过程管理最重要的文件和依据。

国际工程合同是指不同国家的平等主体的自然人、法人、其他组织之间,为实现某个工程项目的特定目的而签订的设立、变更和终止相互民事权利和义务的协议。由于国际工程是跨越国界的经济活动,因而国际工程合同要比一般国界内的工程承包合同复杂得多。

合同文件包括在合同协议书中指明的全部文件:一般包括合同协议书及其附件、合同条件、投标书、中标函、技术规范、图纸、工程量表以及其他列入的文件(如 FIDIC"银皮书"中还包括业主要求,承包商建议书,附录等)。FIDIC 合同条件中还规定合同实施后所发出的修改命令(包括由各方签署的对合同的书面补充,变更命令,施工变更指示,由建筑师发布的书面次要工程变更等)也属于合同文件。

2. 国际工程合同的特点

(1)合同文件内容全面详尽

国际工程合同文件一般包括合同协议书、中标函、投标书、合同文件、技术规范、图纸、资料表(含工程量表)及合同数据表等。

(2)合同范本较多

国际工程咨询与承包已经具有上百年的历史,经过不断的总结,已经有了一批比较规范的合同文本,而且每经过一段时间,相关的国际组织就会对这些范本进行修订和完善。

(3)国际工程合同管理的核心是工程项目管理

国际工程合同从编制招标文件、招投标、谈判、修改、签约到实施,一环扣一环,各个环节均十分重要。合同当事人对任何一个环节都不可粗心大意。因为,只有订立一个好的合同,才能保证项目的顺利实施。

(4)分析研究合同管理是研究工程项目的特点

由于工程项目具有一次性和不可重复性,因而分析研究国际工程合同管理就是分析研究工程项目的共性与特性。

(5)合同订立与实施的时间较长

一般情况下,一个工程项目的实施期少则1~2年,多则5~10年(如 BOT/PPP 项目)甚至更长,因而合同当事人都十分重视谈判、合同订立和实施。

(6)合同范本体现了调解争议的理念

近年来,有关国际组织编制的国际工程合同范本,不提倡凡有争议就提交仲裁或诉讼,而是增加了"争议审查委员会"等调解人的角色,以便及时通过调解解决争议,这种方法有利于工程项目的顺利实施。

(7)国际工程合同项下包括多个合同

由于国际工程项目是一个综合性的商务与经济活动,所以为了实施一项国际工程合同(称主合同),还要签订许多相关合同。例如融资贷款合同、物资采购合同、分包合同、设备租赁合同等。这些合同围绕主合同,为主合同服务,而每一个合同的订立与管理都对主合同的实施产生一定的影响。

3.合同的类别

国际工程合同的分类,按不同的形式有不同的类别:

(1)按工作内容分为工程咨询合同(包括勘察合同、设计合同、监理合同等),工程施工合同(或称工程承包合同)、货物采购合同(包含各类机械设备采购、材料采购等)、安装合同、装修合同等。

(2)按工程承包范围分为设计—建造合同、EPC/交钥匙合同、施工总承包合同、分包合同、劳务合同、项目管理承包(PMC)合同、CM 合同等。

(3)按支付方式分为总价合同、单价合同和成本加酬金合同。在国际工程承包行业内,比较普遍的是将国际工程承包合同按照总价合同、单价合同或成本加酬金合同进行分类,这也是国际工程承包业内区分合同类型、方式与风险判断的基本方式。参见章节6.1.1。

7.1.2 承包商的合同管理

1.承包商合同管理的组织机构

按合同处理各种事宜,是国际工程承包工作的原则。在项目实施过程中,业主以技术服务合同方式聘用经验丰富的工程师,代表其对项目实施监督管理,他们都是合同管理方面的专家。而承包商在现场施工组织机构中,由于人员配备原因,很少单独设立合同管理职能部门,而是将其与经营核算部门合在一起。因此,承包商的合同管理恰恰是薄弱环节。

国际工程承包合同管理,是指合同管理部门根据合同的内容对工程项目的实施过程进行有效管理,按合同的规定顺利完成项目。

(1)承包商合同管理的组织机构

由于工程项目本身的复杂性和施工周期较长的特点,承包商在项目实施过程中,会涉及多种类型的合同,如施工承包合同、施工分包合同、物资采购合同、运输合同、保险合同等。只要有争端发生,就会涉及规定双方权利和义务的合同。因此,合同管理在施工项目管理中具有举足轻重的地位。无论是在工程承包公司总部,还是在工程施工现场的项目经理部,都应建立一个合同管理组织机构,并认真培养合同管理方面人才。一般工程项目应配备专门的合同管理人员,大型工程项目应设立合同管理组或合同管理部。

(2)承包公司总部的组织机构

公司总经理下设立财务部、经营销售部、工程部、合同管理部、行政管理部等职能部门。合同管理部主要负责公司所有工程合同的管理工作,主要内容包括:

①参与投标报价,对招标文件进行审查和分析;

②收集市场和工程信息;

③参与合同谈判与合同签订,为报价、合同谈判和签约提出意见、建议甚至警告;

④向工程项目派遣合同管理人员;

⑤对工程项目的合同履行情况进行汇总、分析,对工程项目进度、成本和质量进行总体计划和控制,协调各个项目的合同实施;

⑥处理与业主和与其他组织的重大合同关系;

⑦具体地组织重大索赔;

⑧对合同实施进行总的指导、分析和诊断。

(3)项目现场的组织机构

项目经理下设立经营核算部、合同部、采购部、行政管理部等部门,选择经验丰富的人员任各部门负责人及项目工程师、施工队长等。

对小型项目,合同部可并入经营核算部,或设合同管理员,直接受项目经理领导。对于一些特大型项目,承包商可聘请合同管理专家或将整个工程的合同管理工作委托给咨询公司。

2. 施工承包合同签订前的管理

施工项目管理是从投标签约阶段开始,经过合同实施,到项目试运行和移交、投产、使用结束。合同管理伴随承包商的整个经营过程。

承包商在通过业主的资格预审后,即可购买招标文件,着手编制投标文件。在投标阶段,涉及承包商的合同文件可分为两部分:一是招标文件中的投标者须知,二是在施工中采用的合同条件、规范和图纸等。前者对承包商的投标行为产生影响,后者则是对承包商在中标后实施合同项目的履约行为产生影响。

(1)投标者须知

投标者须知是约束招标者和投标者在招投标过程中的权利与义务关系的主要文件。因此,承包商在投标过程中应做好以下工作:

①严格遵守招标文件中规定的各种时间

a.招标文件澄清日期;

b.确定外汇汇率日期;

c.投标有效期起止时间;

d.现场考察和标前会议的日期、时间和地点;

e.投标文件提交的截止日期;

f.开标的日期、时间和地点;

g.签订协议书和提交履约保证的时间等。

承包商均应遵守上述各种时间,以避免失去机会和造成违约。如递交投标书截止时间,承包商在递交投标文件时必须注意招标方的法定节假日和上下班时间,以免因迟到而遭到拒绝,为安全起见,应提前3～5天提交标书。

②投标文件必须对招标文件做出实质性响应

投标人在编制投标文件时,必须对招标文件做出实质性的响应。

③熟悉投标文件的修改和撤销规定

投标人应了解和熟悉招标文件中关于投标文件修改和撤销的相关规定。

④深入分析研究招标文件

分析研究招标文件,包括对招标文件的质询,在投标过程中可能遇到的风险等。

⑤签订合理的承包合同

在签订承包合同之前,业主可能选择少数几个承包商进行有条件的谈判,承包商在开标后,如意识到自己有可能中标,则应制定一套谈判对策,做到知己知彼。在满足投标策略的前提下,确保签订一个公平合理的施工承包合同。为此,在签订合同前应考虑以下几个问题:

a.符合企业经营战略;

b.认真审查合同和进行风险分析;

c.积极合理地争取自己的正当权益;

d.双方达成的一致意见要形成书面文件;

e.尽可能采用标准的合同范本。

有些国际工程项目,由于某些原因,业主可能先发给中标的承包商一份签订合同的意向函,作为签订正式合同前的序曲。承包商应审查意向函中的内容,并严格按意向函中规定的具体内容进行施工准备工作,不可超越其范围,以免因最终未能签订合同而招致损失。意向函一般应包括如下内容:

a.接受投标文件的意向说明;

b.指示进行哪些施工准备工作;

c.在正式接受投标文件前,对已授权进行的各项工作进行支付的依据及所负财务责任的限度进行说明;

d.如果未能签订合同,意向函将作废;

e.承包商收到意向函后需签署回执。

在收到业主的中标函和合同协议书时,应按招标文件规定的期限,提交履约保证和派出全权代表与业主协商签订合同,支付承包商由此产生的合理费用。

(2)合同条件、规范和图纸等合同文件

合同条件、规范和图纸是承包商施工的主要依据,同样也是承包商投标报价的计算依据。因此,在填写工程量表和计算投标价格时,应认真透彻地分析合同条件、规范和图纸,这不仅关系到能否中标,而且关系到中标后履行合同义务时能否盈利。为此,承包商应在投标阶段做好下列工作:

①确定工程项目的实施范围和合同工期。根据合同文件确定工程项目的实施范围,确保全部完成合同规定的工作,而且也仅限于完成合同规定的工作。

②全面分析得到的各种合同文件,将全部疑问列成表,以便提交业主,要求给予澄清。

③分析合同中哪些条款的内容需要在报价中进行考虑。如承包商的预付款保函费用、办理各种保险费用、施工现场采取安全保护措施和环境保护措施的费用,合同中规定的试验、检验费用等。

④根据招标文件中的工程量表,列出一份详细、可行的工程分项清单。内容包括自己承包实施的分项工程,拟分包分项工程(并确定相应分包商)和暂定金额项目。业主可能在其招标文件中对暂定金额项目已做出规定,要把它与主要分项工程区别对待。注意分析合同采用的计价和计量方法,合同价格所包括的范围和价格调整的方法、支付方式等。

⑤详细分析合同中潜在的各种风险,并提出具体的应对措施。如通过与业主的谈判,设法降低或转移合同中的风险等。

3. 施工阶段合同管理的内容

在项目实施阶段,需要进行管理的合同包括:工程项目承包合同、施工分包合同、物资采购合同、租赁合同、保险合同、技术合同和货物运输合同等。因此,合同管理的内容也比较广,但重点应放在承包商和业主签订的工程项目施工承包合同上,它是合同管理的核心。该合同一般由下列几种文件组成:合同协议书、中标函、投标书、合同条件(通用部分)、合同条件(专用部分)、规范、图纸、标价的工程量表等。施工阶段合同管理的内容包括以下几方面:

(1)确定工作范围

监督各专业施工队,确保其在合同规定的"工作范围"内施工,对超出合同施工范围的工作,及时提出补偿要求。

(2)进度控制

①按照工程师已批准的进度计划组织好施工,保证按合同规定的日期完成工程。尤其注意控制各工种的衔接和分包商的进出场时间。

②合理要求工期延长,更新进度计划。

(3)质量控制

应按照合同规定施工,严格进行质量检验和工序控制,保证工程质量符合设计标准。

(4)成本控制

施工中,要采取切实可行的方法,严格控制施工成本,避免浪费,将施工成本控制在施工预算内。

（5）工程变更管理

严格执行工程师下达的工程变更指示，完成变更工作并取得相应补偿（工期和费用），做好合同的变更管理。变更管理的内容主要包括工程师口头变更指示的书面确认，变更谈判（包括变更内容与变更估价），修改与变更内容有关的资料，检查变更工作的落实情况等。

（6）工程索赔管理

在索赔事件发生后（如不利的外界障碍和条件、特殊风险等），应及时向工程师发出索赔通知，编写和提交索赔报告，收集各种类型的证据资料，如文字资料、图片、录音、视频、实物证据等。在具有索赔权的情况下，确保自己的利益不受损失。

索赔管理应包括以下三个方面：

①承包商与业主之间的索赔和反索赔；

②承包商与分包商之间的索赔和反索赔；

③承包商与其他组织之间的索赔和反索赔。

（7）计量与支付管理

根据合同规定的时间，按时向工程师提交月支付报告，并按合同程序进行催款，以适时得到工程款。

（8）价格调整

及时收集国际市场的物价浮动资料，按照合同规定的价格调整方法，适时提出调整工程合同价款的要求。

（9）工程分包管理

监督各分包商按分包合同规定实施和完成分包工作。

（10）合同文档管理

合同文档管理包括合同文件及来往电子邮件及信函的保管，现场记录、图像、录音、视频的保管，并建立施工档案管理体系。

（11）合同文件的澄清与解释

向工程师澄清合同中相互矛盾或歧义的内容，并负责向承包商内部工作人员解释合同的相关内容。

（12）业主和工程师的责任和义务

按合同确定业主和工程师的责任和义务，包括确定业主授予工程师的权力和权力范围，业主应按合同规定提供的施工条件和其他服务等。在实施项目过程中，应督促和协助业主和工程师完成其合同责任和履行合同义务。

（13）工程竣工验收

按合同规定准备竣工验收资料，及时提出验收申请，组织好工程的初步验收和正式竣工验收，保证工程按时移交给业主。

（14）履约保证和工程保险

按合同规定的金额及时提交业主认可的履约保证。承包商应确保投保的险种、保险条款、金额、保单的有效期等符合合同的规定。

4.承包商合同管理的措施

(1)建立项目经理部

建立以项目经理为首的项目经理部,设立合同管理小组。

(2)建立合同实施的保证体系

建立合同实施的保证体系,以保证日常工作的顺利进行。其中,合同实施的保证体系包括以下几方面:

①合同组人员的职责:在对合同进行详细分析的基础上,将合同责任落实到责任人和具体的工作上。如各专业施工队(分包商)责任界限的划分、质量和工期要求、实施中应注意的问题等。在实施合同过程中,要定期进行检查,解释合同内容,同时以经济手段保证完成合同。

②建立合同管理的工作程序,如各级别文件的审批、签字程序。

③建立严格的质量检查验收制度,包括每道工序结束后的检查验收,各专业队之间的交接检查,材料进场和使用的检测措施等。

④建立报告和行文制度,如合同文件和往来函件的内部、外部运行程序。

⑤建立合同文档管理系统,如各种文件资料的标准化管理,包括规定的格式、准确性要求和便于查询等。

(3)实施动态管理

工程实施中,要进行跟踪监督,收集合同实施的各种信息和资料,并进行整理和分析,将实际情况与合同计划资料进行对比分析。在出现偏差时,分析产生偏差的原因,提出纠偏建议。

7.1.3　工程师的合同管理

《业主与工程师标准服务协议书》中关于工程师的定义是作为一个独立的专业公司受雇于业主去履行服务的一方以及工程师的合法继承人和允许的受让人。

FIDIC 合同条件中工程师的定义:业主为合同目的而指定作为工程师并在合同条件第二部分保持这一称谓的人员。因此,在 FIDIC 合同条件第二部分要明确填写工程师的公司名称。因此,为国际交往的便利,均采用工程师称谓。

1.合同管理的内容

在工程项目实施阶段,咨询公司涉及管理的合同有业主、咨询公司之间签订的服务协议,咨询公司与各专业公司签订的咨询服务协议,业主与承包商之间签订的工程施工承包合同等。

以下主要阐述工程师进行施工承包合同管理的内容。

(1)按承包商的工作进度计划对项目进行进度控制

按 FIDIC 合同条件规定,工程师在发出中标函后,承包商应在合同规定的时间内向工程师提交一份可行的工程进度计划供其审批。该进度计划是进行以下工作所必需的:

①材料、设备的采购与供应;

②工程师监督工程进度；

③工程师安排提供图纸、发布指示等；

④确定提出指定分包合同的时间；

⑤协调承包商与其他各方关系等。

（2）工程计量与支付管理

工程计量与支付管理是合同管理的核心，工程师应谨记承包商的每道工序、每一分项工程，必须在工程师验收合格后，再进行计量与支付。对不合格的工序和分项工程，不予计量。在进行计量与支付时，必须遵守合同规定的方法和程序。

（3）工程质量监督与验收

在施工过程中，工程师必须严格按照 ISO9000 系列标准和合同规定的其他质量标准，对施工质量进行检查，在承包商提出申请时，对承包商已完工程进行质量验收，包括阶段验收和整个工程的竣工验收，并对验收合格的工程签字认可。

（4）工程变更管理

无论哪一方提出工程变更请求，工程师均应与各方协商，在达成一致意见后，签发工程变更令，并按合同有关规定进行变更工程的估价。

（5）工程索赔管理

索赔包括工期索赔和费用索赔。处理索赔问题常涉及技术、经济和法律等方面的问题，工程师必须按合同规定的索赔程序和方法，公平、合理、及时地解决索赔争议，以便顺利完成合同。

（6）分包管理

分包管理具有两方面含义，即一般分包合同管理和指定分包合同管理。FIDIC 合同条件规定"承包商不得将整个工程分包出去。除合同另有规定外，无工程师的事先同意，承包商不得将工程的任何部分分包出去。"这是合同授予工程师进行工程分包管理的权力，工程师必须依此批准合格的分包商实施分包项目。指定分包与一般分包的主要区别是合同条件中单列"指定分包商"条款。在承包商无故拖延对指定分包商的支付时，业主有权直接向指定分包商支付分包合同款，并从应支付给承包商的任何款项中扣回。

（7）合同文件的澄清

在构成合同的各个文件出现含糊和歧义时，工程师要进行解释和纠正，并负责向有关各方解释合同，必要时发布书面解释文件。

2. 合同管理的具体方法

工程师在进行合同管理时，常采用的方法有发布书面指示和通知、召开施工现场会议和特殊会议、监督记录等。

（1）书面指示和通知

工程师的书面指示将构成合同的一部分，具有法律效力。因此，工程师必须按照合同规定的程序发布书面指示和进行口头指示的书面确认。工程师在项目实施过程中经常发布下列书面指示：

①开工指示；

②工程师代表及其助理的任命通知书和权力委托书；

③临时会议通知；

④暂停或恢复支付工程款指示；

⑤暂停施工和复工指示；

⑥工程变更指示；

⑦修改进度计划指示；

⑧需颁发的其他指示等。

(2)施工现场会议

第一次现场会议应在中标通知书发出之后工程师认为合理的时间召开。参加会议的业主、工程师和承包商将协商和检查工程的准备情况，工程师根据会议协商的结果，确定工程开工日期，适时发出开工指示。

在工程进展中，应定期召开现场会议，协调和商讨有关事宜。一般涉及下列内容：检查上次现场会议纪要的执行情况，制订新的短期工程进度计划，承包商到场的施工人员、机械设备和材料状况，技术、财务、合同事宜，与有关部门协调事宜，下次会议召开的时间以及其他方面需解决的问题。

(3)监督记录

①日志

工程师应每日记录或指示其代表每日记录施工现场工程进展的具体情况，同时，每周应对承包商的施工进度、施工质量和技术以及其他方面的问题做出评价。日志应制定一个标准表格供有关人员直接填写。日志应记录的具体内容简述如下：现场施工记录，包括天气状况、施工操作面的部位、人员及机械配备、发生的问题及解决方法以及其他方面的情况。工程师的工作记录包括：做出的决定和发出的指示、通知，与他人达成的各种协议，协调现场各方工作的有关内容等。

②报表资料

工程师应每月向业主提交一份月报，其内容一般包括承包商实施合同的基本情况、工程进度、财务、施工现场情况以及需进一步解决的问题。

③来往文件

建立收发文件记录，需记录的内容包括各类正式函件、便函和草图、会议纪要、承包商发来的文件、业主发来的文件、地方当局发来的文件以及其他与工程实施有关的文件。

④计量与支付情况记录

计量记录，包括计量的工程部位、计量过程、计量方法以及其他与此次计量有关的事宜。支付中常采用的表格，包括支付月报表、费用索赔表、工程变更一览表、计日工一览表、价格调整表、现场材料计量表、财务支付报表以及工程进度表等。

⑤质量检验记录

质量检验记录的内容，包括检验的工程名称和部位，完工日期，检验日期，施工单位，检验依据的标准、规范，其他与检验相关的数据资料以及检验的结论。

（4）文档管理

①文档管理包括：一般函件；业主函件；承包商函件；工程师内部往来函件；会议纪要。

②支付记录和证书

a.索赔文件，包括承包商的索赔报告、批准的索赔文件、承包商保留进一步索赔权力的文件；

b.计日工和暂定金额，这两个项目的实施均需工程师发布书面指示，同时工程师应说明费率的确定方法；

c.证书，包括中间支付证书（承包商的付款申请和工程师的支付证书）、移交证书、缺陷责任证书和最终证书；

d.价格调整，包括依据的资料和调整方法；其他如各种结算单据和进度报告等。

③合同

a.合同文本；

b.规范、图纸，包括变更的内容；

c.工程变更。

7.2 国际工程变更管理

任何工程项目在实施过程中由于受到多种外界因素的干扰，都会发生不同程度的变更。事前无法对变更做出具体预测，而在开工后又无法避免。因此，变更管理在合同管理中尤为重要。各种标准合同条件，对变更均做出明确规定。

变更包括两方面含义：工程变更和合同文件变更。

（1）FIDIC合同条件13.1规定"在颁发工程接收证书前的任何时间，工程师可通过发布指示或要求承包商提交建议书的方式提出变更。同时，承包商应遵守并执行每项变更"。因此，工程或其中任何部分的形式、质量或数量上的变化，均应视为变更。构成变更的前提条件是工程师必须对需要变更的内容发出书面变更指示，否则，不能视为变更。无论在口头，还是在书面交流中，人们将"变更"称为"工程变更"。

（2）工程师在项目实施过程中，参照国际惯例，认为对工程投保有利于保护业主和承包商双方的利益，建议业主修改合同条件。经各方协商，由承包商直接向保险公司投建筑工程一切险和第三者责任险，对原合同条件第二部分中的第21条和第23条进行修改。投保的费用由业主承担。合同修改的方式是由工程师发布工程变更令。由于是合同文件的变更，故业主和承包商又签订补充协议书，明确说明变更的内容和费用承担问题。

7.2.1 工程变更原因和引起的问题

1.工程变更原因

（1）施工条件的变化

经常是出现不利的自然条件导致施工现场条件恶化，无法按原方案施工。

(2)工程范围发生变化

经常是根据业主的要求增加或删减某些项目、改变质量标准等导致原工程范围发生较大变化。

(3)设计原因

由于设计考虑不周,不能满足工程施工或业主的需要,或发现计算错误等。

(4)合同文件缺陷

合同文件本身缺陷导致合同变更。如招标文件提供的资料有缺陷。

(5)法律、法规变化

由于工程项目所在国的法律、法规引起的变更。

2.工程变更引起的问题

工程变更导致的直接结果是工程项目费用的增减和工期的变化。

工程变更的不可预见性导致对工程变更进行控制是非常困难的。承包商往往将工程变更视为向业主索赔费用和工期的大好机会,在实施项目过程中,只要发生与原合同不符的工作内容,都想方设法让工程师发布变更指示,使索赔合法化。而业主希望在满足设计和功能要求的前提下,使变更的范围缩小到最低限度,以减少其投资。业主和承包商在主观愿望上,背道而驰,这就增大了变更管理的难度,有时会对项目的实施产生不利影响。

7.2.2　工程变更方式和程序

1.工程变更的方式

工程的任何变更都必须获得工程师的批准,工程师有权要求承包商进行其认为是适当的任何变更工作,承包商必须执行工程师为此发出的书面变更指示。如果工程师由于某种原因必须以口头形式发出变更指示时,承包商应遵守该指示,并在合同规定的期限内要求工程师书面确认其口头指示,否则,承包商可能得不到变更费用。

2.工程变更的程序

(1)提出工程变更

工程师、业主和承包商均可提出工程变更请求。

工程师提出变更多数是发现设计中的不足或错误。变更工作的设计可以由工程师承担,也可以指令承包商完成。

承包商提出的工程变更主要是考虑便于施工,同时也考虑在满足项目相同功能要求的前提下,降低工程费用,缩短工期(业主易于接受变更工程的请求)。承包商提出变更时,除说明变更原因外,尚需提交变更后的设计图纸和相应的计算书。

业主提出工程变更,则常常是为了满足使用上的要求。业主提出的变更同样需要说明变更原因,提交设计图纸和有关计算书。

(2)审查和批准工程变更

对工程的任何变更,工程师必须与项目业主进行充分协商,最后由工程师发出书面变更指示。项目业主可以委任工程师一定的批准工程变更的权限(一般是规定工程变更的费用额),在此权限内,工程师可自主批准工程变更,超出此权限则须由业主批准。

工程师批准工程变更的原则如下:

①变更后的工程不能降低使用标准;

②变更项目在技术上可行;

③变更后的工程费用业主可以接受;

④变更后的施工工艺不宜复杂,且对总工期的影响保持在最低限度。

(3)编制工程变更文件,发布工程变更指示

一项工程变更应包括以下文件:

①工程变更指示,包含如下内容:工程变更指示顺序编号及发出日期;工程项目名称和合同号;工程变更的原因及详细变更内容说明(应说明根据合同的哪一条款发出变更指示;变更工作是马上实施,还是在确定变更工作的费用后实施;承包商发出要求增加变更工作费用和延长工期的通知的时间限制;变更工作的内容等);咨询公司名称;咨询方授权代表签字;承包商名称;承包商授权代表签字(承包商签字表明其已收到上述变更的详细资料,同时将本变更指示签字后的副本退还工程师);此变更指示抄送的公司名称和人员名单。

②工程变更指示附件,包括工程量表、工程变更设计图纸和其他与实施变更工作有关的文件等。

(4)承包商向工程师发出对变更工作索取额外支付的意向通知

承包商向工程师发出对变更工作索取额外支付的意向通知是进行估价的先决条件,必须在发出下列通知之一后,进行变更工作的估价,否则不予估价。

①由承包商将其对变更工作索取额外付款或变更费率或价格的意图通知工程师。承包商在收到工程师签发的变更指示时,应在指示规定的时间内,向工程师发出该通知,否则承包商将被认为自动放弃调整合同价款的权利。

②由工程师将其改变费率或价格的意图通知承包商。工程师改变费率或价格的意图,可在签发的变更指示中进行说明,也可单独向承包商发出此意向通知。

(5)变更工作的估价

变更工作的估价,即确定费率和价格,其程序如下:

①如工程师认为适当,应以合同中规定的费率和价格进行估价。

②如合同中未包括适用于该变更工作的费率和价格,则应在合理的范围内使用合同中的费率和价格作为估价的基础。

③如工程师认为合同中没有适用于该变更工作的费率和价格,则工程师在与业主和承包商进行适当的协商后,由工程师和承包商议定合适的费率和价格。

④如未能达成一致意见,则工程师应确定他认为适当的此类另外的费率和价格,并相应地通知承包商,同时将一份副本呈交业主。

上述费率和价格在同意或决定之前,工程师应确定暂行费率和价格,以便有可能作为暂付款,包含在当月发出的证书中。当合同中规定以多于一种的货币进行支付时,应说明以不同货币进行支付的比例。

(6)变更工作的费用支付

如果承包商已按工程师的指示实施变更工作,工程师应将已完成的变更工作或部分完成的变更工作的费用,加入合同总价中,同时列入当月的支付证书中支付给承包商。

7.3　国际工程承包索赔管理

7.3.1　索赔管理概述

1. 索赔的定义

索赔的含义非常广泛。在国际工程承包活动中,索赔是指签订合同的一方依据合同有关规定,向另一方提出调整合同价格、调整合同工期,或其他方面的合理要求,以弥补自己的损失,维护本身的合法权益。在国际工程承包实践中,经常使用索赔和反索赔的概念。前者是承包商向业主提出索赔,后者则是业主向承包商提出索赔。索赔包含了四层意思:

①一方认为是他应获得的;

②向对方申请或要求;

③双方尚未达成协议;

④索要的是一种权利或付款。

2. 索赔的原因

建设项目由于本身特点,使其在实施过程中,受到多种因素的干扰,如水文地质条件、政策法规变化、人为干扰等,其中人为干扰最多。这些干扰因素导致制订的计划与实际差别较大,增加了施工的风险性。

承包商承揽工程项目,其唯一目的是获取利润,维持其生存和发展,但其履约行为又受到合同的制约。承包商为了达到盈利目的,必须采取合法途径,在费用超支时,利用合同中可以引用的条款提出索赔,以保护自己的利益。因此,在国际工程承包活动中,随时可能发生各种难以预料的索赔情况,关键是要把握索赔时机。

导致承包商实施工程的费用增加和造成工期延误的主要原因列举如下:

(1)施工条件变化

在工程施工中,尽管在开始施工前承包商已分析了地质勘查资料,并且也进行了现场考察,但对于施工现场条件,尤其是现场地质条件,很难准确无误地发现全部问题,而这些问题一旦出现,会对合同价格和合同工期产生较大影响。经常遇到的施工条件变化包括:

①不利的外界障碍和条件,如无法合理预见的地下水、地质断层等;

②发现化石、古迹等;

③发生不可抗力事件,如洪水、地震等自然灾害。

(2)工程师方面的原因

工程师在实施项目过程中,利用施工承包合同及咨询服务合同赋予他的权力,承担监督和服务的角色。他必须监督承包商按合同规定实施项目,同时需要在各方面协助承包

商顺利完成项目。因此,工程师的言行,也是承包商提出索赔的主要原因,现列举如下:

①工程师未能按时向承包商提供施工所需图纸;

②工程师提供不正确的数据;

③工程师指示(如指示承包商进行合同规定外的勘探、试验、剥露、指示暂停施工等);

④工程变更:有的变更工作必须在工程师发布变更指示后马上实施,有的则在确定变更工作的费率或价格后再实施。

(3)业主方面的原因

业主方面的原因包括以下三方面:

①业主风险,如战争、叛乱、暴乱等;

②业主未能提供施工所需的足够大的现场;

③业主违约,如未及时向承包商支付已完成工程款项,或因某种原因提出终止合同等。

(4)合同本身的原因

①合同论述含糊不清;

②合同规定为其他承包商提供服务;

③合同额增减超过 15%;

④法律、法规的变化,货币及汇率的变化。

3. 索赔的分类

关于施工索赔的分类方法有很多,本书仅介绍几种常用的分类方法。

(1)按发生索赔原因分类

在每一项承包商提出的索赔中,必须明确指出索赔产生的原因。根据国际工程承包的实践,具体划分索赔类型如下:

①工程变更索赔;②不利自然条件和人为障碍索赔;③加速施工索赔;④施工图纸延期交付索赔;⑤提供的原始数据错误索赔;⑥工程师指示进行额外工作索赔;⑦业主风险索赔;⑧工程师指示暂停施工索赔;⑨业主未能提供施工所需现场索赔;⑩缺陷修补索赔;⑪合同额增减超过 15% 索赔;⑫特殊风险索赔;⑬业主违约索赔;⑭法律、法规变化索赔;⑮货币及汇率变化索赔;⑯劳务、生产资料和设备价格变化索赔;⑰拖延支付工程进度款索赔;⑱终止合同索赔;⑲合同文件错误索赔。

(2)按索赔目的分类

按施工索赔的目的分为工期索赔和费用索赔。承包商进行工期索赔主要是为了避免由于工程延误,需向业主支付误期损害赔偿费。

(3)按索赔依据分类

①依据合同条件进行的索赔

在索赔事件发生后,承包商可根据合同中某些条款的规定提出索赔。由于合同中有明确的文字说明,承包商索赔的成功率较高。这些合同条件称为明示条款。

②合同未明确规定的索赔

某些索赔事项,无法根据合同的明示条款直接进行索赔,但可以根据这些条款的隐含内容合理推断出承包商具有索赔的权利,则这种索赔是合法的,同样具有法律效力。在此情况下,承包商如果有充分的证据资料,就能索赔成功。

③道义索赔

既然是道义上的索赔,承包商则不可能依据合同条件或合同条件中的隐含意义提出索赔。如承包商由于投标价过低或其他承包商的原因而遭受了巨大损失,但在施工过程中,承包商仍能竭尽全力去履行合同,业主在目睹承包商的艰难困境后,出于道义上的原因,可能在承包商提出要求时,给予一定的经济补偿。由于这种索赔几乎没有任何合同依据,成功的概率很小。

(4)按索赔处理方式分类

①单一事件索赔

在某一索赔事件发生后,承包商立即编制索赔文件,向工程师提出索赔要求。单一事件索赔的优点是涉及范围不大,索赔金额小,工程师证明索赔事件比较容易。同时,承包商也可以及时得到索赔事件产生的额外费用补偿。这是常用的一种索赔方式。

②综合索赔

综合索赔,俗称一揽子索赔,是对工程项目实施过程中发生的多起索赔事件,综合在一起,提出一个总索赔额。造成综合索赔的原因如下:

a.承包商施工过程受到严重干扰,如工程变更过多,无法执行原定施工计划等,且承包商难以保持准确的记录和及时收集足够的证据资料;

b.施工过程中的某些变更或索赔事件,由于各方未能达成一致意见,承包商保留了进一步索赔的权利。

在上述条件下,无法采取单一事件索赔方式,只好采取综合索赔。综合索赔一般是在履行合同过程中,提出对索赔事件保留索赔权,而在工程项目基本完工时提出,或在竣工报表和最终报表中提出。

4. 索赔的重要意义

在履行合同义务过程中,当一方的权利遭受损失时,向对方提出索赔是弥补损失的唯一选择。无论是对承包商还是对业主,做好索赔管理都具有重要意义。

国际承包商由于其所处的特殊地位,加之承包项目工期长、易受多种外界和人为因素干扰,以及承包市场的激烈竞争,国际工程承包商的经营风险越来越大。为在承包市场的激烈竞争中求得生存和发展,就必须不断提高经营管理水平,尤其是合同管理水平,这是提高索赔成功率的关键。

(1)索赔是为了维护应得权利

双方签订的合同,应体现合理原则。在履行合同过程中,双方均可利用合同赋予自己的权利,要求得到自己应得的利益。因此,在国际工程承包经营中,承包商可以大胆地运用施工承包合同赋予自己进行索赔的权利,对在履行合同义务中产生的额外支出提出索赔。实践证明,如果善于利用合同进行施工索赔,可能会获得相当大的索赔款额,有时索赔款额甚至可能超过报价书中的利润。因此,施工索赔已成为承包商维护自己合法利益的关键性方法。

（2）有助于提高承包商的经营管理水平

索赔能否获得成功关键在于承包商是否有较高的合同管理水平，尤其是索赔管理水平，以及是否能够制定出切实可行的索赔方案。因此，承包商必须要有合同管理方面的人才和现代化的管理方法，能够科学地进行施工管理，系统地对资料进行归类存档，正确、恰当地编写索赔报告，有策略地进行索赔谈判。现代化的管理方法也在实践中不断得到了总结和完善，这些均提高了承包商的经营管理水平和在国际工程承包市场上的竞争力。

7.3.2 工程索赔依据与索赔程序

FIDIC合同条件索赔程序规定了各方在索赔事件发生后，如何在限定的时间内发出索赔通知和提交有关证明资料，并保持事件的同期记录，做到有章可循。

1. 索赔依据

承包商或业主提出索赔，必须出示具有一定说服力的索赔依据，这也是决定索赔是否成功的关键因素。索赔依据一般包括以下几方面：

（1）构成合同的原始文件

构成合同的原始文件一般包括合同协议书、中标函、投标书、合同条件第二部分、合同条件第一部分、规范、图纸以及标价的工程量清单。构成合同的原始文件是承包商投标报价的基础，是施工索赔的主要依据。承包商在投标书中对合同中涉及费用的内容均进行了详细的计算分析。承包商提出施工索赔时，必须明确说明所依据的具体合同文件。

（2）工程师的指示

工程师在施工过程中会根据具体情况随时发布一些书面或口头指示，承包商必须执行工程师的指示，同时也有权获得执行该指示而发生的额外费用。但应切记：在合同规定的时间内，承包商必须以书面形式要求工程师确认其口头指示，否则，将视为承包商自动放弃索赔权利。工程师的书面指示是索赔的有力证据。

（3）来往函件

合同实施期间，参与项目的各方会有大量往来函件，涉及内容多、范围广。但最多的还是工程技术问题，这些函件是承包商与业主进行费用结算和向业主提出索赔所依据的基础资料。

（4）会议记录

从商签施工承包合同开始，各方会定期或不定期地召开会议，商讨解决合同实施中的有关问题。工程师在每次会议后，应向各方送发会议纪要。会议纪要内容会涉及较多的敏感性问题，因此，各方均需核签。

（5）施工现场记录

施工现场记录包括施工日志、施工质量检查验收记录、施工设备记录、现场人员记录、进料记录以及施工进度记录等。施工质量检查验收记录要有工程师或工程师授权的相应人员签字。

（6）工程财务记录

在施工索赔中，承包商的财务记录非常重要，尤其在索赔是按发生的实际费用计算时更是如此。因此，承包商应记录工程进度款支付情况、各种进料单据、各种工程开支收据等。

（7）现场气象记录

在施工时，如果遇到恶劣的气候条件，除提供施工现场的气象记录外，承包商还应向业主提供政府气象部门对恶劣气候的证明文件。

（8）市场信息资料

市场信息资料主要是指国际工程市场劳务、施工材料的价格变化资料，外汇汇率变化资料等。

（9）政策法令文件

工程项目所在国或承包商国家的政策法令变化，可能给承包商带来益处，也可能带来损失。承包商应收集这方面的资料，及时提出索赔。

2. 索赔程序

FIDIC 条件下的索赔程序，为业主和承包商均提供了一个公平合理的索赔处理方式，双方中无论哪一方，如果欲向对方索取费用和工期补偿，就必须遵守该索赔程序，否则将不会得到任何补偿。该程序对索赔的通知和证明均有时间限制，并要求保持同期记录。具体索赔程序如下：

（1）提出索赔意向通知

凡是由于业主或工程师方面的原因，或由于其他非承包商原因，造成工程范围或工程量的变化，引起工程拖期或费用增加时，承包商均有权提出索赔，但应在合同规定的时间内向工程师发出索赔意向通知。

当出现索赔事件时，承包商应在引起索赔的事件第一次发生之后的 28 天内，将其索赔意向通知工程师，并送交业主一份副本。同时承包商应继续施工，并保持同期记录。如承包商能主动请工程师检查索赔事件发生时的同期记录，并请工程师说明是否需做其他记录，这对保证索赔成功是非常必要的。承包商应允许工程师审查所有与索赔事件有关的同期记录，在工程师要求时，应向工程师提供同期记录的副本。

（2）报送索赔资料

承包商应在发生索赔事件后，尽快准备索赔资料，在向工程师发出索赔通知后的 28 天内或在工程师同意的合理时间内，向工程师报送一份索赔报告，说明索赔款额和索赔依据。

如果索赔事件具有连续性影响，承包商的上述报告将被认为是第一次临时详细报告，并每隔 28 天或按工程师合理要求的时间间隔，提交进一步的临时详细报告，说明索赔的累计总额和本期索赔款额及依据。承包商在索赔事件所产生的影响结束后 28 天内向工程师发出一份最终详细报告，说明索赔的最终总额、工期延长天数和全部的索赔依据。

（3）索赔报告的编写

承包商的索赔可分为工期索赔和费用索赔，一般应分别编写和报送索赔报告。一个完整的索赔报告应包括如下内容：

a.总论部分,概括地叙述索赔事项,包括事件发生的具体时间、地点、原因和产生持续影响的时间;

b.合同论述部分,主要说明依据合同文件中的哪些条款提出该项索赔;

c.索赔款额和(或)工期延长的计算论证;

d.证据部分,包括收据、发票和照片等。

(4)索赔处理

按国际工程施工索赔的处理惯例,工程师收到承包商发出的索赔通知后,在不必承认业主责任的情况下,应马上审查承包商的同期记录,并要求承包商补充必要的资料。同时,工程师应论证索赔原因、索赔依据、索赔款额和应给予的工期延长值,并与业主和承包商进行适当协商,做出索赔事项的处理决定。

对于有连续性影响的索赔事件,工程师应在收到承包商提交的临时详情报告后,做出临时延期和临时支付索赔款的决定。在收到最终详情并经核实全部情况后,工程师应与业主和承包商进行协商,对该索赔事件所需延长的全部工期和应支付的费用做出最终决定。但需注意,最终决定的结果不应导致减少工程师已决定给予的工期延长值和费用索赔值。

如果承包商提供的索赔报告为工程师确定应付的全部或部分金额时,则工程师应在当月支付证书中包含承包商已签证的全部或部分索赔款额。

如果承包商不满意工程师对索赔的处理决定,则须采取下列方法之一对工程师的决定做出反馈。

①向工程师发出对该索赔事件保留继续进行索赔权利的意向通知,等颁发整个工程的移交证书后,在提交的竣工报表中进一步索赔;

②在合同规定的时间内进行友好协商解决或提交仲裁。

7.3.3 索赔计算

1. 索赔费用的组成

索赔费用应与投标合同价的每一项费用相对应,包括直接费、间接费、利润和其他应补偿的费用。其组成项目如下:

(1)直接费

①人工费,包括人员闲置费、加班工作费、额外工作所需人工费、劳动效率降低和人工费的价格上涨等费用。

②材料费,包括额外材料使用费、增加的材料运杂费、增加的材料采购及保管费用和材料价格上涨费用等。

③施工机械费,包括机械闲置费、额外增加的机械使用费和机械作业效率降低费等。

(2)间接费

①现场管理费,包括工程师食宿设施、承包商人员食宿设施、监理费、代理费、交通设施费以及其他费用。

②上级管理费,包括办公费、通信费、差旅费和职工福利费等。

③利润,一般包括合同变更利润、合同延期机会利润、合同解除利润和其他利润。

④其他应予以补偿的费用,包括利息、分包费、保险费用和各种担保费等。

2. 工期索赔的计算

(1)工期索赔的原因

在施工过程中,由于各种因素影响,承包商不能在合同规定的工期内完成工程,造成工程拖期。造成拖期的一般原因如下:

①非承包商原因

由于下列非承包商原因造成的工程拖期,承包商有权获得工期延长:

a.合同文件含义模糊或歧义;

b.工程师未在合同规定的时间内颁发图纸和指示;

c.承包商遇到一个即使是有经验的承包商都无法合理预见到的障碍或条件;

d.处理现场发掘出的具有地质或考古价值的遗迹或物品;

e.工程师指示进行未规定的检验;

f.工程师指示暂时停工;

g.业主未能按合同规定的时间提供施工所需的现场和道路;

h.业主违约;

i.工程变更;

j.异常恶劣的气候条件。

上述 10 种原因可归结为以下三大类:

a.业主原因,如未按规定时间提供现场和道路占有权,增加额外工程等;

b.工程师原因,如设计变更、未及时提供施工图纸等;

c.不可抗力,如地震、洪水等。

②承包商原因

承包商在施工过程中可能由于下列原因,造成工期延误:

a.对施工条件估计不充分,制订的进度计划过于乐观;

b.施工组织不当;

c.承包商自身的其他原因。

(2)工程拖期的分类及处理措施

工程拖期可分为如下两种情况。

①由于承包商的原因造成的工程拖期,定义为工程延误,承包商须向业主支付误期损害赔偿费。工程延误也称为不可原谅的工程拖期。这种情况下,承包商无权获得工期延长。

②由于非承包商原因造成的工程拖期,定义为工程延期,也称为可原谅的工程拖期,承包商有权要求业主给予工期延长。但是否能获得经济补偿要视具体情况而定。因此,可原谅的工程拖期又可分为:

a.可原谅并给予经济补偿的拖期,拖期的责任者是业主或工程师;

b.可原谅但不给予经济补偿的拖期,这往往是由于客观因素造成的拖期。

上述两种情况下的工期索赔可按表 7-1 处理。

表 7-1 工期索赔处理原则

索赔原因	是否可原谅	拖期原因	责任者	处理原则	索赔结果
工期进度拖延	可原谅	(1)修改设计 (2)施工条件变化 (3)业主原因拖期 (4)工程师原因拖期	业主	可给予工期延长,可补偿经济损失	工期+经济补偿
		(1)异常恶劣气候 (2)工人罢工 (3)天灾	客观原因	可给予工期延长,不给予经济补偿	工期
	不可原谅	(1)效率不高 (2)施工组织不当 (3)设备材料供应不及时	承包商	不延长工期,不补偿损失,向业主支付误期损害赔偿费	无权索赔

(3)共同延误下工期索赔的有效处理方法

承包商、工程师或业主,或某些客观因素均可造成工程拖期。但在实际施工过程中,工程拖期经常是由上述两种以上的原因共同作用产生的,在这种情况下,称为共同延误。

所谓有效期处理方法是指承包商在此有效期内可得到工期延长或既可得到工期延长又可得到经济补偿。可依据下述原则确定拖期索赔的有效期:

①判别造成拖期的哪一种原因是最先发生的,即确定初始延误者,初始延误者首先应对工程拖期负责。在初始延误发生作用期间,其他并发的延误者不承担拖期责任。

②如果初始延误者是业主,则在业主造成的有效延误期内,承包商既可得到工期延长,又可得到经济补偿。

③如果初始延误者是客观因素,则在客观因素产生影响的有效期内,承包商可以得到工期延长,但很难得到经济补偿。

3.工程师的反索赔管理

反索赔是指业主向承包商提出的索赔要求。它与承包商向业主提出的索赔要求是对立统一的。反索赔一般是指工程师在对承包商提出的索赔进行审核评价时,指出其错误的合同依据和计算方法,否定其中的部分索赔款额或全部索赔款额;此外,也包括工程师依据合同内容,代表业主对承包商的违约行为提出反索赔要求。按反索赔的目的,可分为工期索赔和费用索赔。

反索赔的根本目的是维护业主的利益,因此,从反索赔的实质分析,其工作内容如下:

(1)审核评价承包商的索赔报告

①审定索赔权

任何一项索赔必须依据合同的某些条款或内容提出,这也是审定承包商是否具有索赔权的主要内容。在审核中应审定承包商索赔报告中的以下内容:

索赔通知书,即审核承包商是否就索赔事件在合同规定的时间内向工程师发出索赔的意向通知,如果没有则认为其自动放弃索赔权利。

索赔依据:处理索赔的原则是以事实为依据,以合同为准绳。因此承包商的索赔必须明确说明是依据合同的哪些条款提出的,并有充分的理由证明承包商对索赔事件不负任何责任。

工程师在审核索赔依据时,有权否定不合理的或模棱两可的内容。

②审核索赔款额

在肯定承包商索赔权的前提下,工程师应对承包商的索赔计算方法进行逐项核实,剔除不合理的计价项目和计价方法,同时应说明不合理的原因,最后计算出索赔总价。

(2)向承包商提出索赔

业主对承包商的违约行为可提出费用索赔。但由于业主是买方,同时也是投资方,其最终目的是按时并保质保量完成项目,一般情况下,不单独向承包商提出费用索赔,而是采用保留索赔权的方式,针对承包商的违约行为向其发出警告或索赔的意向通知。

如承包商内部组织不当,导致施工速度过慢,并已明显影响到总工期时,工程师可向承包商发出警告,并向承包商说明工程拖期的后果。如果在工程竣工日时还未完成项目,可颁发延误证书,说明工程应予完工的日期和承包商应对拖期完工负全部责任,则误期损害赔偿费的起算日期即为延误证书中注明的日期。这些书面警告、指示和证书,对承包商都是一种约束,既维护了业主的利益,又不使双方的关系过于紧张,这也有利于工程的顺利实施。

只有在特殊情况下,业主才向承包商提出反索赔。如由于承包商违约,导致合同提前终止,则在双方进行清算时,业主可向承包商提出费用索赔。

7.4　国际工程争端处理

7.4.1　适用的法律

国际工程承包合同中,不仅应规定解决争端遵循的程序,还应明确规定适用于承包合同的法律,以便双方在履行合同义务方面严格遵守该法律,减少某些违约行为,同时,也便于在处理双方争议时,做到有法可依。

1. 工程项目所在国对适用于合同的法律做出强制性规定

作为工程项目业主,根据国家法律强制性规定,在其合同文本中往往已规定了适用于合同的法律。承包商根本没有选择适用于合同的法律权利,必须据此签订合同。在这种情况下,承包商必须熟悉工程项目所在国的各种法律,但由于国际工程项目涉及的法律种类繁多,因此,聘请当地的律师处理一些法律事务十分重要。

2. 合同双方可自由选择适用于合同的法律

双方在做出选择时应考虑以下因素:

（1）法律的公平性

所选择的法律对双方应公平，如果在某些强制性规定方面对某方当事人产生较大的利益损失，则将影响合同的顺利实施，而且在出现争端时，会影响合同争端的顺利解决。

（2）法律的完备性

各国的法律制度和社会习俗有很大差别。法律是否健全，关系到双方是否能够严格履行合同义务，顺利解决争端事宜，圆满完成合同。因此，如果选择的法律具有某种缺陷，则应在相应的合同条款中，对此做出补充规定或说明可以采取的补救措施。

（3）合同有效期内，法律的变更和新颁布的法律

在合同履行过程中，工程项目所在国的法律、法规、政策可能会变更，或新颁布一些规定细则，这些法律、法规的变化，可能会给合同当事人带来益处，也可能带来损失。为确保合同双方利益不受损害，应在合同中对此做出明确规定。

（4）总包合同和分包合同应适用于同一法律

在大部分争议事项中，既涉及承包商，也涉及分包商，为便于协调和处理争议事项，在总包合同和分包合同中，应采用同一法律。

7.4.2　解决争端的方式

在合同各方之间出现争端时，只要各方本着求同存异的原则就能顺利解决争端。解决争端的方式很多，但应首选既省时又省力的友好协商解决方式，这也是各仲裁机构的愿望。

1. 友好协商解决

FIDIC 合同条件规定：在对争端事宜进行仲裁前，双方应首先将争端事宜提交工程师，由工程师做出处理决定，然后，如果某一方不接受工程师的决定，则应在合同规定的时间内，向对方发出提交仲裁的意向通知，同时将一份副本送交工程师。在发出将争端事宜提交仲裁的通知后 56 天内设法友好协商解决，否则，将在该通知发出 56 天后（包括第 56 天），开始仲裁。由此可以看出，在 FIDIC 合同条件中给予争议各方两次通过友好协商方式解决争端的机会，充分强调了友好协商解决争端的重要性，即避免耗时、费力、昂贵的仲裁。

友好协商解决有以下两种方式：

（1）双方当事人直接进行谈判解决争端，通常是解决争端的首选方法，既快捷又经济，双方在谈判中，互谅互让，达成解决争端的一致意见。

（2）邀请中间人进行调节来解决争端。这里的中间人是指双方均熟悉且值得信赖的某个人或专门的组织。中间人通过与争议双方充分接触，在全面调查研究的基础上，对所争议的事项提出一个公正合理的处理建议供双方参考并接受，该建议对双方无约束力。中间人是在与双方充分协商的基础上提出此建议的，故一般情况下，如果双方本着求同存异的原则，希望和谐地完成全部合同义务，就能圆满解决问题。遗憾的是，有时双方各持己见，不愿做出任何退让，最后只得进行仲裁或向法院提起诉讼。

2. 争端评审委员会方式

争端评审委员会方式是在国际工程承包实践中逐步发展起来的一种新的解决争端的

方式。在世界银行贷款项目中,曾多次成功地采用该方式解决争端。

该方式的优点是处理争端快捷省时;解决争议的地点是施工现场,对项目的干扰最小;解决争端所需费用低;争端评审委员会成员均是双方认可的技术专家,解决争端的建议便于争议双方接受和执行。

争端评审委员会方式是介于工程师处理争议和仲裁或诉讼处理争议之间的一种解决争端的方式。其处理争端的程序并不影响工程师处理争议事项的程序。当任一方对工程师的决定不满意时,可将争端事项提交争端评审委员会进行解决。如果在合同规定的时间内,任一方不满意争端评审委员会做出的决定,仍然可以提交仲裁或提起诉讼。否则,争端评审委员会的决定将是终局性的,对双方均具有约束力。

通常争端评审委员会由3名成员组成,双方各指定一名,再由这两名成员指定第三名成员。在合同中应对争端评审委员会成员的基本要求、指定成员的方式、争端评审委员会的工作程序和工作方法做出规定。同时应规定争端评审委员会的成员应定期访问现场和召开各方参加的现场会议,了解工程的实际进展状况,听取各方对工程进展状况以及存在问题的说明,及时处理工程中产生的争端,对一些可能出现的争端事项提出避免方法。

如果合同双方决定采用争端评审委员会方式,则应在合同正式开始履行之前组成争端评审委员会,并在合同签订后开始工作。

3. 仲裁

FIFIC合同条件规定:对履行合同义务的任何争端事宜,应首先以书面形式提交工程师,并将一份副本送交对方。工程师应在收到该文件后的84天内将其决定通知业主和承包商,业主和承包商应立即执行工程师的决定。

如果任何一方不满意工程师的决定,应在工程师的决定变成最终决定之前向对方发出提交仲裁的意向通知。否则,在双方收到工程师有关决定的通知70天后,工程师的决定将变成最终决定,对双方均具有约束力。此时,如果一方拒不执行工程师的决定,则另一方可将此未履行行为提交仲裁,强制对方执行工程师的决定。

在处理争端事宜中应注意以下几点。

(1)发出提交仲裁通知的时间

在下列情况下,争议双方的任何一方,可向对方发出将争议事项提交仲裁的意向通知,同时,将一份副本送交工程师,该通知确定了发出通知方将争端提交仲裁的权利。通知发出后,工程师的决定对双方将不具有约束力,具体体现在以下两方面:

①对工程师的任何决定不满意,可在收到工程师的决定后70天内,向对方发出提交仲裁的意向通知书;

②工程师未能在收到一方提交的争端文件后84天内发出做作决定的通知,则在此84天期满后的70天内,向对方发出提交仲裁的意向通知。

(2)提交仲裁后的友好解决

争端事件提交仲裁后,双方应设法进行协商,友好解决争端。如果在提交仲裁的意向通知发出后56天内未达成一致,则开始仲裁。

（3）仲裁

除非双方另有协议，否则所有争端均应按国际商会的调解与仲裁章程进行仲裁，由一名或数名仲裁人予以最终裁决。

工程师在收到任一方提交的争端事宜时，应注意，最好由工程师公司中的一位资历较深，且未参与本合同日常管理的人来处理。

在国际经济合作中，由于有联合国发布的《承认及执行国外仲裁裁决公约》的约束，不仅所有该公约的缔约国，而且世界上绝大多数的国家都承认和执行国际仲裁机构的裁决。因此，胜诉方可向对方所在国的法院提起诉讼，由法院强制对方执行仲裁裁决。

4. 诉讼

诉讼是一种通过司法途径解决双方争端的方式。如果采用此种方式解决争端，应在合同条件中列入相应的条款，明确规定在出现合同争端时，应提交给某一指定法院进行审理和做出判决。

在提起诉讼后，整个审理过程应遵守该法院的诉讼规则和程序。在做出判决后，如果败诉方拒不执行法院判决，则胜诉方可请求法院予以强制执行；如果该法院无法强制败诉方执行判决，胜诉方可直接向有管辖权的外地或国外法院申请承认和执行。

法院在受理申诉后，其审理过程一般是公开的，故不利于保守当事人的商业秘密和维护当事人的商业信誉。如果争议涉及公司的商业机密应采用其他解决争端的方式。

7.5 FIDIC 合同

7.5.1 FIDIC 简介

菲迪克合同条件也称 FIDIC 合同条件，是由国际工程师联合会（法文缩写为 FIDIC；中文音译为菲迪克；英文名称为 International Federation of Consulting Engineers）出版的一系列合同条件，也称为合同格式。国际工程师联合会简称 FIDIC，是国际工程咨询权威性的行业组织，与世界银行等国际金融组织有着密切的联系。FIDIC 的各种文献，包括各种合同、协议标准范本、工作指南以及工作惯例建议等得到了世界各有关组织的广泛承认和实施，是国际工程以及工程咨询行业的重要指导性文献。

自 1957 年开始，国际工程师联合会在不同时期起草和编制了各种标准合同格式，已经形成了比较完整的合同体系。详见表 7-2。

表 7-2　　　　　　　　　　FIDIC 合同条件体系一览表

分类	合同文件名称	出版时间
第 1 版红皮书	土木工程施工（国际）合同条件	1957 年
第 2 版红皮书	土木工程施工（国际）合同条件	1969 年
第 3 版红皮书	土木工程施工（国际）合同条件	1977 年

（续表）

分类	合同文件名称	出版时间
彩虹族合同	土木工程施工（国际）合同条件（红皮书）	1987 年
	电气与机械工程合同条件（黄皮书）	1987 年
	设计—建造和交钥匙工程合同条件（橘皮书）	1995 年
	客户/工程师标准服务协议（白皮书）	1998 年
	土木工程施工分包合同条件	1994 年
新彩虹族合同	施工合同条件（新红皮书）	1999 年
	生产设备和设计—施工合同条件（新黄皮书）	1999 年
	设计采购施工（EPC）/交钥匙项目合同条件（银皮书）	1999 年
	简明合同格式（绿皮书）	1999 年
	疏浚和开垦工程合同条件（蓝皮书）	2001 年
	施工合同条件协调版	2005 年
	设计—建造和运营项目合同条件（金皮书）	2008 年
	施工分包合同条件（测试版）	2009 年

7.5.2　FIDIC 适用范围

由国际工程师联合会于 2002 年编写的权威性的《FIDIC 合同指南》涵盖了《施工合同条件》（新红皮书）、《生产设备和设计—施工合同条件》（新黄皮书）、《设计采购施工（EPC）/交钥匙项目合同条件》（银皮书），并规定了新版本（1999 年）FIDIC 合同条件适用范围，详见表 7-3。

表 7-3　　　　　　　新版本（1999 年版）FIDIC 合同条件适用范围一览表

合同条件名称	《FIDIC 合同指南》推荐使用的范围	通常实际应用范围	风险分配
施工合同条件	推荐用于由业主（或其代表）承担大部分（或全部）设计的建筑或工程项目。这种合同的通常规定：由承包商按照业主提供的设计进行工程施工。但该工程可以包含由承包商设计的土木、机械、电气和（或）构筑物的某些部分	各类大型或复杂工程主要工作为施工；业主负责大部分设计工作；由工程师承担施工监理和签发支付证书；按工程量表单价来支付已完成的工程量（即单价工程）	风险分担均衡
生产设备和设计—施工合同条件	推荐用于由承包商（或其代表）承担大部分（或全部）设计的电气和（或）机械设备供货和建筑或工程项目。这种合同通常规定：由承包商按业主要求，设计和提供生产设备和（或）其他工程，包括土木、机械、电气和（或）构筑物的任何组合	机电设备或其他基础设施项目及其他类项目；业主只负责编制项目纲要（业主要求）和永久设备性能要求，承包商负责大部分设计和全部施工安装任务；工程师负责监督设备制造、安装和施工及签发支付证书；在包干价格下实施里程碑支付方式，在个别情况下，也可以采用单价支付	风险分担均衡

（续表）

合同条件 名称	《FIDIC合同指南》 推荐使用的范围	通常实际应用范围	风险分配
设计采购施工（EPC）/交钥匙项目合同条件	推荐用于以交钥匙方式提供加工厂或动力厂；也可用于由一个实体承担全部设计和实施职责的，设计很少或没有地下工程的私人融资的基础设施项目。这种合同通常规定：由该实体进行全部设计、采购和施工（EPC），提供一个配套完善的设施（"转动钥匙"时）即可运行	大型生产性成套项目、基础设施项目、技术含量高的特殊性项目（地下工程多的除外）或卖方信贷或买方信贷项目；固定总价不变的交钥匙合同按里程碑方式支付；业主代表直接管理项目的实施过程，采取较宽松的管理方式，但竣工与竣工后检验严格，以保证完工项目的质量	项目风险大部分由承包商承担，但业主愿意为此多付出一定的费用
简明合同格式	推荐用于较简单或重复性的，或工期较短的，或资本额较小的工程项目	施工合同额较小（低于50万美元）、施工工期较短（低于6个月）；土木工程或机电工程；设计工作也可以由业主负责，也可以由承包商负责；合同可以是单价合同，也可以是总价合同，需在合同中规定	

7.5.3　FIDIC合同条件的内容与特点

1. FIDIC合同条件内容

FIDIC合同条件最新版本是1999年后出版的新彩虹族系列，包括《施工合同条件》（新红皮书）、《生产设备和设计—施工合同条件》（新黄皮书）、《设计采购施工（EPC）/交钥匙项目合同条件》（银皮书），其主要内容包括20条"通用条件"和各自的"专用条件"。国际工程师联合会、中国工程咨询协会在2003年编译了《FIDIC新版合同条件》（中译文版）、《FIDIC合同指南》（中英文对照本），比较详细地介绍了《施工合同条件》（新红皮书）、《生产设备和设计—施工工程合同》（新黄皮书）、《设计采购施工（EPC）/交钥匙项目合同条件》（银皮书）内容，《施工合同条件》（新红皮书）、《生产设备和设计—施工合同条件》（新黄皮书）、《设计采购施工（EPC）/交钥匙项目合同条件》（银皮书）的主要特点对比，详见表7-4。

表7-4　　　　　　　　　　　FIDIC合同条件特点对比表

《施工合同条件》	《生产设备和设计—施工合同条件》	《设计采购施工（EPC）/交钥匙项目合同条件》	评析
推荐用于由业主（或其代表）承担大部分（或全部）设计的建筑或工程项目	推荐用于由承包商（或其代表）承担大部分（或全部）设计的电气和（或）机械设备供货和建筑或工程项目	推荐用于以交钥匙方式提供加工厂或动力厂；也可用于由一个实体承担全部设计和实施职责的，设计很少或没有地下工程的私人融资的基础设施项目。	适用条件不同

（续表）

《施工合同条件》	《生产设备和设计—施工合同条件》	《设计采购施工（EPC）/交钥匙项目合同条件》	评析
一般在业主给承包商颁发中标函时,合同在法律上生效。也可以不要这种函,按照合同协议书生效	一般在业主给承包商颁发中标函时,合同在法律上生效。也可以不要这种函,按照合同协议书生效	一般按照合同协议书规定,合同在法律上生效。投标函可以说明允许采用替代做法,在业主颁发中标函时合同生效	合同生效条件不同
合同由业主指派的工程师管理。如发生争端,交由争端评审委员会决定。也可以在专用条件中规定:工程师的决定代替争端评审委员会决定	合同由业主指派的工程师管理。如发生争端,交由争端评审委员会决定。也可以在专用条件中规定:工程师的决定代替争端评审委员会决定	合同由业主管理(或由其指派一个业主代表)努力与承包商就每项索赔达成协议。如果发生争端,交由争端评审委员会决定	合同管理主体不同
由承包商按照合同(包括规范要求和图纸)和工程师指示,设计(只按规定的范围)和实施工程	由承包商按照合同,包括其建议书和业主要求,提供所有生产设备、设计(另有规定除外)和实施其他工程	由承包商按照合同,包括其投标书金额、业主要求,提供生产设备、设计和实施其他工程,达到准备条件运行投产	承包商承担工作范围不同
期中付款和最终付款由工程师证明,一般按工程师的实际测量及应用工程量表或其他资料表中的费率和价格计算确定。其他估价原则,可以在专用条件中规定	期中付款和最终付款由工程师证明,一般参照付款计划表确定。也可在专用条件中规定,按实际工程量的测量和应用价格表中的费率和价格的办法计算	期中付款和最终付款无须任何证明,一般参照付款计划表确定。也可在专用条件中规定,按实际工程量的测量和应用价格表中的费率和价格的办法计算	期中付款和最终付款规定不同
根据通用条件,在考虑保险可能性、项目管理合理原则和各方对每种风险的有关情况的预见能力和减轻影响的能力等事项后,在公正、公平基础上,双方间进行风险分配	根据通用条件,在考虑保险可能性、项目管理合理原则和各方对每种风险的有关情况的预见能力和减轻影响的能力等事项后,在公正、公平基础上,双方间进行风险分配	根据通用条件,把较多的风险不平均地分配给承包商。投标人将需要更多的对工程具体类型有关的现场水文、地下及其他条件的数据进行审查,并评价此类风险	

2. FIDIC 合同条件特点

（1）具有国际性、通用性和权威性

FIDIC 合同条件是国际工程师联合会在总结国际工程合同管理各方面经验教训的基础上编制的,并不断地吸收多个国际或区域专业机构的建议和意见后加以修改和完善,是国际上公认的高水平的通用性文件,并广泛应用于国际工程承包中。许多国际金融组织的贷款项目,也都采用 FIDIC 合同条件。目前,我国有关部委编制的合同或协议书范本,也都把 FIDIC 合同条件作为重要的参考文本。

（2）公正合理、职责分明

FIDIC 合同条件的各项规定比较具体地体现了业主、承包商或工程师（或业主代表）的权利（或权限）、义务和职责,也体现了业主和承包商之间的风险合理分担的基本精神,并倡导各方面要以坦诚相待与精诚合作的基本原则去完成工程建设。同时,对各方的职责既有明确而严格的规定和要求,也有必要的限制,这些对于合同的实施也是极为重要的。

(3)程序严谨,易于操作

FIDIC 合同条件严谨地规定了处理各种问题的程序,特别强调要及时处理和解决问题(这样可以避免由于任一方的拖延而产生新的问题)。另外,还特别强调各种书面文件及证据的重要性,这些规定使合同条件更易于操作和实施。

(4)通用条件与专用条件有机结合

FIDIC 合同条件一般都分为"通用条件""专用条件"两个部分。通用条件的内容主要包括在国际工程承包市场中应用于某项管理模式的条款;而专用条件则是针对该项目,在考虑到项目所在国或地区法律环境、项目特点和业主对合同实施的特殊要求,对通用条件进行的具体化的修改与补充。

7.5.4 FIDIC 合同条件的应用

1.《施工合同条件》

1999 年出版的 FIDIC《施工合同条件》(第一版)适用于业主提供设计,承包商负责设备材料采购和施工,工程师负责监理,三方按图纸估价,按实结算,存在不可预见条件和物价变动的情况下允许调价。这是一种业主参与和控制较多,承担风险也比较多的工程合同格式。

1999 年出版的 FIDIC《施工合同条件》(第一版)是以原红皮书为基础编写的,与原红皮书相比,内容与条款约 20%基本相同,约 40%做了较多的补充和修改,另外 40%为新条款。

1999 年出版的 FIDIC《施工合同条件》(第一版)通常称为"新红皮书"。通用条件包含了 20 条,163 款。20 条内容包括:一般规定;业主;工程师;承包商;指定分包商;职员和劳工;工程设备、材料和工艺;开工、延误和暂停;竣工检修;业主的接受;缺陷责任;计量和估价;变更和调整;合同价格和支付;业主提出终止;承包商提出暂停和终止;风险和责任;保险;不可抗力;索赔、争议和仲裁。后附"争议评判协议书一般条件"和"程序规则"。专用条件的内容主要是专用条件的编写指南,包括部分范例条款,后附 7 个体现"国际商会"统一规则的保函格式。上述两部分后还附有投标函、合同协议书及争议评判协议书。

各个开发银行在使用 FIDIC《施工合同条件》时,一般都会在专用条件中加入一些附加条款,对通用条件进行一些修改和补充,造成各个开发银行之间在使用中存在一定的差异性,并增加了发生争议的概率。为此,2004—2005 年多边开发银行会同 FIDIC 对"新红皮书"通用条件进行了修改,使之标准化。协调修改后的文件不仅方便了银行及其借款人,也方便了所有涉及项目采购的人员(如工程师、承包商等)。

FIDIC 保留了对该书的版权和对新的多边银行协调版的管理责任。需要指出的是:多边银行协调版并不是对 FIDIC1999 年出版的《施工合同条件》(第一版)(简称"新红皮书")的替代,而是只适用于多边银行融资的项目使用。2006 年,FIDIC 又对"新红皮书"

的通用条款做了进一步修改,发布了 FIDIC《施工合同条件》(多边银行协调版,第二版)。并规定凡是非洲开发银行、亚洲开发银行、黑海贸易与开发银行、加勒比开发银行、欧洲复兴与开发银行、泛美开发银行、国际复兴与开发银行、伊斯兰开发银行、北欧发展基金的贷款项目,一律采用最新修改的 FIDIC《施工合同条件》(多边银行协调版,第二版)。该版本并没有对 1999 年出版的红皮书做根本性的改变,在格式上的重要改变是将"投标附录"变成了"合同数据",并定为专用条件 A 部分,而 B 部分是专用条件的特定条款,由一套示例条款组成。

目前,1999 年出版的 FIDIC《施工合同条件》(第一版)已经在世界各地得到了广泛的认同与使用;2006 年出版的 FIDIC《施工合同条件》(多边银行协调版,第二版)也在世界各地行的贷款项目中得到了普遍应用。

2.《生产设备和设计—施工合同条件》

《生产设备和设计—施工合同条件》(1999 年第一版)通常称为"新黄皮书",是在 FIDIC 1987 年出版的《电气与机械工程合同条件》(黄皮书)与 1995 年出版的《设计—建造与交钥匙工程合同条件》(橘皮书)的基础上重新编写的。"新黄皮书"通用条件共 20 条,170 款。20 条内容包括:一般规定;业主;工程师;承包商;设计职员和劳工;工程设备、材料和工艺;开工、延误和暂停;竣工检修;业主的接收;缺陷责任;竣工后检验;变更和调整;合同价格和支付;业主提出终止;承包商提出暂停和终止;风险和责任;保险;不可抗力;索赔、争议和仲裁。后附"争议评判协议书一般条件"。专用条件的内容主要是专用条件的编写指南,包括部分范例条款,后附 7 个体现"国际商会"统一规则的保函格式。上述两部分后还附有投标函、合同协议书及争议评判协议书。

《生产设备和设计—施工合同条件》(1999 年第一版)适用于承包商负责设备采购、设计和施工,工程师负责监理,总额价格承包,但存在不可预见条件和物价变动的情况下可以调价。这是一种业主控制较多的总承包合同格式。

3.《设计采购施工(EPC)/交钥匙项目合同条件》

《设计采购施工(EPC)/交钥匙项目合同条件》(1999 年第一版)通常简称"银皮书",是在 1995 年出版的《设计—建造与交钥匙工程合同条件》(橘皮书)的基础上重新编写的。"银皮书"通用条件共 20 条,166 款。20 条内容包括:一般规定;业主;业主的管理;承包商;一般设计义务;职员和劳工;生产设备、材料和工艺;开工;延误和暂停;竣工检验;业主的接收;变更和调整;合同价格和支付;业主提出终止;承包商提出暂停和终止;风险和责任;保险;不可抗力;索赔;争议和仲裁。后附"争议评判协议书一般条件"。专用条件的内容主要是专用条件的编写指南,包括部分范例条款,后附 7 个体现"国际商会"统一规则的保函格式。上述两部分后还附有投标函、合同协议书及争议评判协议书。

"银皮书"适用于承包商承担全部设计、采购和施工,直到投产运行,合同价格总额包干,除不可抗力条件外,其他风险都由承包商承担,业主只派代表管理,只重视最终成果,对工程介入很少。这是较彻底的交钥匙总承包合同格式。

4.《简明合同格式》

《简明合同格式》是综合上述几种模式,用于工程量较小、工期短的工程项目的简明灵活的合同格式。由于在国际工程中,一般情况下,工程量较小、工期短的项目很少,所以《简明合同格式》也很少使用。在《FIDIC 合同指南》中,也不包括《简明合同格式》。

5. 其他合同条件

另外,FIDIC 还先后出版了《设计—建造和运营项目合同条件》(2008 年第一版)简称"金皮书"、《土木工程施工合同条件》(1987 年第四版、1988 年修订、1992 年再次修订)以及《土木工程施工分包合同条件》(1994 年第一版)。其中:

(1)《设计—建造和运营项目合同条件》(2008 年第一版)是在 1999 年 FIDIC《生产设备和设计—施工合同条件》(新黄皮书)的基础上,加入了有关运营与维护的要求和内容编写的。设计—建造—运营(简称 DBO 模式)的主要特点是业主将项目的设计、施工以及运营和维护工作,一并交给一个承包商来完成。对于业主而言,这种模式易于保证项目在运营期满前一直处于良好的运营状态,减少由于设计失误或建造质量等原因导致在缺陷通知期期满后出现的各种问题和造成的损失。在 DBO 模式下,承包商不仅负责项目的设计与建造,而且要负责项目建成后提供持续性的运营服务。DBO 模式是由业主融资的,承包商仅负责按照业主的要求按时保质保量地完成设计、施工和运营工作。业主负责按时向承包商支付工程款。

FIDIC《设计—建造和运营项目合同条件》(2008 年第一版)通用条件共 20 条,195 款。包括:一般规定;业主;业主代表;承包商;设计;员工;工程设备、材料和工艺;开工日期、竣工和进度计划;设计—建造;运营服务;试验;缺陷;变更和调整;合同价格和支付;由业主终止;由承包商暂停和终止;风险分担;特殊风险;保险;索赔、争议和仲裁。

专用条件分为 A、B 两部分:A 部分为合同数据;B 部分是专用条款的特定条款,包括招标文件编写说明,特定条款编写说明和示例。

(2)《土木工程施工合同条件》(1987 年第四版、1988 年修订、1992 年再次修订)适用于单价与子项包干混合式合同、业主任命工程师管理合同的土木工程施工合同。

(3)《土木工程施工分包合同条件》(1994 年第一版)是与《土木工程施工合同条件》配套使用的。由于该合同条件是承包商与分包商之间签订的,因而主要论述承包商与分包商的职责、义务和权力。该合同条件第一部分为通用条件,包括 22 节、22 条、70 款。内容包括:定义与解释;一般义务;分包合同文件;主合同;临时工程;承包商的设备和(或)其他设备;现场工作和通道;开工和竣工;指示和决定;变更;变更的估价;通知和索赔;保障;未完成的工作和缺陷;保险;支付;主合同终止;分包商的违约;争议的解决;通知和指示;费用和法规的变更;货币和汇率。第二部分为专用条件的编写指南,之后附有分包商报价书,报价书附录以及分包合同协议书范例。

思考题

1. 简述施工阶段合同管理的内容。

2. 简述工程变更程序。

3. 简述索赔的主要原因。

4. 简述解决国际工程争端的主要方式。

5. 简述 FIDIC 合同条件的特点。

6. 简述 FIDIC 合同中《施工合同条件》的应用。

7. 简述《设计采购施工(EPC)/交钥匙项目合同条件》在 FIDIC 合同条件中的推荐使用范围与实际应用范围的不同。

第 8 章

国际工程现场管理

　　施工现场管理是指运用科学的管理方法对现场各种生产要素进行合理配置和优化组合,通过计划—组织—控制—协调等管理职能,保证现场按预定工期、质量和成本目标,实现优质、高效、安全、文明的生产。

　　一些发达国家对于施工现场管理一直在跟随时代发展而进行改进,并在不断实践中开发出了更加先进的自动化管理技术。韩国施工企业通过现场管理可视化、更新现场管理设备等措施为现场管理提供了足够的管理信息,利用移动计算机技术实现了施工管理质量的提高和管理流程的简化。Marta Gangolells 曾在 2014 年对 74 家西班牙建筑公司的现场管理进行了调查和研究,结果显示这些企业在现场的清洁、秩序、原材料正确储存以及废弃物管理方面表现突出,即 5S 管理表现突出。日本建筑市场高度发达,在现场管理方面除了应用 5S 外,6S、7S、8S 也被广泛应用,同时装配式建筑的应用也推动了日本建筑工业化、环保化的进程。在这些国家的先进管理中,BIM 技术的应用也很受关注,在现场管理的多个环节中发挥了作用,提高了效率。在选择管理方式和理念时,各个公司可以根据自己国家的经济实力与科技水平以及自身的发展情况进行选择。

　　近年来,中国施工企业积极走出国门,并在国际工程承包市场取得了可喜的成绩。但在国际工程项目中,中国企业仍面临诸多挑战,现场管理就是其中之一。现场管理是企业管理的基础,现场管理水平的高低直接影响经济效益的高低。与国内施工相比,国际工程项目现场管理不仅要面对完全不同的政治、经济、文化环境,还要克服各国风俗、地理气候、思维习惯等的差异。

　　国际工程项目的现场管理与国内相比有很多不同的特点:

　　(1)内容烦琐,管理难度大

　　国际工程项目现场管理覆盖面广,不仅要求做好设备、材料的管理,还需严格执行HSE(Health-Safety-Environment)管理,因基地不仅有施工方员工,还有当地雇员和其他国籍人员,所以还要做好基地建设和生活管理,管理难度较大。

　　(2)后勤保障困难,管理成本高

　　目前海外工程项目多集中在经济不发达国家,由于远离祖国和公司总部,在技术、设备、人员、物资等资源的支持和保障上受到各种主客观因素影响,导致所需资源不能及时到位。同时作业地点又多在交通不便的偏远地区，医疗卫生、安全设施落后，因此易发生生产事故，传播流行疾病概率较大。在这种情况下要搞好施工现场管理，必须加大成本投入，做好预防保障措施。

（3）事故影响广，安全压力大

在海外一旦发生现场安全事故，不仅会毁损设备、造成人员伤亡，还将直接影响队伍形象和未来的工程投标，严重者还可能造成恶劣的政治和外交影响。因此，安全生产的压力比在国内大。

8.1　现场施工计划与平面布置

8.1.1　施工现场临时设施计划

施工现场临时设施主要包括预施工、生活临时设施和生活场地、道路、施工用水、用电供给以及与施工活动有关的设备、材料运输路线和堆放地点、大型施工机械放置位置、消防线路等。这些临时设施设计方案的优劣对施工顺利与否至关重要。

1. 临时设施布置原则

（1）临时行政、生活用房的布置应利用永久性建筑、现场原有建筑，采用活动式临时房屋。总之，应视场地条件及周围环境对所设临时行政、生活用房进行合理取舍（布置）。在大型工程和场地宽松的条件下，工地行政管理用房宜设在工地入口处或中心地区。现场办公室应靠近施工地点；生活区应设在工人较集中的地点和工人出入必经地点；工地食堂和卫生设施应设在不受施工影响且有利于文明施工的地点。

（2）中心仓库是专供储存整个工地所需材料、构件等物资的仓库，一般设在现场附近或施工区域中心。现场仓库是为某一工程服务的仓库，一般设在工地内或就近布置。此外，仓库应布置在平坦、宽敞、交通方便之处，距各使用地点要比较适中，还应遵守安全技术和防火规定。

（3）临时加工厂应根据工程性质、规模、施工方法、工程所处环境来布置。工程所需的临时加工厂不尽相同，通常设有金属结构、设备维修等加工厂，一般情况下为使加工与施工互不干扰，需将加工厂布置在工地边缘。这样，既便于管理，又能降低铺设道路、动力管线及给排水管道的费用。

（4）临时供水设施在建筑工地中必不可少。为了满足生产、生活及消防用水的需要，要选择适当的临时供水系统。

2. 质量安全要求

（1）临时设施（含自建房屋、购买或租赁的装配式活动房屋）完成建设后，建筑施工单位、安装单位和工程师应共同验收，未经验收或验收不合格的不得投入使用。

（2）装配式活动房屋应具有产品合格证，并由专业队伍进行安装和拆卸。当搭设两层及以上使用房屋时，必须有可靠的抗风及防坍塌措施。

（3）临时设施(办公室、宿舍、食堂、厕所、盥洗间、淋浴间、开水房、活动室、工具棚、料库及其他)使用的材料,应符合安全和环境卫生标准。

（4）严禁使用水泥和其他复合材料(如氯化镁、氯化钾)等预制板搭建活动房屋。

（5）施工现场办公室、宿舍等临时房屋应具备相应的保温性能,屋面材料淘汰单层彩钢瓦,推广使用彩塑钢夹心保温板等材料。

（6）严禁使用钢管、三合板、竹片、毛竹、彩条布、石棉瓦、水泥瓦、玻璃钢瓦等脆性材料搭设简易工棚(含办公室、宿舍、食堂、厕所、盥洗间、淋浴间、开水房、活动室、工具棚、料库及其他设施)。

3. 其他要求

（1）施工现场及周围原有的固定建筑房屋或集装箱活动房屋可作为临时设施使用,其结构必须满足安全使用要求,并符合消防管理规定。

（2）自建的临时设施必须按照《临时设施设计施工方案》进行建设,并与临时设施现场总平面布置图相符。

（3）临时设施应在基础移交后、土建工程开工前完成建设,而租赁用房必须在基础施工前完成改建,以切实满足现场施工生产的实际需要。

（4）工程开工后不得随意增建有关的其他临时设施,确需增加或迁建的,应另行设计方案。搭建标准应符合相关设计和建设要求。

8.1.2 施工总平面图布置

施工总平面图是在施工区域内对施工设施和建筑物所做的平面布置,施工合同中一般均需标明本合同施工区域的限定范围。承包商在此范围内可任意安排其施工布置。标书平面布置图中已规定了永久性建筑物、构筑物或其他结构的位置要求,这些内容在施工总平面图中保持不变。施工总平面图设计任务是确定施工设施的位置和水电定向布置方案,主要包括施工、生活临时设施和生活场地、道路、施工用水用电供给,以及与施工活动有关的设备、材料运输路线、堆放地点,大型施工机械放置位置,消防线路等。

1. 施工总平面图设计依据

（1）项目情况,包括项目工期、工程量分类统计数字、工程施工关键及主要难点以及相应措施等。

（2）大件运输吊装方案。

（3）人力、机械计划。

（4）现场情况调查,包括现场可供施工用地及施工临建、现有道路情况、可供水电方式和供应点。

（5）现场总平面图,包括设计总平面图及现场情况,由业主提供。

2. 施工总平面图的设计程序

（1）根据建设项目总工程量等条件,决定临时设施的种类和面积;

（2）在现场总平面图上给出需建的临时设施初步平面布置图(可提出多个方案);

（3）在施工总平面图上布置道路和水电供给线路；

（4）考虑各项临时设施的资源进出方位和方式，完成初步施工总平面图；

（5）对各个初步施工总平面布置方案采用分项打分综合评分的方法选出最佳方案；

（6）征求业主和工程师的意见，做出必要修改，开始施工总平面图的正式详细设计；

（7）施工总平面图依次由施工单位、工程师批准生效。

3. 施工和生活临时设施及场地选择程序

（1）首先根据施工要求决定面积；

（2）通过现场情况调查，了解可供选择的地点，并加以确定；

（3）决定资源的进出场方位和方式；

（4）布置道路、水电供应线路（可采用几种方式）。

线路选择应注意以下几个方面：

①资源运输吨公里总计；

②道路工程量；

③水电供给设施费用；

④环境状况（如有无噪声）；

⑤资源装卸方式及成本；

⑥管理条件的难易程度。

国外承包工程项目在安排总平面设计时，对生活区的考虑比国内的情况详细且全面。以我国公司为例，工人居住地一般设在现场施工区附近，对于工作期限为一年、两年或更长时间的，除安排住房、厨房等必要生活设施外，还有必要设置球场、娱乐室、电视电影放映室等来改善工人的文体生活条件。许多国外项目实践表明：要调动工人工作积极性，除了做好思想工作和物质经济鼓励外，业余的文体活动和娱乐性设施提供也是一个重要的积极因素。目前我国公司的工人在国外工作的条件仍十分艰苦，住房面积人均 $2\sim3m^2$，比国内情况还差；工人每天工作一般都超过 8 小时，连续在国外工作时间长达 $2\sim3$ 年。所有这些状况都有待于进一步改善和提高。

8.2 　资源计划与现场资源管理

8.2.1 　资源计划

1. 资源计划概述

计划是管理的起点，做好资源供应工作的首要任务是做好资源计划，然后按计划开展工作。资源计划就是为保证施工项目的进度、成本及质量目标，针对施工项目所需的各种资源所进行的采购（或人力资源调集、招募）、运输、进场、现场安置等，从而保证施工项目按施工进度计划实施。在建筑工程施工项目中，资源作为工程项目实施的基本要素通常包括：

(1)劳动力:包括劳动力总量,各专业、各级别的劳动力,操作工人、修理工以及不同层次和职能的管理人员。

(2)原材料和设备:构成工程建筑的实体,例如常见的砂石、水泥、砖、钢筋、木材、生产设备等。

(3)周转材料:如模板、支撑、施工用工器具以及施工设备的备件、配件等。

(4)施工所需设备、临时设施、现场供排系统和必需的后勤供应。

(5)此外,资源还可能包括资本资源、信息资源、计算机软件、信息系统、管理和技术服务、专利技术等。

2. 对资源计划的要求

在现代项目管理中,对资源计划有如下要求:

(1)资源计划必须纳入项目进度管理中,如编制网络进度计划时不顾及资源供应条件限制,则会导致网络进度计划不可执行。

(2)资源计划必须纳入项目成本管理中,可作为降低成本的重要措施。

(3)在制订实施方案及技术管理和质量控制中必须包括资源管理的内容。

3. 资源计划的过程

资源计划应纳入项目的整体计划和组织系统中,包括如下过程:

(1)在工程技术设计和施工方案的基础上确定资源的种类和用量。可由工程量表和资源消耗定额标准得到。

(2)资源供应情况调查和询价。

(3)确定各种资源使用的约束条件,包括总量限制、单位时间用量限制、过程限制和供应条件。

(4)在进度计划的基础上,确定资源使用计划以及各种资源的使用时间和地点。进度计划的制订和资源计划的制订往往需要结合在一起考虑。

(5)确定各项资源的供应方案、各个供应环节,并确定其时间安排。

(6)确定项目后勤保障体系,如按上述计划确定现场的仓库、工棚、汽车数量及平面布置等。在制订资源计划的过程中还须考虑项目实施时有关人员的招聘、物资的采购方案及设备租赁和购买的方针策略等。

4. 现场人员的进场和退场

要尽可能合理安排施工及管理人员的进场和退场时间,彻底避免一些人事部门负责人为使自己工作方便而不按现场施工需要来安排施工人员出入境的错误做法。因国外劳动力或人才缺乏,这种错误做法常会导致工期延误或使一些已完成工作的施工人员逗留在国外进而增加不必要的开支。在合理安排人事方面,必须认真做好人力动员计划和进退场安排。

(1)施工人员的动员计划

承包项目在施工准备和进行人力动员时,必须按工种和人数逐月编制劳动力进出场计划表,以指导人员进场和退场。施工人员的动员计划应详细列出如下内容:

①逐月投入的总人数、高峰人数、高峰持续时间、高峰系数、总施工周期;

②逐月投入各工种的人数、高峰持续时间、高峰系数、施工周期、开始进场时间；

③各工种计划总人数和总月数。

④项目计划总人数和总月数。

⑤公司自派人员与当地雇用人员的数量及两者之间的比例。

（2）管理人员的动员计划

制订管理人员动员计划的主要依据是工程建设项目的现场管理体制和机构设置方案。按照项目经理部管理原则，为精简机构，减少层次，提高办事效率，一般采取两层分离矩阵式体制，这样设置可使机构不重叠，岗位职责明确。在人员安排上，从项目经理至各部门负责人，各队队长，统一实行一人负责制，一般不宜设副职，各级部门负责人都担负具体的业务工作。管理职能部门的每个岗位都拥有明确的职责范围和工作标准，管理人员按岗位要求配备。岗位可以是多个，人员则不一定一岗一人。如果一个岗位的工作量达不到一个人的满负荷标准，则实行一多岗。技术人员采取分区、分工号的专职技术人员负责制，从施工准备、施工直至交工一直负责到底。让技术人员参与施工计划的制订，并明确他们承担施工进度、统计和施工质量的管理。这样既能保证工程质量，又能把管理层和作业层有机地结合起来，充分发挥技术人员的专长。

按照上述原则，逐一确定每个岗位的管理人员。根据现场工作开展的顺序，分别确定每个岗位、每个人的进场和退场时间，并据此制订管理人员动员计划。对于项目管理人员数量的优化控制，最重要的是确定总的非生产人员比例。国外承包项目现场管理人员比例不宜超过全员的 9%。

（3）人员进场和退场

由前述方法制订的人力动员计划的可靠性和先进性主要取决于：总体施工统筹计划的合理性、定额标准的先进性和可靠程度、经验的先进性和准确性、原始条件的准确性。要求计划尽可能切合实际。所以计划应放在可靠的基础上收集相关数据加以编制，并输入计算机进行优化。

施工现场主要从两方面优化：一方面，根据人力动员计划，制定比人力动员计划超前的施工进度；另一方面，根据施工进度来修正人力动员计划，从而在进场人员减少，人员进场时间延迟或提前安排人员退场等方面合理安排。人力动员主要有以下几方面：

①适当使用当地劳动力资源。因施工现场远离中国，中国职工的往返路费和在国外的其他费用所占的比例较高；加之探亲的路途和时间也较长，因此，雇用 1 位中国工人的费用相当于雇用 3 位当地工人的费用。雇用当地工人时还要考虑各工种的工资差别。例如国外焊工的工资特别高，而汽车司机则比较低。承包单位职工与外单位职工、中国工人与当地工人的比例，需要通过经济比较确定。同时还要考虑承包单位对当地工人的管理能力以及在当地可供招雇的人员技术素质能否满足工程的要求等。另外，当地雇用人员的稳定性也需重点考虑。

②避免同一施工现场的同工种人员重复进场和退场。在确定调进和撤出一个职工时必须认真考虑其技术水平、工作时间、进场时间、退场时间，尽量做到一次性进场和退场。

③合理地提倡一专多能，培养一定数量的多面手，相近性质的工作分工不宜过细。由

于各工种工作量多少不同,有连续性的和间断性的,由于工种间的配合和总工期的限制,所以对间断性和工作时间短的工种工人,可以促使其成为多面手,便于安排到其他岗位。为缩短工种的衔接时间,减少准备和终结时间,可以让相近的工种合并或互相兼职。如电工兼仪表工;钳工兼铆工、白铁工;起重工兼架手工;焊工要全面承担弧焊、气焊和电焊工作,各类空闲人员兼做普工、保温工;筑炉工兼泥瓦工、混凝土工等。对于这些可以互相兼职的工种工人,应综合考虑、合理安排。另外,还可进一步考虑雇用当地文化水平较高的普工,经过对他们的简单培训来代替技工或减少技工增加辅助工,从而减少正式职工进场人数。

8.2.2 现场资源管理

1.现场人员管理

20 世纪 80 年代后期,我国对外工程承包企业早已从改革开放初期的劳务输出型转变为经营管理型,从国内派出的人员已大为减少,并开始聘用部分当地有施工经验的技术人员以及懂得当地商情业务的职员。这对提高我国对外工程管理水平是有益的,但当地雇员语言、文化、信仰、生活习惯的不同也增加了管理的难度,因此需更加重视对当地雇员的管理。

(1)在国际工程承包项目中,随着外籍和当地雇员的大量增加,出现了新的问题:发展中国家人力价格较低固然可降低工程成本,但由于我方人员管理外籍工人的经验不足、管理不善或工作疏忽等原因,导致罢工、劳资诉讼之事时有发生。为提高这方面的管理水平,应注意如下事项:应配备专职人员负责外籍和当地雇员管理,包括雇员的招募和解聘、签订雇用合同及利用施工队(组)的配合搞好工资发放、工伤事故的处理及其他有关工作。该专职人员最好懂得当地语言或英语,熟悉当地法律,尤其是劳动法规和税法等。

(2)与当地劳动部门搞好关系,在当地雇员的招募、解聘、签约和管理等各方面取得其支持和帮助。

(3)应常年聘请一名当地的资深律师,除负责工程施工中的法律咨询外,还要负责当地劳工方面的法律咨询及诉讼等事务。

(4)承包商项目经理应重视施工方人员(尤其是施工队、组长)对当地劳工法和税法基本知识的教育普及,管理好当地劳工。不得歧视或侮辱当地劳工;工作上要严格要求,建立责任制,防止工伤事故、偷盗和故意损坏施工设备事件的发生;健全劳工档案管理,包括雇用合同、招募与解聘手续、记工卡、工资发放卡、劳保用品卡和工伤事故处理卡等,并长期妥善保管,以备为日后可能发生的诉讼提供材料。上述合同及手续应符合当地法律。

(5)搞好对外关系,包括当地劳动部门、税务局、警察局、保险公司以及业主和工程师。一旦发生罢工、劳资诉讼、工伤事故等不测事件,要取得他们的支持、帮助,平息事件,妥善解决。

2.现场材料管理

国际工程项目施工现场的材料管理同工期、成本、效益都有密切的关系。在非洲等经济落后的地区施工,施工现场的材料控制难度较大,更需要施工组织者严加控制。在材料购回后,对于易损件要保管得当,执行严格的材料使用制度,控制材料消耗。不马上投入使用的材料到场后要进行入库保存。仓库管理是材料控制的重要环节,包括材料登记入库、库中分类、妥善保存、领料出库并记录等。根据现场施工进度和工程量计算出来的材料需求表应作为领料出库时的主要参考依据。项目经理部必须对已出库材料的去向进行现场监督,把物资用量、购入量、消耗量、库存量一一核实,确保各类报表资料统计真实可靠,可以全面反映物资购入、消耗、库存等动态。对省料的施工人员进行表彰,对浪费材料者既要惩戒也要找出漏洞所在。只有这样,才能真正有效地控制材料的使用,降低成本。加强对周转性材料的管理,提高使用次数,抓好项目完工后周转材料的清查盘点、回收和转移工作,防止材料流失。对回收后的周转材料要加强管理,进行全面清理、造册登记,并始终按照用、管、拆、收、保养、退库等环节进行管理;对已经损坏不能使用或暂不使用的周转材料,要进行清理和维修保养,做好校正、修补、除锈、上漆等工作,并妥善保管,做到"以养保供",通过修理保证工程需要,力争少采购、少添新,防止丢失。

3. 现场设备管理

在国际工程项目中,设备管理水平直接影响项目经济效益,因此,在设备管理中应将前期使用、维护和保养结合起来,全方位加强设备管理。

在施工准备阶段要做好设备选型配备工作。在选型时,应了解国际设备市场行情和自有设备情况,考虑工程完工后设备的配套使用、工程所在国的环境等问题。如果在项目所在国购买配件困难,购买设备时,除了设备供应商提供的随机配件外,企业还应额外配置一定数量的配件,特别是易损件。

设备验收是国际项目设备管理环节中的重要部分,也是进行索赔的重要依据。当设备到达施工现场后,施工方人员应仔细检查设备型号是否相符、数量是否齐全、设备外观有无损伤等情况。记录设备编号以及附属设备和主要构成部件的编号,建账入档管理。安装调试后,看设备性能是否正常,如发现问题,按合同规定时间及时向厂家提出索赔要求。

同时也要关注设备的折旧费提取问题。设备折旧费提取可采用双倍余额递减法,根据设备种类、使用年限,确定每年的整数折旧率。在计提折旧时,首先要正确计算国际工程设备原值。国际工程设备原值主要由以下部分构成:离岸价、海运费、关税、到岸港口费、清关代理费、安装调试费等。

对设备的使用,要派专人监督检查,要求操作人员必须按照操作规程使用设备,对操作使用不当等现象要及时纠正和处罚。对工程大、设备多的项目,施工方一般应选派 1~2 名技术人员到现场进行示范和指导。对设备要进行定期保养与修理,组建一支 4~5 人的设备保养组,由一名施工方修理工专门负责设备的日保、定保和监督检查工作。保养组要对设备建立电子保养记录卡,对每次保养时间、内容、参与人员等均要做详细记录。保养人员需每天对现场设备运行情况进行巡视,发现异常要及时报告并处理。

8.3　现场组织机构与管理制度

承包商取得合同后,首先须建立健全组织机构。必须根据项目需要和管理理论,遵循工程项目的管理规律,设置最佳的组织机构,实现项目管理组织形式、组织结构以及权力结构的科学化和现代化。现场管理机构的工作成效很大程度上决定了该项合同能否取得成功以及能否取得合法利润。

8.3.1 组织机构的设置

1. 组织机构的设置原则

(1)机构层次少,用人少而精(一专多能),职责明确,分工合理。

(2)机构各部门和全体人员目标明确,步调一致,能充分发挥组织机构的职能。

(3)机构组织合理,指挥灵活,能充分发挥各部门协调配合的功能,保证高效益。

2. 组织机构的管理体系

组织机构应由决策层、管理层和作业层组成。实施三个层次的管理机构系统,管理幅度不宜过多,适当控制规模。其管理体系应包括决策体系、目标体系、与对策性完整配套的实施体系和基础工作体系。

(1)决策体系:由总承包单位总部负责人、驻外经理部经理、技术经济负责人和各部门负责人所组成的有机整体。根据合同和现场具体情况,对重大问题确定最佳方案。决策系统的三个层次分别承担不同内容的决策。总承包单位总部主要进行项目经营指导思想、承包合同、工程分包、项目总目标、总体统筹控制计划和组建经理部等重大问题的决策;驻外经理部经理和技术经济负责人主要对工程建设实施过程中有关组织、计划安排、进度质量控制、分包合同管理等问题做出决策;各部门负责人主要针对本部门业务工作中的问题做出随机决策。

(2)目标体系:指工程建设项目计划要达到的要求,包括综合目标和分项目标。综合目标是指项目的工期、效益、质量等总体目标;分项目标是指总体统筹控制计划中有关设备采购、工程进度等主要控制点。

(3)实施体系:包括保证体系、监督体系、控制体系和考核体系。

①保证体系即保证实现综合目标和分项目标的体系,包括项目承包经济责任制体系、质量保证体系、激励体系、约束体系等。

②监督体系是由对项目目标实施进行监督检查的部门所组成的有机整体。

③控制体系是由对工程项目进度、质量、资金进行控制以及采取技术措施和活动的各部门所组成的有机整体。

④考核体系是由目标分解和各级决策层组成的有机整体,主要考核目标体系的完成情况对保证体系是否真正起到保证作用。

(4)基础工作体系:指由信息管理系统、文件管理系统、工程建设项目管理规章制度系统和标准定额管理系统等组成的有机整体,负责完成项目管理的必要的基础工作。

①信息管理系统。建立计算机应用系统,积累分析历史数据和其他工程建设项目管理研究成果,将历史数据充分应用于项目管理中。

②文件管理系统。对企业内部职能部门和每一专业都明确规定工作职责、工作方法、

工作程序,明确规定各岗位的职能权限,同时注意各职能部门之间的分工协调,使项目管理程序化、规范化。

③工程建设项目管理规章制度系统。根据企业和承包项目具体情况建立必要的规章制度以充分发挥各职能部门的作用,使各项工作有章可循。

④标准定额管理系统。在项目管理中严格执行有关标准定额。

3.组织机构设置的优化

组织机构设置优化的主要依据是:

(1)项目情况,包括项目性质、产品品种、工艺路线、建设规模、工程内容、技术条件和要求程度等。

(2)建设条件,包括场地自身条件、附近地区社会条件等。

(3)承包商自身条件,包括建设经验、管理能力、技术经济管理人员素质、工人技术水平、拥有的机械规模、对外协作范围等。

(4)选择的管理体制,包括管理方法、经营机制、职能模式等。

承包商应在管理体制优化的基础上选择经营体制,明确职能管理模式,并进行组织机构优化。根据各方面条件,进一步组织机构内部的职能部门和作业单位进行职责分工。

8.3.2　施工现场的组织

承包工程项目在总承包方式下,采取项目经理负责制,现场设项目经理部,全面负责项目的管理工作。项目经理部组织机构是根据项目情况及要求、项目经理部与总部关系以及自身业务条件来确定的。

(1)对大型和内容要求复杂的建设项目宜采用直线职能制,但不应忽视横向配合,其组织机构如图8-1所示。

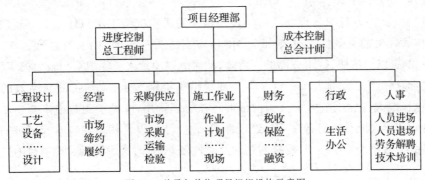

图8-1　总承包单位项目组织机构示意图

项目经理部以进度控制、成本控制作为实现各项管理目标的主要控制手段,对工程设计、采购供应、施工及试车生产实行统筹控制。项目经理部主要成员来自总部的各个管理部门。

实行项目经理负责制。项目经理部经理要对整个项目负责,并向总部领导和业主负责。进度和成本控制部门是项目经理的参谋部门和执行部门,下设工程设计、经营、采购供应、施工作业、财务、行政和人事 7 个部门,各自负责并互相配合。这种项目管理形式工作效率比较高,项目出现问题时可以在现场及时解决。

(2)对一般规模和工期紧迫的建设项目采用矩阵职能制。国际建筑企业一般采用以项目管理为核心的矩阵型项目管理机制,实行项目经理负责制,即以永久的专业机构设置为依托,按照项目情况,组织严密的、综合性强的临时项目管理团队,具体负责管理和实施项目建设。公司常设专业职能部门,负责向项目组派出合格人员,并对其派往项目组的人员给予业务指导和帮助,但不干预项目组工作。项目组人员应同时向项目经理和各自部门汇报工作。矩阵型项目管理机制的组织机构形式如图 8-2 所示。

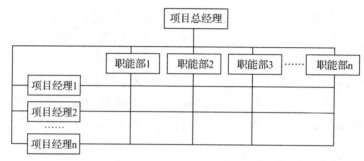

图 8-2　矩阵型项目管理机制的组织形式

采用矩阵型项目管理机制,其现场管理机构的特点是:

①组织机构精炼。现场管理不在人多,贵在精炼。一般情况下,现场项目经理部除主要人员外,大部分劳务人员都在当地招聘,从而可以有效地避免机构臃肿、人浮于事的现象。

②管理灵活与高效。现场管理以项目经理为核心。项目经理一般被委以全责,负责施工现场人、财、物的管理。项目经理再往下授权,形成纵向管理授权明确、横向关系职责分明的灵活、高效的管理体制。

③以后方支持为基础。现场项目经理部是为完成本次施工承包任务而组建的临时机构,其整体管理上的有效性是以公司总部的后方支持为基础的,如项目经理部人员、大型施工机械、筹资以及法律、技术方面的支持等,从而能以少量人员完成规模较大的工程项目。

④充分利用当地劳务人员。这是保证现场组织机构精炼、管理灵活与高效的重要措施,同时也在很大程度上节省了公司内部的一些管理费用,降低了工程成本。

这种管理形式能及时对各个项目经理部的信息、经验以及相似的技术或经济问题进行交流。但由于专业人员不固定,解决问题的及时性较差,有时难免影响建设项目的进行。

8.4　现场质量、工期和成本管理

安全、质量、工期、成本是现场施工管理的四大目标,也是施工管理的主要内容。在国际工程现场管理中,安全管理是重心,质量管理是根本,工期管理是中心环节,而成本管理则是实现工期、质量目标,并使企业得以生存和发展的保证。安全管理详见后文。

工程项目的质量、工期和成本不是孤立的,而是不可分割的整体。因此,质量管理、工期管理和成本管理必须同步推进,相互考虑。

质量管理的目的是建造符合各项技术规范和合同要求的工程项目实体;

工期管理的目的是要按照承包合同规定的工期和质量要求完成工程建设任务;

成本管理的目的是在履行合同义务的同时,把项目成本控制在预算范围之内,并获取合理利润。

8.4.1　现场质量管理

承包商施工质量管理只是整个工程项目质量形成过程(包括项目决策、设计、验收到运行保修)中的一个环节。工程项目施工阶段的主要任务是根据设计文件和图纸要求,通过施工将设计蓝图变为项目实体。该阶段直接影响到工程的最终质量,是工程项目质量管理的关键环节。

现场质量管理主要指按照合同要求,通过技术管理以提供对于工程项目业主来说质量可靠的建筑产品的管理活动。承包商的现场质量管理工作主要包括以下几个方面:按照合同与技术规范的规定进行工程施工,使工程质量符合合同要求;熟悉合同与技术规范的要求,增强质量意识,避免出现由于缺陷而返工的现象;构建工程质量保证体系,按照全面质量管理要求进行工程质量控制;熟悉并掌握质量验收标准,配合工程师进行工程质量验收。

在国际工程中,现场质量管理通常由承包商项目经理或其指定的技术副经理或总工程师主管。技术管理工作包括:设计图纸管理、技术规范及标准管理、各种实验及其成果管理。质量保证是理解招标文件,从选定施工方案、采购合格材料到采用科学合理的工艺,完成符合招标文件要求的工程所采取的相应的保证措施。

1. 技术管理

(1)设计图纸管理

在许多国际工程项目中,合同可能会规定承包商需要承担部分设计工作,因此,部分施工图由承包商根据招标文件中相关规定和要求绘制。但从结构计算书到图纸设计,每个程序都必须经过工程师审查批准后才可施工。这与在我国国内不承担任何设计工作的承包商工作惯例是完全不同的,因为在国内,即使是修改或补充设计细节也都需要由设计单位提供。此外,国际工程承包合同条件大都规定承包商绘制的施工图纸即使已经由工程师批准,但并不解除承包商按合同规定所应承担的责任。因此,绘制施工图时必须注意:

①熟悉原有设计图纸及其所使用的技术标准和规范,除非经工程师同意,否则不得改变原设计平面和空间尺寸。绝不允许国内承包商经常指责设计"保守""不合理",在实际施工中予以修改的现象发生。否则,既容易导致与工程师的关系出现问题,也容易使承包商得不到相应的利益,甚至存在一定的安全风险。

②设计应与承包商自身情况相匹配,尽可能做到因材、因地、因时设计,保证在合理的价格和时间内实现设计意图。

③若为适应承包商施工方案或替换材料而引起图纸修改,应说明其可行性与必要性,并向业主和工程师说明其不会给项目质量和寿命造成影响,甚至会给业主带来利益,说服并促使业主和工程师批准。

④将结构计算书或施工图报送给工程师审批时,在函件中要明确提出审批时限要求,避免其拖延审批时间而影响施工进度。

⑤与设计有关的工作,如地形测量、补充地质勘探等也属于承包商的任务,其费用通常包括在合同价内。当地形、地质条件与招标文件中的规定有较大差异时,承包商应充分估计其对原设计方案的影响,及时提出意见,便于工程师做出选择。

此外,承包商对与工程师的往来函件要妥善保管,日后可作为结算、索赔、验收的依据。尤其对现场工程师签发的设计变更通知单应进行认真评估,并提出由于设计变更引起的材料、设备、劳务安排、成本和工期的影响及对策。

(2)技术规范及标准管理

技术规范是对工程技术和工艺内容及特点的描述和说明,其中主要包括材料、设备、施工和安装方法、工艺质量标准、成品保护措施等方面的技术要求,以及对工程质量进行检验、试验和验收时所规定的方法和要求。不同国家、不同类型工程项目的技术规范编写方式和内容可能有所不同,但一般都包括一般性要求、施工进度及工序要求、施工特殊要求、建筑材料及工艺要求等。

在国际工程中,每个项目所使用的各种技术规范与标准很多,但在招标文件中,该项目中各类工程的技术要求一般已明确地写入技术条款。所以,技术管理部门应把这些要求,分门别类地整理出来,分发给各部门和作业队伍,便于他们在自己的工作范围内执行。此外,技术管理部门还应具体制定各种检验、实验要求和检测试验方法,并配置合格的仪器。岩土实验、混凝土实验、金属及材料实验等所使用的检测手段、方法、技术要求及仪器的选用都应事先取得现场工程师的同意。对于这些技术检验和实验的数据和成果(通常由现场工程师签字确认)应妥善保管,因为这些材料均是工程最终验收的重要依据。

2. 质量保证

(1)全面质量管理

全面质量管理是指一个以质量为中心,以全员参与为基础,目的在于通过让顾客满意和本组织所有成员及社会受益而达到长期成功的管理途径。全面质量管理的特点有:

①全过程管理。通过控制施工全过程,在各道工序和各项管理之中将影响质量的不利因素清除,体现出"全员管理"(即工程质量反映了全企业每个人的工作质量)及"全企业管理"(即企业所有部门都要密切配合、相互支持、齐心协力地提高全企业的水平)。

②强调预防为主,将质量事故在萌芽中解决,同时保证上一道工序要为下一道工序服务。

③强调用数据说话,通过实验检查工程及材料质量,利用实验数据证明质量的优劣。

④实行责任制,并实施奖惩制度。实行全面质量管理可以使项目在质量、成本和工期上均获效。如在日本大成建设株式会社所承建的高速公路建设项目中,发现预拌混凝土损耗率过高。由混凝土工组成的质量组发现,最重要的原因是使用了不准确的检查方法。

通过采纳质量组的建议,预拌混凝土损失率下降了 11.4%。这个案例体现了全员参与质量管理有助于改善工程质量,提高劳动生产率。

（2）质量控制

现场施工是形成工程项目实体的动态过程。就施工全过程来说,施工质量控制可以分为事前质量控制、事中质量控制和事后质量控制。

①事前质量控制,是指正式施工前进行的质量控制工作,具体内容包括:

a.审查分包商及指定分包商的资质,在国际工程中,特别要注意对当地分包商的选择。

b.编制施工组织设计、场地准备和临建设施以及质量管理的计划安排等。

c.熟悉设计文件。

d.调查和收集有关资料,包括工程所在地气象、施工场地、工程地质、水文地质、当地资源、特殊材料和主要设备等。

e.施工前试验,对工程拟采用的新材料、新工艺、新技术要进行相应试验。

f.检查施工现场水准点、测量标桩、建筑物的定位放线。

g.对工程所需的材料质量进行检验和控制。

h.根据工程项目的组织结构和质量要求,设置质量保证体系。质量保证体系一般包括质量管理组织、实验室、自检程序、质量管理目标、质量保证措施、质量管理的职权等。

②事中质量控制,即过程控制,是指在施工过程中进行的质量控制工作,具体内容包括:

a.完善工序质量控制,把影响工序质量的因素纳入管理状态。设置质量控制点,及时分析质量统计资料。

b.严格工序交接检验。未经检验或检验不合格的工序不得进入下一道工序。

c.加强施工技术资料管理,建立工程技术档案制度,包括材料或产品的出厂合格证或检验证明、施工检验报告、施工记录、质量评定报告、隐蔽工程验收记录等资料。

d.对已完成的工程应及时进行检验和质量评定。

e.认真执行技术规范和标准,强化工程质量管理,严格检查隐蔽工程,杜绝质量事故。

f.应严格按合同文件要求和 PDCA（计划—实施—检查—处理）循环法进行质量控制。

③事后质量控制,是指施工后形成一定产品的质量控制,具体内容包括:

a.评价工程质量状况及水平。

b.整理竣工验收资料,绘制竣工图。

c.组织联动试车。

3.现场施工质量管理的国际惯例

国际上对于工程项目施工过程的质量检查与监督是十分严格的,一般包括以下几方面:

（1）承包商的质量自检与质量保证。国外对于质量检查的统一看法是,要保证工程或产品质量,靠外部检查只是一方面措施,更重要的还是依靠企业内部的质量自检与质量保证,因为企业的自检体系一般较健全且要求较严格。

（2）业主进行的质量监督检查,主要按 FIDIC 合同条件中的规定进行,由业主代表或业主指定的设计工程师或业主授权的其他机构及人员进行。

（3）政府的监督检查。一些国家规定政府有关部门在特定时间内需要对建筑工地进行检查,其检查的时间为开工、基础完工、承重结构和高耸构筑物完工后以及项目竣工后。检查的目的是确保工程项目按照规划正确选址,而且符合现行法规中关于公共安全和健康的有关规定。

(4)尽可能采用可靠的设备与工艺,在条件允许的情况下,可采用先进的工艺确保工程质量。例如:中国石油天然气管道局在哈中管道建设的全自动焊中,创造了连续焊接1000多道口100%合格焊口的记录,这种技术既保证了质量,又提高了工作效率。

质量是企业的生命,也关系着国家的声誉,更是能否在国际工程承包市场立足和发展的关键。质量不合格不仅会引起返工浪费,甚至还会承担罚款及赔偿,造成经济和信誉双损失。因此,为保证工程质量,必须从组织、规章制度和措施上予以保证并付诸实施。

4. BIM 在质量管理中的应用

利用相关软件建立各专业主模型,再将其进行组合形成项目主模型,在项目主模型上进行模拟碰撞。如发现碰撞点,将对碰撞点涉及的专业进行协调,提前进行路径改道或构件处理,既保障了碰撞所涉及的各专业构件质量,又保障了各构件的使用效力。如暖通管道与墙体的冲突处理,如未进行模型碰撞,那么此碰撞在施工过程中被发现后,除采取对管道进行改道处理外,只能进行现场凿墙处理,两种方法对管道的运输效应以及墙体结构都有一定的影响。如果能在施工前进行碰撞,可以预留孔洞对碰撞点进行提前处理,既保证了墙体质量,又保证了管道的运输效率。

8.4.2　现场工期管理

在国外,工程项目施工受主客观因素的影响较大,尤其是自然条件(气象水文、地质地形等)和政治环境影响更大。不少国际工程项目由于勘察设计经费和时间限制,或气象、水文资料的不完整,使得招标文件中关于自然条件的资料达不到应有的深度,加之开工后施工条件常发生不可预见的变化,造成设计变更增加,多项计划也随之发生变化,使经营管理陷于被动,导致工期延长。有的地区政治环境不容乐观,社会动荡不安,经常引起工期拖延,随之严重地影响到工程进展,甚至使项目被迫流产。

一个工程项目能否在预定工期内交付使用直接关系到经济效益的发挥。因此,对工程项目的工期进行有效管理,使其达到预期目标,是施工项目管理的中心任务之一。工期控制的目的是使工程实施活动与工期计划在时间上吻合,即保证各工程活动按计划及时开工、按时完成,保证总工期不推迟。按合同要求完工或提前完成,一方面可使其能尽快得到应得的利益,并及时将施工力量投入到新的项目上去;另一方面也可避免由于延误工期和毁坏声誉,影响今后的投标。

工期管理的主要任务是按施工合同规定的要求完成工程任务,为此,承包商的主要工作包括:做好工程工期计划安排,并对相关联的工作计划进行协调;对施工工期计划的实施进行控制,保证施工实际工期按计划进行;对施工工期的延误进行分析,查明原因及时纠正。对非承包商原因造成的延误应及时通知业主和工程师,并进行索赔,争取工期的合理顺延或获得补偿。

1. 承包商工期管理的职责

（1）制订工期计划

承包商在投标时已按招标文件的要求制订了粗略的施工方案和工期计划，中标后又根据施工现场的具体条件和与业主签订的合同协议书中规定的合同工期，编制出详细的施工方案和工期计划。计划的内容：确定开工前的各项准备工作；选择施工方法和组织流水作业；协调各个工种在工程施工中的搭接与配合；安排劳动力和各种施工物资的供应；确定各分部分项工程的目标工期和全部工程的完工时间等。

（2）工期计划的组织实施

承包商将工期计划报业主/工程师审批后应严格按此计划执行。承包商要按工期计划进行布置，调配人力、施工物资和资金，确保及时到位。及时检查和发现影响工期的问题，并采取适当的技术和管理措施，必要时修订和更新工期计划。

（3）与业主/工程师保持密切的沟通

承包商要定期向业主/工程师报告工程进展，对业主/工程师的"变更指令"和"赶工"或"加快指令"及时做出反应和处理。与业主/工程师的良好合作是顺利实施工期计划的一个重要条件。

（4）监督分包商的工作，及时协调分包商之间的施工配合

由于国际工程的特殊性，很难全部使用本国资源，必须进行相应的分包，其分包商主要来自工程所在国。保证工程能按合同规定的时间如期完工或提前完工对承包商来说至关重要，因此，要加强对各分包商的监督工作。

2. 工期计划的表示形式

工期计划的目的是确定项目总工期，各个层次项目单元的持续、开始和结束时间及它们在时间上的机动余地。工期计划是工程项目计划体系中最重要的组成部分，是其他计划的基础。工期计划常用的表示形式主要有横道图、线形图和网络计划。

（1）横道图

横道图是一种最直观的工期计划方法，在国外又被称为甘特图（Gantt Chart），或叫条形图（Bar Chart），是早期英国管理学家亨利·L.甘特（Henry L Gantt）提出的，在工程中广泛应用，并受到普遍欢迎。

①横道图的优点

a.能够清楚地表达活动的开始时间、结束时间和持续时间，一目了然，易于理解并能够为各层次的人员（上至战略决策者，下至操作工人）所掌握和运用。

b.使用方便，制作简单。

c.不仅能够安排工期，还可以与劳动力计划、材料计划、资金计划相结合。

②横道图的缺点

a.很难表达工程活动之间的逻辑关系。如果一个活动提前或推迟，或延长持续时间，很难分析出它会影响哪些后续工作。

b.不能表示活动的重要性，如哪些活动是关键的，哪些活动有推迟或拖延的余地。

c.横道图上所能表达的信息量较少。

d.不能用计算机处理,即对一个复杂的工程不能进行工期计算,更不能进行工期方案的优化。

③横道图的应用范围

由于横道图具有一定的优缺点,这就决定了它既有广泛的应用范围和很强的生命力,同时又具有一定的局限性。

a.可直接应用于一些简单的小型项目。由于活动较少,可以直接用它做工期计划。

b.项目初期,由于尚未做详细的项目结构分解,因此各项工序之间复杂的逻辑关系尚未分析出来,一般人们都用横道图做总体计划。

c.上层管理者一般仅需了解总体计划,故均使用横道图。

d.作为网络分析的输出结果,现在几乎所有的网络分析程序都有横道图的输出功能,而且这种功能被广泛使用。

(2)线形图

线形图与横道图相近,有许多形式,如"时间—距离"图、"时间—效率"图等。它们都是以二维平面上线(直线、折线或曲线)的形式表示工程进度的。

(3)网络计划

网络计划有广泛的适用性。除极少数情况外,它是最理想的工期计划方法和工期控制方法。与横道图相比,它有如下特点:

①网络计划所表达的不仅仅是项目的工期计划,而且在实质上也表示了项目活动的流程。网络的使用能使项目管理者对项目过程有富于逻辑性的、系统的、通盘的了解。

②通过网络计划,能够为人们提供丰富的信息,例如最早开始时间、最迟开始时间、各种时差等。

③可十分方便地进行工期和资源优化。

④为各层管理者提供十分清晰的关键线路概念。这对于计划调整和实施控制是非常重要的。

网络计划方法有普遍的适应性,特别对于复杂的大型项目更显示出它的优越性。它是现代项目管理中被人们普遍采用的计划方法。当然,网络图的绘制、分析和使用比较复杂,需要以计算机作为工具。

另外,BIM项目管理系统、P3、P6、Microsoft Project等软件在国际工程工期管理中相当普遍,我国的承包商在这方面也有投入。

3.工期计划编制程序与步骤

承包商在中标后,要根据合同条件编制详细的工期计划,其编制程序是:

(1)研究图纸和工程量清单,分清工作范围和工作内容。

(2)分析合同中关于工期的条款,将有关要求一一反映到有关计划中去。

(3)建立工程项目工作分解结构,对此可参考以往经验和已完成工作。工作分解要求尽可能细致,以便为以后工期计划的跟踪、控制及工程款的支付提供依据和标准。

(4)确定各工作的持续时间。

(5)确定各工作间的逻辑关系,并明确关键路线,形成初步CPM计划。

(6)检查调整后形成正式的,作为以后跟踪、控制基准的 CPM 计划。

编制工期计划的具体步骤:

①明确工作内容,为此要进行工作任务分解,其主要的方法就是工作分解结构 WBS (Work Breakdown Structure)。WBS 完成后,将产生一个作业清单,包含了为完成项目目标所需要执行的所有工作的作业项,不在 WBS 中的工作将被排除在项目工作范围之外。

②弄清所有作业的持续时间。对计划中各项工作作业的持续时间多采用估算的方法,在进行估算时,一是可以利用历史数据,历史数据包括以前同类型项目或类似项目的相关记录与文件资料;二是利用以前项目的经验,只是经验的准确性不如文件记录可靠。

③明确各项作业相互之间的逻辑关系。

平行关系,即相邻的两个作业同时进行;顺序关系,即相邻的两个作业按先后顺序进行;搭接关系,即两个作业有部分时间平行进行。

通常以网络图来反映各作业之间的逻辑关系。

④在网络图的基础上,还需要进一步明确以下条件才能完成计划的编制工作:

a.约束条件,如业主要求的开工时间、竣工时间以及一些重大事件、里程碑等。

b.假设条件,如有关部门将如期批准项目的初步设计,后期工作也将如期展开。由于假设条件属于不确定因素,因此其中蕴含了一定的项目风险。

c.日历条件,采用什么样的日历天数对计划工作影响很大,如是五天工作制还是六天工作制、节假日是否加班等,这一定要与工程所在国的法律法规相符合。

⑤在明确了以上条件后,就可采用关键路经法(Critical Path Method,CPM)编制工期计划。

⑥应根据项目管理不同层次的需要,将计划进行分层分级表示。

4. 工期拖延原因分析及措施

工期拖延是工程项目建设过程中经常发生的现象。当出现工期偏差时,需要分析该偏差对后续工作及总工期产生的影响。偏差的大小及其所处的位置不同,对后续工作及总工期的影响程度也是不同的。

(1)工期拖延原因分析可采用因果关系分析图,影响因素分析表,工程量、劳动效率对比分析等方法,详细分析工期拖延的各种影响因素,及各因素影响量的大小。在国际工程中,工期拖延的原因是多方面的,影响工期的因素也是复杂的,常见的有:

①工期及相关计划的失误,如计划工期超出现实可能性;

②自然条件的影响,如遇到了更加不利的自然条件;

③实施过程中管理失误;

④边界条件的变化,如设计变更、设计错误、外界(如政府、上层机构)对项目提出新的要求或限制;

⑤资金不到位,材料、设备未按期到货等;

⑥国际环境的动荡引起的社会不稳定;

⑦其他原因。

（2）解决工期拖延的措施。根据工期拖延的原因分析，通常采取以下措施：

①增加资源投入，例如增加劳动力、材料、周转材料和设备的投入量以缩短持续时间。

②重新分配资源。例如将服务部门的人员投入生产中去，投入风险准备资源，采用多班制施工，或延长工作时间。

③减少工作范围，包括减少工作量或删去一些工作包（或分项工程）。

④提高劳动生产率，主要通过辅助的措施和合理的工作过程。

⑤修改实施方案，采取技术措施。

⑥改变网络计划中工程活动的逻辑关系。

⑦将一些工作包合并，特别是将在关键线路上按先后顺序实施的工作包合并，与实施者一起研究，通过局部调整实施过程和人力、物力的分配，达到缩短工期的目的。

上述措施都会带来一些不利的影响，可能导致劳动效率降低，资源投入增加，出现逻辑关系矛盾，工程成本增加，或质量降低。因此，施工现场管理者在选择时应做出系统而周密的考虑和权衡。

5. BIM 在工期管理中的应用

BIM 在工期管理上的应用主要体现在对施工过程的模拟，通过软件将建筑物和施工现场 3D 模型与施工进度相链接，将施工资源、安全质量以及场地布置等信息与空间信息和时间信息进行集成，并整合到一个可视的 4D 模型中进行施工过程的模拟，以天、周、月为时间周期，按照时间顺序进行施工编排，合理制订施工计划，精确掌握施工进度。通过优化使用施工资源以及科学布置场地，可以对施工资源和施工质量进行统一管理和控制，以达到缩短工期和资源利用最大化的目的。

8.4.3　现场成本管理

成本管理是指通过收集、整理并利用有关工程项目的成本信息，而对工程建设进行成本控制的管理活动。在市场经济中，项目的成本管理在整个项目管理以致整个企业管理中都有着重要地位。企业效益通常通过项目效益实现，而项目效益中的经济效益通常通过盈利最大化和成本最小化实现。对于承包商，他们通过投标竞争取得工程的建设权，并签订合同，同时确定了合同价格，其工程经济目标（营利性）完全由通过成本管理实现。因此，施工现场成本管理对于承包商创造盈利具有重要意义。

承包商的成本管理包括：编制成本计划，进行工程成本核算，对工程成本进行控制；按照合同要求上报已完工程的进度款报表，及时获得应得工程款；加强施工过程的组织协调与技术管理，提高施工效率；加强施工项目的财务管理工作，减少不必要的开支和浪费，提高工程效益，尽量降低成本。

1. 工程项目成本要素构成

工程项目成本是指承包商为完成工程施工所支出的各种费用的总和。在国际工程承包中，承包商的总成本一般由直接费（人工费、材料费、机械设备及使用费）、间接费（临建费、保函手续费、贷款利息、税金、保险费、业务费等）、分包费、公司总部管理费等成本要素构成。在不同的国家或不同的项目中,费用划分可能有所不同。例如,在英国,直接费部分包括:①总承包商的人工费;②总承包商分摊到各分项工程和开办费中的施工机械费;③总承包商材料费;④总承包商下属分包商总费用;⑤指定分包商总费用;⑥指定供应商总费用;⑦暂定金额和计日工费用;⑧不可预见费;⑨监督本公司分包商和指定分包商的费用。

工程量清单(Bill of Quantities,也即 BQ 单)直接工程费中的每项单价都分解为人工、施工机械、材料和分包费用。

间接费一般可称为工程管理费,主要包括:

①现场管理费,一般是指为工程施工提供必要的现场管理及设备而开支的各种费用,如维持一定数量的现场监督人员、办公室、临时道路、安全防卫、炊事设施等费用。在我国也称为直接管理费。

②公司总部管理费,这部分费用不直接与任何单个施工项目相关,也不局限于某个具体工程项目,只要承包商从事经营活动,不管其是否接到合同,这项成本都要发生。如各项利息、税收、租金、手续、保险、文具、照明、办公设备等费用。

美国将一项工程的直接费和间接费分解为五个基本单元:

①人工费;

②材料费;

③施工设备费;

④分包费;

⑤服务和其他费用。

2. 成本计划的编制

为了有效控制施工成本,应正确地编制施工阶段成本计划。通过对工程项目的分解,按分解的子项目编制相应的资金使用计划。在对工程项目进行划分时,应注意工程项目划分得粗细程度。一般的工程项目可划分到分项工程,但这种划分并不是绝对的,应视实际需要而定。国际上通用的建筑工程量计算规则中的项目划分细度介于我国的分项工程和分部工程之间。成本计划编制的基本程序如下:

(1)收集资料。广泛收集并整理有关资料是编制成本计划的必要步骤。有关资料包括:企业有关定额和技术经济指标;有关成本预测、决策资料;工程项目的施工图预算、施工预算;施工组织设计;工程项目使用的机械设备生产能力及其利用情况;工程项目的材料消耗、物资供应、劳动工资及劳动效率等计划资料;以往有关成本资料及国内外先进水平资料等。

(2)确定目标成本。在所掌握的资料基础上,根据企业现有资源,结合各种变化因素及拟采取的措施,估算生产费用支出总水平,进而提出项目成本计划控制指标,从而确定目标成本。确定目标成本并将其分解到各有关部门和班组,需要利用 WBS 进行分解工作,即将工程项目的工作自上而下逐级分解,然后再自下而上进行成本估算。经过逐级汇总得到整个工程项目的总成本。

在工程实施中,成本计划工作一般有以下几个方面:

（1）已完成或已支付成本计划，即在实际工程上的成本消耗，它表示工程实际完成的进度。

（2）追加成本（费用）计划。由于工程变更、环境变化、合同条件变化应该追加的部分。业主由于增加工程范围或物价上涨按合同应给承包商赔偿，受到承包商的索赔时，则应予以追加合同价格。对承包商来说，由于工程量增加，成本亦会相应增加，则他有权向业主索赔。

（3）剩余成本计划，即在当时环境下要完成剩余工程还要投入的成本量。它实质上是项目前期以后新的计划成本值。这种情况下，项目管理者可以一直对工程结束时的成本状态、收益状态进行预测和控制。

（4）最终实际成本和结算价格计划。施工结束后必须按照统一成本分解规则对工程项目的成本状况进行统计分析，储存资料，以便为日后工程成本计划提供依据。

3. 成本控制

成本控制是指通过控制手段，在达到预定工程功能和工期要求的同时优化成本开支，将总成本控制在计划范围内。成本控制具有一定的综合性，因为其目标不是孤立的，只有与工程范围、质量目标、工期目标、效率、消耗等相结合才有价值，因此，必须追求它们之间的综合平衡。

成本控制是国际承包商在获得工程承包合同后所面临的极为重要的课题。获得承包合同仅仅是赢得了竞争投标的胜利。只有把实际工程实施的成本控制在合同价格之内，才能获得利润。尽管在投标前对工程做过详细的价格计算，也分析了成本和利润，但因投标时间限制，这种分析一般是较粗略的。因此，如果不在实施过程中严格地进行成本控制，仍可能产生难以预料的严重后果。

抓成本控制，就是要监督工程收支，努力将计划利润变成现实利润；同时要做好盈亏预测，指导工程实施。根据工程实施中的收支情况和成本盈亏预测，可将周转资金需求数量和时间进行调整，使资金流动计划更趋合理，从而可供资金筹措和偿还借贷参考。此外，积累成本资料用来验证以往投标、指导今后投标，也都是十分宝贵的。

在工程建设过程中，按照成本计划对工程成本进行动态管理，其主要内容有：

（1）认真做好图纸会审工作。在图纸会审时，对于结构复杂、施工难度高的项目，要加倍认真。要从方便施工、有利于加快工程进度、确保质量，又能降低资源消耗、增加工程收入几个方面来考虑，积极提出修改意见；对一些明显亏本的项目子项目，在确保质量的前提下，应提出合理的替代措施，争取得到业主和工程师的认可。

（2）优化施工组织设计。施工是根据设计图纸投入人力、原材料、半成品、机械设备及周转材料而完成工程实体建设的过程。施工方案不同，工期就会不同，所需机械也会不同，因而所发生的费用也会有很大差别。所以，施工方案的优化是工程成本有效控制的主要途径。

（3）确定适宜的质量成本。工程质量并不是越高越好，而是达到最佳质量水平最好，即在工程建设总成本最低的情况下达到最佳质量水平。因此，要在提高工程质量、确保符合合同要求的前提下将质量成本控制在某一水平。其中，对一些基本项目和涉及主体、竣工验收的分项工程可适当提高质量要求。因此，需通过综合考虑质量成本等各方面因素，使工程项目质量既符合合同要求，又具有经济性和可操作性。

(4)抓好进度结算。根据合同条件的约定,按时编制进度报表和工程结算资料,报送工程师并收取进度款。要建立健全分阶段内部编制结算书制度,为完工后迅速提供完备的资料打好基础。

(5)及时办理签证。工程工艺复杂或使用方、业主在装修标准、布局等方面出现变更,将使合同承包范围、工程造价随之变化。项目经理部应按照合同要求,积极要求书面确认,或者主动将其间发生的工程变更从自身角度出发,写出核定单,逐项列表汇总,定期送交工程师签字确认,并纳入当月工程款。在国际工程承包中,承包商不能只是"埋头苦干",一定要有明确的签字确认意识。

(6)加强材料成本管理。在工程建设中,材料成本要占到工程成本的一半以上,有时甚至高达整个工程成本的 70%~80%,所以是成本管理的重点;另外,由于其较大的占比以及较大的节约潜力,在其他成本出现亏损时,往往会从材料成本管理入手进行弥补。

(7)按照国际惯例,承包商要对所实施的工程和大型机械投保。在保险期间发生的损失应由保险公司赔偿,承包商要派专人进行保险合同管理,并要不失时机地展开索赔工作。

4. BIM 在成本管理中的应用

BIM 模型建立完善后,可以在模型中进行工程量提取。采购部门可根据模型中的工程提取量进行施工材料采购的审批,从而降低材料采购误差;相关技术员根据 BIM 模型中施工过程模拟以及施工进度模拟进行材料提取,并生成限额领料单;材料员以此为据进行发料,从而减少施工班组对材料的浪费。同时,施工人员可根据每一施工步骤提取的工作量进行材料准备及搬运。通过现场模拟,进行材料的合理堆放布置,可有效避免因材料堆场造成的二次搬运。

8.5 现场健康、安全和环境管理

8.5.1 现场健康、安全和环境管理的意义

工程建设是一项危险的工作。施工现场人员众多且密集,极易发生各类不可预见的事情,如后果严重的安全事故。由于国际工程项目的特殊性以及其历史、政治、社会的重大影响性,因此,社会各界对工程项目提出许多新要求,如法律对劳动保护(健康、安全)的要求、ISO14000 环境管理系列标准要求等。

在有些工业领域将这些统一为工程项目的"健康—安全—环境"(HSE)管理体系。施工现场管理是国际工程项目管理的重要组成部分,是一项主要的基础性工作,它直观地反映出承包商的管理水平和精神面貌。有研究表明,在国外开展工程项目建设时,一旦发生安全事故,所受损失将占到项目总成本的 3.6%。由此可见,安全事故不仅会导致直接的经济损失、人员伤亡,还将直接影响到企业形象和未来发展,甚至还可能造成严重的政治和外交影响。施工现场良好的健康、安全和环境管理是改善施工条件和降低事故发生率的关键。

20 世纪 80 年代末期国际上发生的几次重大安全事故引发了国际工业界对其后果和社会环境影响的关注。这些安全事故使人们开始用新的理念、新的全方位的视角来认识工程建设与制造生产活动全过程的安全问题。这些案例不但在安全、环境、卫生健康方面造成了重大影响，也彻底改变了人们的传统安全意识。由此推动了 HSE 管理体系的诞生。HSE 管理体系是健康、安全与环境管理体系（Health Safety and Environment Management System）的简称。其宗旨是对工程项目实行职业健康、安全、环境的全员、全方位、全过程管理，并使其对项目建设本身的危险、对社会的危害、对环境的破坏降到最低点，它是实现工程项目建设目标的需要，更是国际工程通行的要求。HSE 最早是在 1991 年荷兰海牙召开的第一届油气勘探开发健康、安全与环境国际会议上提出的。1996 年，国际标准化组织发布了《石油和天然气工业健康、安全与环境管理体系》(ISO/CD14690)，继而推动了 HSE 管理体系在全球范围内的迅速发展。之后国外的施工企业逐渐将 HSE 应用到工程建设中，将 HSE 管理作为首要工作常抓不放，并把 HSE 管理目标的实现与否作为评定项目实施是否成功的重要标志之一。

国际工程的健康、安全和环境管理与国内工程相比，主要体现在管理方法、管理机构以及所采用的合同体系对现场健康、安全和环境管理中各方权利义务规定上的差异。国外对未实施 HSE 或不当实施的处理方式有：警告、整改通知、停工通知、诉讼。停工通知将迫使工程停工，直到采取合适的行动使该现场安全为止。

目前，在一些国际工程承包合同中，对于健康保护，要求必须按照工程所在地的法律保护劳务人员的健康；对于安全保护，要求必须遵守法律和技术规范规定的操作流程；对于环境保护，要求施工工程的废弃物排放必须低于法律和规范规定的较小值。每个国家对于健康、安全和环境管理要求都有相应的法律或政策，并且责任规定明晰。而这些都可以纳入统一的施工现场管理体系中，即采用 HSE 管理体系进行管理。因此，在国际工程项目上，施工现场要遵循 HSE 管理体系。

HSE 管理指组织运用系统分析方法，对其经营活动全过程中存在的职业健康、安全生产、环境保护风险进行分析，确定可能发生的危害及其产生的后果，并通过系统化的预防机制消除各类事故的隐患，从而有效地减少可能引起的人员伤亡、财产损失和环境污染。HSE 管理体系将组织的经营目标转化到以人为本、重视资源综合利用、保护环境等方面，从而实现社会、经济、环境保护协调发展。HSE 管理体系建立与实施维护的基本要求是应具有系统性、控制连续性、适用性、经济性等。建立广义的 HSE 管理体系具有重大意义。

(1)国外实践经验证明，出现 HSE 事故善后所花费的费用，远远超过 HSE 管理中防范出现事故所花费的金额。因此，建立该体系可以节约成本，带来经济效益。

(2)可以将员工面临的职业健康安全风险降到最低限度，实现以人为本的职业健康安全管理。

(3)可以改善建筑工人的工作环境，保护施工现场的周围环境。建立完善的 HSE 管理体系是企业体现以人为本，实现经济效应、社会效应和环境效应的根本途径，最终将促进企业的可持续发展。

8.5.2　国际工程现场的安全管理

参照英、美等国家和我国台湾、香港地区的安全管理方法进行分析,并介绍一些国际工程中安全管理案例。

1. 相关安全管理的法规或标准

由于不同的国家和地区采用不同的安全管理法规,因此在安全管理体系的建立、安全控制措施以及安全事故处理程序等方面存在较大差别。熟悉工程所在地适用的安全管理法规和安全管理要求是实施安全管理的第一步,也是遵守这些法律规定实施安全管理的重要基础。

(1)美国安全管理的法规或标准

在美国,安全管理由美国劳工部下属的职业安全健康行政管理机构(OSHA)执行。

1970 年,强制安全法规《职业健康与安全条例》在美国国会获得通过。该条例规定所有企业必须遵循强制安全和健康程序,其内容主要包括以下几方面:

①员工培训:业主应保证新员工熟悉安全计划的内容,对员工进行安全培训并对实施现场进行安全检查。

②管理人员责任:项目经理和工程师要对现场工人、设备和材料的安全负责,必须建立起针对该项目的安全标准,并自始至终都要强制执行这些标准。

③安全检查及安全会议:项目经理和监理工程师要经常(至少每周一次)对施工现场进行安全检查,查明危险,确保各项具体工作的安全规定落实到位,并在每次项目安全会议上以适当的方式强调安全问题。

④OSHA 检查:若 OSHA 检查员在工作场所发现任何违法事件,都将就此事件发出传讯通知,并要求在规定时间内改正,同时对违反安全管理法规的情况处以高额罚金,并对生命安全造成威胁的施工作业进行制止。

⑤提供免费咨询:业主在任何时候都可请求 OSHA 培训官员或委托其培训,解决同健康和安全有关的疑难技术和法律问题。

(2)英国安全管理的法规或标准

英国的法律涉及健康与安全管理的方方面面。法律规定了每个人在健康和安全管理中的责任,特别是管理者的责任,并对违法行为的处罚进行了相关规定。英国的《工作健康与安全管理规定》是所有管理者必须遵守的。安全法律法规涉及的还有处罚措施、监督机构检查、事故责任调查。

①管理者责任:管理者要对员工在工作中的不安全行为负责,对员工在其授意、默许或疏忽下产生的犯规行为负责。

②处罚措施:地方法官可以对违反健康与安全法的人处以 2 万英镑以下的罚款;不具备业主责任保险证书的,将被处 1000 英镑的罚款;在刑事法庭被起诉的人,可以被处罚款(金额不限)并处以高达两年的监禁。

③监督机构检查：英国的安全健康检查员在执行法律方面拥有广泛的权力，能够发布"改进"或"禁止"通知、中断组织机构的营业活动、在任何时候进入工作场所检查并没收危险物品、调查事故或危险的征兆以及检举一切不良行为。

④事故责任调查：对于安全事故责任的追查，按照分包商—总承包商—工程师—设计者的顺序依次调查。一般来讲，总承包商是主要责任人。然而，如果该事故是一个有经验的承包商使用合理的措施仍无法规避的，则可能追查设计者的责任，即调查设计的合理性是否符合现行的设计规范和是否在设计中考虑到了施工的危险性等。

（3）日本安全管理的法规或标准

日本建筑业的安全生产管理体制与我国有类似之处，劳动省负责对所有产业的安全生产进行统筹监督管理，建设省负责对建筑行业的安全生产工作进行具体监管，但监管重点在公共工程。日本的建筑安全生产法规体系可分为四个层次：第一层次是法律，如《劳动安全卫生法》《劳动基准法》《建筑基准法》《建筑仕法》《建筑业法》等，这些法律从安全生产管理根本原则、管理体制和各方安全权利、义务方面做了规定；第二层次是有关法律的施行令，如《劳动安全卫生法施行令》《筑业法施行令》《建筑仕法施行令》等，这一层级主要是具体规定劳动场所安全卫生要求、从业人员资格要求等；第三层次是建设省颁布的一些纲要，如《公共工程招标中的工程安全对策纲要》《建设副产品合理处理推进纲要》等，这些纲要往往对于建筑安全生产管理来说具有最直接的指导意义；第四层次是一些技术性标准，如《建筑工程通用规格书》《建设业附属宿舍规程》。

（4）我国台湾安全管理的法规或标准

我国台湾地区的建筑安全生产法规体系主要分为三大层次：第一层次主要有《劳动基准法》，规定雇主对于雇用之劳工，应预防职业上的灾害，建立适当之工作环境及福利设施，此外，还有《劳动安全卫生法》，立法目的在于防止职业灾害，保障劳工安全与健康，在安全卫生设施、管理、监督检查法则等方面做了规定。第二层次：一是各业适用规章，主要有《劳工安全卫生法实施细则》《劳工安全卫生设施细则》《劳工安全卫生训练规则》《高架作业劳工保护措施标准》《重体力劳动作业劳工保护措施标准》等 15 个；二是分业适用规章，主要有《营造安全卫生设施标准》，该标准专门适用于建筑业；三是危险性机械及设备适用规章，涉及建筑安全的主要有《起重升降机具安全规则》；四是有害物质危害预防规章及其他规章。第三层次是技术标准，台湾现行有关安全卫生的技术标准有近 300 种。

台湾建筑安全法规体系的特色在于行政规章这一层级规定得非常详细，而且技术性非常强，这种处理方式提高了技术性内容的法律效力，如《营造安全卫生设施标准》，虽然标题冠以"标准"，但其与真正技术标准不同，实际上是行政规章，规定了作业场所安全、器材储存及作业场所整理整顿、临时结构体（包括施工架、混凝土型架、挡土支撑）、开挖（包括露天开挖、隧道坑道开挖、沉箱）围堰及压气施工、打桩作业、钢筋混凝土作业、钢架作业、建筑物拆除、危害健康的作业、环境卫生等多个环节和方面，与一般规章规定更多的管理内容相比，技术特色十分鲜明。

（5）我国香港安全管理的法规或标准

香港建筑安全生产法规体系可分为四个主要层次：条例（如《职业安全及健康条例》）、

规例(如《工厂及工业经营规例》《建筑地盘(安全)规例》)、工作守则(如《工作安全守则(升降机与自动梯)》)、安全指引和指南(如《建造业次承建商工地安全管理套件》)。

对于承包商而言,只有熟悉了相应的安全法规,才能明确自身应当承担的安全管理责任,并对分包商的安全进行恰当的管理和控制。熟悉工程所在国适用的安全法案是制定安全管理措施的第一步;明确自身责任,使工程项目实施全过程符合相关管理条例规定,免于因违反安全管理法案而遭受行政处罚,进而造成经济损失;充分利用法律规定对项目参与人员进行管理培训,全面贯彻安全管理理念,保证项目人员遵守安全法规。

2. 安全管理机构及职能

在项目执行过程中,业主通过对承包商的恰当要求来保证项目安全实施。因而,承包商也是代表业主进行现场安全管理,并向政府及相应安全管理、监督机构负责的责任人。在不同的国家和地区,安全管理机构及其职能不尽相同。项目执行期间,安全管理体系的建立和审批、安全管理措施及投入的保障以及事故发生后的汇报及处理,都需要承包商与安全管理机构密切合作,取得管理部门的同意。

(1)美国安全管理机构及职能

在美国,职业安全健康行政管理机构负责建立安全标准,并通过施工现场检查来强制执行安全标准。职业安全与健康条例中规定,只要各州提出的要求在最低程度上与该局强制执行的标准同样严格,就允许自行管理的州执行自己的安全计划和标准。因而,各个州的职业安全健康管理局也就成为该地区安全管理和监督的直接机构,行使监督管理职能。

(2)英国安全管理机构及职能

英国政府的职业安全与健康管理机构主要包括安全与健康委员会和安全与健康执行局。安全与健康委员会领导由业主组织、雇员组织和地方当局代表以及其他适合人员组成。安全与健康委员会的职能是:

①确保工作中的人员安全、健康及福利;

②帮助人们避免因工作而遭受的健康和安全危害,控制炸药、易燃物和其他危险物品等的保存与利用;

③组织和进行安全与健康领域研究,促进培训工作,提供信息和咨询服务;

④评价安全与健康法规的适用性,向政府提供新的或修改的法规及执法规则的建议。英国安全与健康执行局为政府的主要管理机构,被赋予了很大的权力,必要时可向企业派遣安全监督人员,可到任何工地监督安全生产情况,有权责令工地停工,有权对重大安全事故责任者向法庭提起诉讼。

(3)中国香港安全管理机构及职能

香港的建筑安全管理机构主要有劳工处和运输及工务局。

①劳工处。劳工处是政府执行劳工法例的机构,其主要职责是监督及协助业主遵守劳工法例,确保香港履行国际劳工协议,并负责提议制定劳工法例。

②运输及工务局。运输及工务局也是政府的直属部门,主要是以政府业主的身份管理政府的公共工程,制定相关的政策,提供与建筑业和公共工程有关的法律咨询。

通过上述分析可见,不同的国家或地区,安全管理机构和部门也是不一致的。对于承包商而言,在实施项目过程中应注意与相关管理部门密切配合,对安全管理办法及现场安全管理情况及时上报,保证顺利通过相关部门的安全监督和检查,为项目实施创造有利条件。

3. BIM 在安全管理中的应用

鉴于施工人员文化素质总体偏低的情况,采用书本教学方式来实现安全教育培训的目的不仅困难,而且效果不佳,但以 3D 模型为载体在施工前利用 BIM 仿真模拟效果以动画形式呈现在接受安全教育的群体面前,如危险源识别、施工预演,并对施工各要素以及相关设备操作。在提高安全培训现场感的同时,还能够使其在身临其境中意识到危险的存在以及安全隐患的位置、快速理解安全操作的具体方法,不仅能为后期安全操作做好培训,还能较为生动地向施工人员进行更加深入的安全教育。

8.5.3　国际工程现场 HSE 管理体系

HSE 管理体系主要用于指导企业通过经常化和规范化的管理活动,建立符合要求的健康、安全与环境管理体系,实现健康、安全与环境管理目标,继而通过不断的评价、管理评审和体系审核活动来推动整个体系的有效运行,促使健康、安全与环境管理水平不断提高。由于 HSE 管理体系的实施需要依靠良好的现场安全文化,而这种文化是许多工程项目难以形成的,所以 HSE 管理体系的实施比设计要更为困难。

1. HSE 管理体系的管理流程

建立完善的 HSE 管理体系是建筑企业进行 HSE 管理的首要任务。工程项目必须拥有完善的 HSE 管理组织机构、对应的责任制度、广泛的监督机制和有效的激励措施,同时又必须有清晰的 HSE 管理流程,如图 8-3 所示。

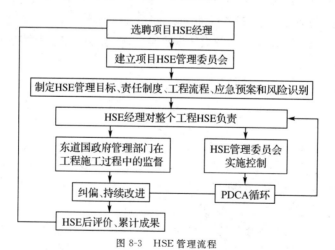

图 8-3　HSE 管理流程

2. HSE 管理体系的主要内容

(1)HSE 方针和目标

①为 HSE 管理体系有效运行提供强有力的领导和必要的资源保证。

②全面贯彻执行工程所在国有关健康、安全与环境的法律法规,以及执行公司的方针目标以及业主提出的相关要求。如英国的《工作健康与安全管理规定》、美国的《职业健康与安全条例》。

③最大限度地满足员工 HSE 的需求,关心员工的健康和安全,创造良好的作业环境,树立一流的企业形象。

④营造良好的 HSE 企业文化,强化员工的 HSE 意识,不断提高员工的 HSE 水平。

⑤指定项目经理部各级组织进行 HSE 监督,加强项目 HSE 管理体系运行的监督管理。强化风险管理,运用风险管理技术,减少和避免人员伤害和对环境的破坏。

⑥运用科学的管理方式和先进的技术,实现 HSE 管理体系的持续改进。

(2)HSE 管理机构

HSE 的管理机构包含三个主要部分:

①项目经理部 HSE 领导小组的组成;

②项目 HSE 组织机构图;

③项目 HSE 管理网络图。

其中组织机构的搭建最为重要。

建立广义的施工项目 HSE 组织机构。由总公司分管安全生产的副总经理牵头,推选项目 HSE 经理,成立 HSE 管理委员会。HSE 管理委员会由业主方、勘察方、设计方、监理方、分包商、机械材料供应商代表组成。HSE 经理的地位仅次于项目经理而高于其他一切部门领导,可直接向项目经理汇报工作,不必通过各级部门逐级汇报。如项目中出现不利于 HSE 管理的严重问题,可要求项目经理立即停工。负责项目的总工程师、工程总监直接对 HSE 经理负责,指导并监督施工技术安全人员做好工作。施工技术安全人员必须对施工操作人员进行 HSE 培训。把周边社区纳入 HSE 管理体系范围,从项目一开始就及时向周边社区和项目干系人讲解工程情况、存在风险,紧急事故发生时应如何应对等,并在项目建设过程中,定期发布 HSE 情况报告,征求意见,寻求理解,改进工作。

(3)HSE 责任制

HSE 责任制分别描述项目经理、分管 HSE 工作的项目副经理、项目总工程师、项目 HSE 监督、项目 HSE 部、项目施工部(技术、调度、质量、设备)、项目财务部、项目经理部办公室、项目劳动人事部、项目物资部、作业班组长的职责。

(4)安全保证措施

安全保证措施包括施工人员居住地安全保证、施工现场用电作业安全保证、管材运输及堆放安全保证、起重作业安全保证、各种主要专业的安全保证。

(5)健康保证措施

①工程开工前,项目经理部安排所有临时和长期员工进行身体检查,建立员工健康档案;②项目经理部设立专职医疗保健人员和设施;③进行健康教育培训;④现场和驻地卫生保证措施;⑤现场急救措施;⑥传染病防治措施;⑦营养卫生保证措施;⑧饮食保证措施;⑨炊事人员卫生管理措施;⑩厨房、食堂卫生保证措施;⑪员工健康保健措施;⑫浴室卫生保证措施;⑬厕所卫生保证措施;⑭劳动环境卫生保证措施;⑮施工现场健康保证措施。

（6）主要工种及重点工程施工安全措施

①工种：如焊工、起重工、机械操作工、推土机操作工的安全措施；

②安全教育和培训；

③重点工程的施工安全措施。

（7）环境保护措施

①环境保护培训计划和培训内容；②施工现场环境保护措施；③设备、管材搬迁的环境保护措施；④驻地环境保护措施；⑤施工作业中环境风险预防措施；⑥保安，包括现场保安设置、人员和车辆的进出场控制、现场人员秩序和防止打架斗殴等。

（8）分承包商的 HSE 管理要求

（9）培训

①工程开工前培训的主要内容。通常为 HSE 基础知识，有关法律、法规和标准，公司的 HSE 政策，相关方对 HSE 表现的要求，隐患识别技术，操作技能，特殊工种技能，消防知识、救生知识等。

②应急培训的主要内容。包括项目事故险情类别、性质和危害特点，事故先兆的识别和判断，事故报告，事故抢险，人员救生，紧急撤离等。

③培训要求。施工班组到达新的施工作业地区，针对地区的实际情况进行培训；使用新设备前进行培训；采用新的工艺技术前进行培训；新员工上岗前或岗位转换前培训；对技能或素质不满足要求的员工培训。

（10）风险评价与危害管理

①项目风险和危害清单；

②项目危害的识别、控制和消除；

③危害及影响的确认、评价及削减措施的制定。

（11）监督检查和审核

①HSE 监督检查。包括检查频率、现场检查。

②HSE 审核。a. 项目经理部为保证 HSE 管理体系持续有效的运行，定期或不定期地对项目经理部 HSE 管理体系的适宜性、符合性和有效性进行审核；b. 审核组织；c. 审核频率；d. 审核实施。

（12）应急计划

①应急程序；

②应急范围，通常包括火灾、交通事故、触电事故、洪涝灾害等；

③应急组织机构；

④各组织成员职责，包括现场应急指挥、项目经理部监督、做好应急和医务准备；

⑤应急措施，包括火灾、人员落水的急救措施，交通事故应急措施，触电急救措施，工伤疾病急救措施。

（13）附件

①医疗急救流程图（即在出现医疗事故情况下的处理流程）；

②营地火灾急救流程图；

　　③项目经理部撤离流程图(在天气恶劣、洪水暴发、战争爆发等紧急情况下的紧急撤离流程);

　　④污染环境处理流程;

　　⑤主要施工作业危险、险情识别和评价表,对施工中容易出现的危险和险情主要控制、治理原则,列出主要危险和险情,对危险和险情做出评估(危险评估分类、事故易发性分级、危险评估分类矩阵);

　　⑥危险、险情登记及控制、消除要点表,包括针对主要危险和险情,列出危险登记、危险类别与范围、危险识别与描述、危险评估、出现频率、潜在危害、恶化因素、危险控制措施等;

　　⑦施工中 HSE 常见风险清单,包括风险描述、风险场所、风险升级的因素、关键控制人、可能产生的后果、预防措施及判定准则、危害评价等级等。

8.5.4　国际工程现场 HSE 管理应注意的问题

　　鉴于 HSE 管理体系作为进入国际工程承包市场的准入证,我国建筑企业在工程承包实践中也逐步建立了自己的 HSE 管理体系。然而,由于国内外环境存在较大差异,在国际工程施工中 HSE 管理有自身的特点,应注意以下问题:

　　(1)要加强 HSE 培训和教育,提高安全技能和环境保护能力。由于我国建筑企业的国际工程承包市场大多位于经济不发达国家,当地教育水平和技术水平较低、安全意识较弱,因此当地雇员的 HSE 培训工作显得更为重要。要加强对当地雇员安全操作技能和规程的培训和沟通。许多承包商要求其雇员通过一系列关于健康、安全与环境的强制性培训能力测试。在英国,每个通过能力测试的雇员都将得到一个 CSCS(Construction Skills Certification Scheme)卡,该卡表明持有者已接受关于健康、安全与环境方面的培训。

　　(2)由于国际工程施工现场一般都是位于比较偏僻的地方,可能离当地卫生部门较远,因此施工现场必须配备一定的急救药品,便于处理紧急事件。此外,国内施工人员由于习惯了本国的就医环境,对国外的具体就医情况可能会担心和不适应,因此要尽可能地配备一名国内医生,一方面可提高效率,节省成本;另一方面可减少由于到当地医院就医所引起的一些不必要的麻烦。

　　(3)提高设备装备水平,现场配齐安全设施用品,提高防护应急能力。先进的设备、高标准的装备水平、严格的维护保养措施为施工作业搭建了坚实的安全平台。应配备专用的安全措施、足够的交通工具、良好的通信设施来提高对突发事件的应急处理能力。

　　(4)落实环境保护措施。由于世界各国对环保要求日益严格,对施工现场的环境保护不重视将会导致业主的抱怨甚至受到当地有关部门的处罚。为此,必须严格落实环境保护措施:遵守当地环境保护法规;提高员工的环境保护意识;按业主要求做好每一项环境保护具体工作,如垃圾分类回收,设备防泄漏保护措施,作业过程中不破坏原有生态环境和植被以及施工后及时复原等。

（5）预警机制的构建。防范和化解工程项目中 HSE 管理风险,重点在于事前预防,要做到有效的事前预防,就需要建立完善的 HSE 管理风险预警机制。

①提高项目经理部人员的 HSE 意识,明确各部门职责。应组织 HSE 管理专家和 HSE 监督员对项目人员进行专门培训,并经常邀请 OHSMS[①] 审核员授课,讲解 HSE 的意义和要素,介绍国内外风险评价和危害辨识方法,了解国内外项目 HSE 管理的最新动态,从而使得项目经理部的各层次人员对 HSE 有清晰的认识,并明确自己的 HSE 职责。需要强调的是,无论承包商是因为何种优势获得的工程,比如最低价或最短工期,在施工过程中都不能减少 HSE 管理的投入;工程师必须认真履行法定职责,对现场隐患或事故做出及时有效的处理;建筑施工从业人员更要树立自我保护意识,认真学习 HSE 知识。

②在施工现场安装远程视频系统监控工地安全,实现安全可视化。尽管在现场安装监控系统花费较高,但是一个工程项目竣工后,这个系统还可以换到下一个工程现场,摊销成本并不高。视频系统还可与 BIM 的多维管理相结合,进行现场监控,在保证施工现场安全的情况下可以为 BIM 的工期管理提供辅助材料。一旦发生建设安全事故或者出现违章施工的情况,能立刻调用相关资料,为接下来的应急救援等工作做好准备。

③HSE 委员会管理人员应注意职工的身体健康及心理健康,定期聘请医疗人员为职工体检并邀请有关专家进行心理访谈,就职工在健康和卫生方面所遇到的问题提供咨询服务;执行与职业健康及卫生有关的条例;为申请索赔工伤补偿的雇员判伤;举办展览和讲座,以提高职工的职业健康意识。

④注意环境对职工身心健康的影响。HSE 委员会应对建筑工人的工作现场进行实地调查,以确保工作场所符合有关健康及卫生的各项规定。

⑤建立快速信息反馈系统。当施工人员发现问题时(预警)可直接告知 HSE 经理。倘若问题比较简单,HSE 经理有权自己做出决定;若问题复杂,可以征求 HSE 管理委员会的意见或帮助;当问题极其复杂时,可以要求项目经理援助,最终达到以时间最短、所需步骤最少的方式解决问题的目的。

⑥强化 HSE 风险管理意识。HSE 风险管理主要包括风险识别、评估与风险控制。在 HSE 工程项目施工中,各种风险发生的概率、频率及可能造成的损失的严重性各不相同,有些活动可能潜伏多种风险,但对 HSE 造成的损失并不十分严重;有些活动虽然只是一种或两种风险,但其发生的频率高,造成损失的可能性大。因此,HSE 的风险辨识、评估与控制至关重要。

⑦重视 HSSE(Health Safety Security Environment)风险管理,即重视健康、安全、保障(治安)、环境风险管理。对于我国承建的国际工程,工程所在国的政治局势包括政权的更迭、政变或者兵变、罢工和暴乱乃至发生内战等,都会影响我国工程人员的安全,HSSE 风险应被认为是人身安全保障风险;工程所在国与周边国家关系也不容忽视,这些可能会

---

① OHSMS(Occupation Health and Safety Management System,职业健康安全管理体系 OHSAS18001)是 20 世纪 80 年代后期在国际上兴起的现代安全生产管理模式,它与 ISO9000 和 ISO14000 等标准化管理体系一样被称为后工业化时代的管理方法。

导致对工程所在国的封锁、禁运和经济制裁,如果关系继续恶化可能导致边境冲突,甚至发生战争,这些都会直接影响工程的实施和从业人员的治安安全。采取怎样的防范措施才能使身处境外的工程人员的治安安全得到保证已成为外向型建筑施工企业必须解决的难题。

⑧HSE 风险管理的实施应贯穿工程的全过程。HSE 技术措施在开工前应根据施工图编制,施工前必须以书面形式对施工人员进行职业健康安全技术交底,并对现场的环境条件进行监测,保证项目人员能在安全的环境中工作,并保证不对周边环境造成污染和危害。对不同工程特点和可能造成的职业健康安全事故,从技术上采取措施,消除危险,为从业人员提供健康安全和环境保障;施工中应对 HSE 技术措施的实施进行实时动态管理,经常进行监督检查,包括安全生产责任制、安全保证计划、安全组织机构、安全保证措施、安全技术交底、安全教育、安全持证上岗、安全设施、安全标志、操作行为、违规管理、安全记录、粉尘和噪声指数等;对施工中出现的新问题,技术人员和职业健康安全管理人员要在调查分析的基础上,提出新的职业健康安全技术措施和环境要求,不断改进、消除新的危险因素和危险源;不间断地摸索新的规律,总结控制的办法和经验,指导新变化后的管理。

⑨坚持全天候的 HSE 风险管理。每天班前会议对风险分析、作业许可证内容进行贯彻和落实。班组长或 HSE 管理者在现场对作业人员进行作业前的技术交底,告知工作任务、危险隐患和应急预防措施等信息,确保相关人员了解交底内容,按规程作业。

⑩施工项目业主方应积极参与到项目的 HSE 管理体系建设过程中,建立安全责任体制。要求业主和承包商均承担安全责任风险,建筑伤亡事故的最终法律责任和经济损失有相当大的部分由业主负责。业主须向承包商提供安全标准和环境保护细则,为承包商的安全培训提供便利条件;要求所有的承包商接受安全指导;审查其安全计划,并对其安全状况进行定期检查,一经发现问题,业主就可以向承包商反索赔。业主在工程项目招标时,将会把投标人良好的 HSE 业绩记录列为取得投标资格的必备条件。在工程施工阶段,业主应更积极地参与到承包商的安全管理中。业主对安全问题的高度重视,将会促使承包商意识到提供高质量的 HSE 服务是他们投标中标的必备条件。

8.6 现场管理中的文化冲突与沟通

8.6.1 现场管理中的文化冲突概述

与国内工程施工相比,国际工程项目施工现场管理需要面对完全不同的政治、经济、文化环境。施工现场不仅有施工方职工,还有当地雇员和其他国籍人员,因他们不同的宗教信仰、法律制度、语言文字、习俗和做法可能导致的文化冲突与文化风险,可能致使项目组织沟通不畅、管理效率下降,经营成本增加,甚至受到项目所在国的抵制,造成项目经营的失败。文化差异对国际工程施工现场管理的影响是多层次、全方位的,是国际工程施工现场管理能否成功的重要因素。文化差异的客观存在,使得我国承包商在异国开展工程项目时不可避免地遇到文化冲突。冲突在项目中随时产生,有些是严重的,而有些是极易解决的。为保障国际工程现场管理顺利进行,需加强了解和沟通,克服各国风俗、地理气候、思维习惯等差异。

文化冲突是指不同形态的文化或其文化因素之间相互对立、相互排斥的过程,它既指跨国企业在他国经营时与项目所在国的文化观念不同而产生的冲突,又包含了在一个企业内部由于员工分属不同文化背景的国家而产生的冲突。文化冲突表现为组织中人际关系紧张、管理失效、沟通中断、交易失败,甚至会有一些非理性的反应,威胁项目运作的效率和效果。

文化冲突主要表现在两个层面:一是国际工程项目内部层面;二是国际工程项目外部层面。文化冲突有时会使团队的项目运作受到重大影响甚至导致失败。

8.6.2 常见的文化冲突问题

文化冲突的表现形式是多种多样的,有的来自风俗习惯,有的来自价值观念,有的来自行为举止,有的来自自然环境。在国际工程施工现场,各国不同的风俗、地理气候和思维习惯是产生文化冲突的主要原因。根据文化冲突的成因,主要有以下几类问题:

(1)由不同风俗习惯和宗教信仰引起的文化冲突。宗教信仰是处于文化深层的东西,凝聚着一个民族的历史和文化。不同的宗教有不同的倾向和禁忌,影响人们认识事物的方式、行为准则和价值观念。不同国家、地区、民族由于受传统文化影响,形成独特的风俗习惯,表现为特有的消费传统、偏好和禁忌。如果不了解这些风俗习惯,就可能造成项目管理上的失败。

世界上各个国家都有自己的风俗习惯和宗教信仰,为了避免对别国雇员产生侵犯,本国员工要尊重当地雇员的风俗习惯和宗教信仰。例如,在伊朗实施项目,当地雇员每天的礼拜时间是不能侵占的;施工现场的食堂应考虑不同宗教信仰的雇员在食物上的禁忌;在某些地区,周五下午人们通常不工作,而周六上午则是工作时间等。

(2)不适应国际惯例所引起的文化冲突。在国际上,许多工程往往实施得比较严格,进行精细化管理,如采用 LEAN,5S 等。而国内施工人员习惯了粗放型管理,对按国际惯例管理的方法和制度不适应,容易产生逆反心理,发生碰撞。施工方项目经理部要深入分析工程师背景、习惯做法和思维模式,并努力调整自己,尽快与其建立起有效的沟通和合作关系。

(3)国内的外派人员与异国工程环境之间的矛盾。项目初期,国内的外派人员与当地沟通较少,在工作与生活方面相对闭塞。思想上,由于远离祖国和亲人,容易产生焦虑不安等情绪;工作中,由于不了解当地的思维方式、工作习惯,常常事倍功半,甚至适得其反;生活上,不仅要面对风俗人情、生活方式不同的压力,还要面对语言沟通的障碍,存在着很多不便。

(4)因不熟悉当地法律、法规所造成的矛盾。国外某些国家的法律对企业员工的工作时间、生活条件要求比较高,非常注重保护职工的权益。例如,规定国外企业必须招聘

30％以上的本地员工,企业不得随便辞退工人,辞退工人要多付 2～3 个月工资。所以聘用当地工人是一件令人头疼的事,稍有不慎,便会陷入法律纠纷之中。

(5)不熟悉当地建设市场所造成的矛盾。在国外,项目经理部在工程施工中将一些工作分包给当地的一些公司,但由于他们的工作效率低,常常贻误工程,造成施工环节衔接不上。在材料供应上,也常常出现违约情况,有时候质量也达不到标准。

(6)定型观念导致的文化冲突。人们在对母国文化和项目所在国文化进行评价时,常使用一些先入为主的定型观念。定型观念来自个体有限的经验,并借由间接获取的信息而形成。由于对异文化不了解,人们常无意识地使用自己熟悉的文化标准去衡量和评判异文化中人们的行为,认为自己的文化价值体系较其他文化价值体系优越而产生种族优越感,忽视项目所在国文化的存在及其在工程项目进程中的影响。这极易遭到项目组内当地员工的抵制,引发冲突,导致项目失败。

(7)沟通方式和语言导致的文化冲突。外派人员在项目所在国文化环境中的生活会遭遇多种障碍,如语言与非语言沟通等。由于语言、文字的深层内涵及其表达方式上的不同,造成沟通上的误会,因而易产生文化冲突。沟通方式,无论是语言的还是非语言的,都可以将不同文化的人群分开。语言是人类相互沟通的主要手段,并体现一个社会的文化,表达一种文化的思维模式。因此,掌握语言是了解它所体现的文化的关键。

另外,由于项目组内部人员来自不同文化背景,人们对同一事物的描述和表达有着不同的方式。人们在通过翻译对同一事物进行交流时,往往只是语言符号的一一对应,而对包含在事物深层的各国、各民族、各地区长期生产实践中所形成的风俗习惯则无法用语言准确表达,这往往成为发生文化冲突的导火索。

8.6.3 现场管理中的沟通管理

沟通是实现项目成功的关键,处于核心地位。据研究表明,项目管理者近 80％的时间都花费在与人沟通中。在国际工程中,语言和文化差异等可能会使所接受的信息产生变异,阻碍有效沟通。要解决国际工程现场管理中的文化冲突问题,促进项目健康发展,就必须有效地实施文化冲突管理,加强与当地人的沟通,从而实现文化的交融与整合。因此,有效沟通的重要性不言而喻。

项目组织内部必须通过各种渠道促进不同背景的员工相互了解、理解、适应和融合彼此的文化。这种沟通是广泛而深入的立体交流,既存在于不同民族文化、企业文化和员工个人素质之间,又贯穿于各层面的精神文化、制度文化和物质文化中。沟通是两个人或多个人之间能力、思想、信息、知识的动态交换,通过语言和非言语进行。沟通可分为四个部分:沟通者、沟通媒介、信息、接受者。沟通者往往只注意沟通中的某一部分。许多研究结果表明,项目现场的沟通通常是低效率的,需要不断改进。

1. 沟通的分类

项目中的沟通方式是丰富多彩的,可以从许多角度进行分类,例如:

(1)双向沟通(有反馈)和单向沟通(不需反馈)。

（2）按组织层次分为垂直沟通，即按照组织层次上下之间的沟通；横向沟通，即同层次组织单元之间的沟通；网络状沟通。

（3）正式沟通和非正式沟通。正式沟通是通过正式的组织过程来实现或形成的；非正式沟通是通过项目中的非正式组织关系形成的。

（4）语言沟通和非语言沟通。语言沟通即通过口头面对面沟通，如交谈、会谈、报告或演讲。语言沟通是最客观的，也是最有效的沟通，因为语言沟通可以进行即时讨论和澄清问题、理解和反馈信息。人们可以更准确、便捷地获得信息，特别是软信息。非语言沟通即书面沟通，包括项目手册、建议、报告、计划、政策、信件、备忘录以及其他形式。在现代社会，沟通的媒介很多，如电话、电子邮件、传真、书信、备忘录等。

2. 国际工程现场管理中有效沟通的策略

不同的文化背景导致了人们的行为方式的差别。在国际工程中，要了解一个国家的特征，不仅要懂得其语言，还要理解相关的手势或举止。国际工程现场项目经理部直接面对业主、咨询，直接负责采购和施工组织，又远离国内总部，沟通协调显得非常重要。在项目初始阶段，项目经理部就必须对沟通进行系统的策划，制定有效的协调程序。

国际工程现场管理中有效沟通的具体策略有：

（1）利用文化差异。认识和理解文化差异是沟通管理的基础。不同文化间存在文化差异，只有先承认其存在，才能实现跨文化沟通、理解。充分认识当地文化的复杂性，尊重工程所在国文化、习惯和传统，发现其特点、优势，促进文化认同和借鉴。要摆脱自身文化的约束，消除自我参照准则，避免错误归因和评价。应从异文化的历史和理念来解释、评价、看待异文化群体的行为。在认识和理解文化差异后，要进一步认识我国文化与工程所在国文化之间究竟存在多大差异及其外在表现，以便对项目的经营管理做出相应调整。项目组应对工程所在国文化的诸要素，如价值观、宗教、法律、语言等进行全面调查和比较，找出与我国文化的差异，分析这些差异对项目组可能造成的影响，并有针对性地加以解决。

（2）进行文化整合。文化整合是指文化特质与文化模式之间的自成一格，强调不同价值观念、生活方式之间的协调，不仅包含"一体化"，也包含"多样化"。文化整合可从三方面进行：一是整合价值观，在项目建设过程中通过动员、宣传，将不同的看法规范成一种新的与项目发展统一的价值观，形成协同合作的团队精神；二是整合制度文化，即通过吸收工程所在国风俗习惯、法律制度中的有利因素，规避冲突之处，修正完善项目管理的规章制度，加强团队管理；三是整合物质文化，通过采取物质层面的文化整合措施，强化员工对项目的认同感和对团队深层文化的理解。例如，日本 Mitsui 公司和美国 ADC 公司在建设某一化工工业厂房的过程中，由于日本和美国文化关于项目管理实践和价值方面存在诸多差异，因此，在项目早期，整个项目工期的推延。日本 Mitsui 公司项目经理要求美国 ADC 公司项目经理每天举行 4 次会议来更新项目计划。过多的时间花费在正式报告中以至于项目进展缓慢，整个项目的工期和成本远远超出了预期计划。为了促使项目重新回归到正常轨道，两个公司相互理解各自的文化，并进行了文化整合，最终形成了包含两类项目管理特点的管理模式，从而保证了整个项目按时完成。

（3）人力资源本土化。人力资源本土化并不是指工程承包企业要完全聘用当地人员，企业的高管和技术人员仍可从我国派遣,但应大胆地、较多地聘用当地人员。当地员工熟悉工程所在国国情、法律、文化传统、行为和思维方式,并能顺畅地与当地政府部门等进行沟通。这能显著增强工程所在国的信任感,保证项目管理人员的相对稳定,最大限度地消除文化隔阂,增强项目组与工程所在国政府打交道的能力。人力资源本土化应注意的环节:当地雇员必须由可靠的人员进行担保并经过至少三个月试用后方可签订正式合同;当地雇员的工作内容必须在合同中明确;项目经理部应为聘用的当地雇员制作 ID 卡,并给正式签订合同的人员制作统一的工作服;解聘当地雇员需提前一个月通知本人,并先收回工作服和 ID 卡,然后再结算工资;如果雇员自行离岗,需找担保人协商处理并收回项目经理部配发的公用物品。

(4)加强公关协调,改善外部环境。国际工程项目面临的环境非常复杂,为了使自己有较宽松的发展环境,应注重对外关系的建设与协调。这些关系包括与当地政府关系、社团关系、供应商关系等。项目经理部应积极开展公关事务活动,与工程所在国政府部门广泛接触,通过座谈会、恳谈会、娱乐活动、比赛活动、联谊活动等形式,表达其观点,让政府及其职能部门的官员了解、理解并支持项目发展,消除政治壁垒,达到沟通协调的目的。同时,为了实现特定的经营目标,必须与当地企业建立密切的合作关系。

(5)充分发挥翻译作用,克服语言障碍。在国际工程承包中,承包商与外界的所有沟通几乎都由翻译完成。翻译承担着项目中承包商与工程各方的绝大部分交往活动,是承包商和外界沟通的纽带,在一定程度上是整个项目经理部的形象,乃至承包商企业形象的代表。如果翻译能够了解或熟悉当地的文化和习俗,则在项目运作过程中可以避免很多不必要的麻烦。

(6)加强不同文化背景人员的沟通交流,相互信任。项目中不同文化背景人员的沟通交流是提高文化认同感的重要手段。除了项目开展中的正式沟通方式(会议、面谈、拜访等)外,国际项目管理人还可以采用多种多样的非正式沟通方式,加强不同文化背景人员之间的沟通交流,如联谊会、研讨会等。现代信息技术手段也为跨文化沟通创造了基本条件。企业可以充分利用信息技术快捷的信息生产和传播优势,为项目员工提供更广阔的沟通、交流、理解和融合空间。

项目经理部与分包商特别是施工分包商的沟通主要通过协调会、工程联系单、通知单、报表、会议纪要和检查记录等方式进行。项目经理部与总部的沟通主要通过邮件、电话和传真等方式进行,重大问题通过专题报告请示和协商。项目经理部内部的沟通主要采用工作例会、专题协调会、技术讨论会和内部交流会等方式。上述沟通过程所形成的所有文件,包括致函、报批文件、会议纪要、进度报告、往来邮件和内部传递文件等,都必须按文件管理规定进行编目、登记和存档。

8.7　5S 管理与 BIM 技术在国际工程现场管理中的应用概况

近年来,许多国际工程承包公司在现场管理中引入了日本的 5S、6S 管理理念与 BIM 技术等。

8.7.1 5S 管理

近几年逐渐兴起的 5S 管理也在国际工程的现场管理中被不断应用。

5S 管理起源于日本,是指在生产现场对人员、机器、材料、方法等生产要素进行有效的管理,这是日本企业独特的一种管理办法。5S 管理对象是现场的"环境",在管理中,它对生产现场环境全局进行综合考虑,并制订切实可行的计划与措施,从而达到规范化管理的目标。

1. 1S——整理

定义:区分要与不要的东西,现场除了要用的东西以外,一切都不放置。

目的:把要与不要的人、事、物分开,再将不需要的人、事、物加以处理,对生产现场的现实摆放和停滞的各种物品进行分类。

实现以下管理目标:①改善和增加作业面积;②现场无杂物,行道通畅,提高工作效率;③减少磕碰的机会,保障安全,提高质量;④消除管理上的混放、混料等差错事故;⑤有利于减少库存量,节约资金;⑥改变作风,提高工作情绪。

2. 2S——整顿

定义:必需品依规定定位、定方法摆放整齐有序,明确标示。

目的:不浪费时间寻找物品,提高工作效率和产品质量,保障生产安全。

实现以下管理目标:①物品摆放要有固定的地点和区域,以便于寻找,消除因混放而造成的差错;②物品摆放地点要科学合理。例如,根据物品使用的频率,经常使用的东西应放得近些(如放在作业区内),偶尔使用或不常使用的东西则应放得远些(如集中放在库房);③物品摆放目视化,使定量装载的物品做到过目知数,摆放不同物品的区域采用不同的色彩和标记加以区别。

3. 3S——清扫

定义:清除现场的脏污、清除作业区域的物料垃圾。

目的:清除"脏污",保持现场干净、明亮。

实现以下管理目标:①自己使用的物品,如设备、工具等,要自己清扫,不依赖他人,不增加专门清扫工。②对设备的清扫,着眼于对设备的维护保养。清扫设备要同设备的点检结合起来,清扫即点检;清扫设备时要做设备的润滑工作,清扫也是保养。③清扫也是为了改善。当清扫地面发现有飞屑和油水泄漏时,要查明原因,并采取措施。

4. 4S——清洁

定义:将整理、整顿、清扫实施的做法制度化、规范化,维持其成果。

目的:认真维护并坚持整理、整顿、清扫的效果,使其保持最佳状态。

实现以下管理目标:①车间环境不仅要整齐,而且要做到清洁卫生,保证员工身体健康,提高员工的劳动热情;②不仅物品要清洁,而且员工本身也要做到清洁,如工作服要清洁,仪表要整洁,及时理发、刮须、修指甲、洗澡等;③员工不仅要做到形体上的清洁,而且要做到精神上的"清洁",待人要讲礼貌、要尊重别人;④要使环境不受污染,进一步消除浑浊的空气、粉尘、噪音和污染源,消灭职业病。

5.5S——素养

定义：培养文明礼貌习惯，按规定行事，养成良好的工作习惯。

目的：提升"人的品质"，成为对任何工作都认真的人。

实现以下管理目标：努力提高员工的自身修养，使员工养成良好的工作、生活习惯和作风，让员工能通过实践 5S 管理获得人身境界的提升，与企业共同进步，这是 5S 管理活动的核心。

近年来，从 5S 管理上延伸出了 6S、7S、8S 管理。6S 管理即"整理""整顿""清扫""清洁""素养""安全"，通过这 6 方面的管理，可以实现合理规划施工现场、改善场容形象，保障施工安全、避免安全事故，提升人员素质、树立企业良好形象的施工现场管理目标。不仅打造了整洁、干净且效果持久的施工现场环境，还实现了施工现场各类物品的整齐码放，保证了对施工现场各类材料、设备的有效管理。同时，6S 管理方法简单易行，便于来自不同文化背景、不同文化水平的现场施工人员的理解。对于在海外进行施工项目的企业来说，采取 6S 管理投入较少资金即可取得较为显著的效果，在短期内就能改善海外项目施工现场的管理现状。7S 管理同样来源于 5S 管理理念，主要指"整理""整顿""清扫""清洁""素养""安全""节约"。8S 管理即指"整理""整顿""清扫""清洁""素养""安全""节约""学习"。

8.7.2　BIM 技术简介

1. BIM 技术概念

能源问题和环境问题是当前国际社会关注的热点问题，而这都与建筑业的高能耗、高污染密不可分。因此，建筑节能受到空前关注，而随着绿色建筑、被动式建筑、零能耗建筑、低能耗建筑在世界各国的兴起更是将建筑节能工作推向新的高度，加之装配式建筑在世界各地的不断应用，建筑节能从材料到施工，贯穿于建筑设计、施工、运行、管理等各方面的应用，BIM 技术应用随之兴起。

BIM 技术是近十几年来发展起来，利用多维模型信息集成技术为项目从早期规划、概念设计、细节设计、施工、运营维护及最终的拆除或翻新提供详细数据信息，以使项目建设的各参与方利用数据信息建立的仿真模型实现信息操作，资源共享，并达到提高工作效率、减少错误和降低风险等目的的工具。加之装配式建筑的应用推广与 BIM 技术的结合，不仅提高了建筑行业的效率，同时也减少了现场污染，为绿色建筑的应用推广奠定了基础。

一个完善的信息模型，能够连接建筑工程生命期中不同阶段的数据、过程和资源，是对工程对象的完整描述，可被建设工程各参与方普遍采用。可以完善建筑工程生命周期管理，实现建筑工程生命期各阶段的工程性能、质量、安全、进度、成本及运营管理，对建设项目全生命周期的总成本、能源消耗、环境影响等进行分析、预测和控制。

2. BIM 技术应用现状

（1）在美国，BIM 技术的研究和应用起步较早并初具规模。各大设计事务所、承包商和业主纷纷主动在工程项目中应用 BIM 技术。政府和行业协会也出台了各种 BIM 技术标准。数据显示,2012 年,美国工程建设行业采用 BIM 的比例从 2007 年的 28% 增长至 71%,其中 74% 的承包商已经在实施 BIM 了,超过了建筑师(70%)及机电工程师(67%)。

(2)在日本,BIM 技术应用已扩展到全国范围,并上升到政府推进层面。2010 年 3 月,日本国土交通省宣布,在其管辖的工程项目中推进 BIM 技术。

(3)韩国已有多家政府机关致力于 BIM 技术应用标准的制定,如韩国公共采购服务中心制定了 BIM 实施指南和线路图:2012—2015 年 500 亿韩元以上的工程项目全部采用 4D 设计管理系统;2016 年实现全部公共设施项目使用 BIM 技术。韩国国土海洋部制定的《建筑领域 BIM 应用指南》于 2010 年 1 月发布,是业主、建筑师、设计师等采用 BIM 技术时必须执行的标准。

(4)中国香港地区已广泛应用于各类房地产开发项目,2009 年成立了香港 BIM 协会。2014 年到 2015 年,该项技术覆盖香港房屋署的所有项目。

(5)中国内地也有一定数量的工程项目在不同阶段和不同程度上使用了 BIM 技术,如 2016 年 3 月完工的上海中心大厦。

3. BIM 在施工管理中的应用

当前,随着经济的发展及工业化水平的提升,建筑工程项目呈现出综合性的、极为复杂的高度动态的过程。因此,建筑施工企业的施工管理方式是否科学、合理、高效关乎建筑施工质量和施工进度等问题。施工单位之间的协调管理具有重要作用,特别是针对系统庞大、结构复杂、功能众多的建筑项目。

BIM 技术可以指导施工,以达到先试后建、消除设计错误、排除施工过程中的冲突及风险、对比分析不同施工方案的可行性、实现虚拟环境下的施工周期确定等目的。BIM 技术指导施工的具体应用体现在 BIM 整合现场过程中:通过 BIM 模型的虚拟建筑与实际的施工或管理现场结合来统一指导、操控现场施工,能够很好地解决传统建筑施工管理中存在的问题。

BIM 技术在国外施工管理中的应用贯穿于建筑的全生命周期建设,本章节只对其在现场管理中的应用做简要介绍。

8.8 国际顶级承包商施工现场管理案例

8.8.1 美国柏克德公司湄洲湾火电厂项目施工现场管理案例

柏克德公司始建于 1898 年,至今已在全球七大洲 140 个国家和地区承建了 15000 多个项目,是全球同行业中规模较大、享誉较高的跨国工程承包公司之一。湄洲湾火电厂是我国首家外商独资建设电厂项目,一期工程建设 2 台 362WM 机组,工程总投资 7.55 亿美元,由美国柏克德公司交钥匙工程总承包,工期历时 3 年零 2 个月。

　　受项目所在国政策影响,湄洲湾火电厂项目中的管理人员仅有 30％来自柏克德公司本部,而现场施工人员几乎全部来自当地。由于管理人员来自不同国家,因此在管理方式、管理经验、管理理念上存在很大差距,这也使该项目施工现场管理一度陷入混乱状态。同时语言不通导致柏克德公司的现场管理人员无法与现场施工人员进行有效交流,无法对施工人员进行有效管理,也为施工现场管理工作增加了难度。

　　柏克德公司结合项目所在国实际情况,积极完善管理制度,采用了合理有效的管理方法,在公司本部管理人员数量较少的情况下,对湄洲湾火电厂项目的施工现场进行了有效管理,最终使整个项目累计安全施工无工时损失达 1800 万工时,被评为全球优胜工程项目。

　　柏克德公司在湄洲湾火电厂项目中采取的一系列应变措施主要体现在以下几个方面:

1. 制定了系统的管理人员培训制度

　　来自柏克德公司本部的施工现场管理人员一般具有丰富的海外工程现场管理经验,在进行海外工程施工现场管理时会结合项目所在国实际情况采取具有针对性的管理措施,以保证海外工程施工现场管理的有效进行。但在湄洲湾火电厂项目中,70％的施工现场管理人员来自本地,对海外工程没有深刻的认识,习惯按照固有思维和管理方式对施工现场进行管理,对柏克德公司编制的各项现场管理制度并不重视,导致管理人员间的管理标准不统一,造成了施工现场的管理混乱。

　　柏克德公司针对现场管理人员管理水平参差不齐、管理理念不统一、对管理制度不重视的状况,制定了系统管理人员培训制度,对所有湄洲湾火电厂项目施工现场中的外聘管理人员进行了系统培训,通过培训提升外聘管理人员的管理水平、强化其对管理制度的理解,确保其在管理过程中能彻底贯彻柏克德公司颁布的各项管理制度,达到管理标准的统一,保证管理团队和谐、统一和高效。

　　柏克德公司的高层领导极为重视对现场管理人员的培训。为方便公司对外聘人员进行随时培训、保证培训效果的持久性,柏克德公司在湄洲湾火电厂项目总部设立了专门培训部门,培训部门负责人均由柏克德公司总裁亲自考察任命,公司甚至不惜重金,聘请国内外高级专业人才作为培训师充实到培训队伍中。所有参与湄洲湾火电厂项目的外聘管理人员无论学历多高、工作经验多丰富,都必须接受足够时间的教育和培训。如果培训结束后部门负责人认为现场管理人员达不到公司要求,该管理者将被拒之门外。柏克德公司的目标是保障每名现场管理人员都对海外工程施工现场管理抱有足够认真的态度和认知,确保其深刻认识到海外工程施工现场管理的重要性和复杂性,并对柏克德公司颁布的各项管理制度有较深刻的理解,确保在管理工作中按照各项管理制度的要求开展工作,促进其在海外工程施工现场管理工作中能时刻以公司利益为核心,以积极、主动、严谨、科学的工作态度投入到海外工程施工现场管理的工作中去。

2. 制定了严格的行为规范以预防安全事故发生

　　在湄洲湾火电厂项目中,施工现场的施工人员几乎全部来自当地,虽然工人在施工技术方面达到了柏克德公司的要求,但是普遍缺乏安全意识,在施工现场工作时许多行为均不符合安全行为规范,造成施工现场安全事故多发。

柏克德公司管理人员在发现此类现象后,决定将重点放在安全事故预防方面,即通过采取必要手段规范现场施工人员行为。如对施工人员进行安全知识培训、安全教育,从而增强施工人员安全意识,减少现场存在的安全隐患,达到降低现场安全事故发生率的目的。

在该项目施工现场中,柏克德公司管理人员组织专门人员对工人进行入场前的安全教育,并明确规定安全教育时间,如踏勘和参观不低于 10 分钟等。同时,为了保证培训的效果,减少由于语言不通造成的交流障碍,现场教育和培训全部采用电子化与图片等直观形式,内容具体、形象生动,便于员工接受。在此基础上,柏克德公司的现场管理人员规定工人进入现场必须按防护要求穿戴 PPE,并安排专人在现场入口处对施工人员是否佩戴安全防护装备进行检查。所有危险设备都要求张贴危险警告;对于化学危险品,设置专门平台和醒目警示标志;在禁止入内的危险地段和作业面,用警示带隔离,设置三脚架警告标志等。

3. 编制了多语言版本的规章制度并大量使用通用标志

在湄洲湾火电厂项目建设初期,柏克德公司编制了较为全面的管理制度和各类行为规范,并打印成册分发至施工现场管理人员及施工人员手中。但是,语言障碍导致外聘管理人员与施工人员在落实制度和遵守规范方面的效果并不理想。

针对这一情况,柏克德公司的高层管理人员及时采取了应对措施,以保障各项管理制度和行为规范的贯彻落实:一是将公司编制的各项现场管理制度与行为规范翻译成当地语言,分发至每一位施工现场中的工作人员手中;二是将制度可视化,即通过在施工现场张贴多国语言标志和图片,将管理制度所表达的内容以通俗易懂的方式展示出来,时刻提醒施工现场的工作人员按照规章制度开展工作。

4. 设置了大量的现场监控实现对施工现场的全面监控

湄洲湾火电厂项目施工现场占地较广,现场内包含多个工程主体,当各工程主体同时施工时,施工现场会涉及大量材料和设备运转、人员调配等工作,施工任务的繁多使施工现场安全隐患随之增多。

为解决上述问题,加强对施工现场的有效监督,柏克德公司在施工现场大门出入口、材料放置区、设备放置区、生活区、作业面等地设置了大量的监控摄像头,并对施工现场各环节设置视频监控以处理突发事件,保障了施工现场的正常运转以及财产人员安全。同时,在作业面、料场、出入口、仓库、围墙或塔吊等重点部位增加监控摄像头,配合安保系统对整个施工现场进行监控。

8.8.2 张河湾水电站项目施工现场管理案例

2005 年 3 月,日本大成建设株式会社(简称大成集团)与中国葛洲坝集团公司组成大成建设—葛洲坝集团联营体中标张河湾抽水蓄能电站施工项目(简称张河湾水电站项目),合同总金额 2.415 亿人民币,工期 28 个月。

与美国柏克德湄洲湾火电厂项目类似,现场管理人员同样仅有 30% 来自大成集团本部,施工人员几乎全部来自当地。管理人员在管理水平、管理理念等方面的差异以及施工人员工作素质参差不齐等同样为项目施工现场管理带来了巨大的困难。然而,大成集团结合实际情况采取了针对性措施,使项目于 2007 年 6 月 21 日完工,其先进的现场管理经验使项目在施工质量、安全与文明施工上获得大坝安全鉴定、质量巡检及蓄水验收专家组的一致好评。大成集团在张河湾水电站项目中采取的一系列应变措施主要体现在以下几个方面:

1. 采用 6S 管理方法打造了整洁的现场环境

虽然在施工现场中仅有少量的大成集团管理人员,致使其无法深入到施工现场的各个区域对施工现场的各项管理内容做到实时监督和指导,但为了保证施工现场的安全、有序,打造整洁的现场环境,大成集团的管理人员将 6S 管理方法融入施工现场管理制度中,对施工现场管理制度进行了细化,清晰、全面地对施工现场内各项管理内容的具体做法做了规定,如明确规定施工现场各个分区的打扫负责部门、打扫时间以及打扫的程序;在材料、设备管理制度中,也对材料和设备如何分类、如何放置做出了详细的规定。细致的管理制度使得施工现场内即便没有足够多的管理人员进行监管,施工人员也能按照制度中规定的做法对各项工作内容进行统一操作,保证了施工现场的整洁和有序。

2. 设置了专门的现场管理监督组织

在张河湾水电站项目施工现场中,70％的现场管理人员来自当地,在对施工现场进行管理时,外聘的管理人员对大成集团编制的各项施工现场管理制度并不重视,习惯根据自身工作经验,按照固有管理模式、管理理念进行管理工作,使得现场管理效果并不能达到大成集团的要求,导致了施工现场管理效率的降低。

为保证施工现场各项制度的贯彻执行,促进外聘管理人员严格按照大成集团的各项管理制度对施工现场进行管理,大成集团在项目总部中设立了专门的现场管理监督组织,该组织成员由大成集团现场管理人员组成,并直接受大成集团本部的高级管理人员领导,会不定期地对现场管理中的各项工作进行检查。只要该组织成员在巡视过程中发现某项管理工作没有落实到位,可立即责令该项工作的相关负责人进行整改返工。以安全管理制度为例,大成集团规定现场施工人员在进行施工过程中必须穿戴整齐 PPE,现场管理人员必须确保工人的安全保护设备佩戴齐全,否则不允许其进场作业。现场管理监督组织是现场管理工作的监督者和鞭策者,确保了施工现场各项管理工作的有效进行。

3. 结合当地工人特点开展了专门的技术培训

在张河湾水电站项目中,几乎所有的施工人员来自当地,技术水平普遍偏低,对正常施工造成了一定影响。但大成集团的管理人员发现当地工人普遍踏实肯干。所以,大成集团的现场管理人员结合当地工人特点,完善现场人员管理制度,专门增加了施工人员技术水平培养内容。即从每天的工作时间中抽出一定时间,专门对现场工人进行技术培训,让所有工人了解整个项目的设计情况、施工方法,并鼓励一线工人对相关工作提出自己的建议。大成公司在各施工现场或现场办公室内都挂有设计蓝图和施工方法示意图,任何施工人员都可以随时观看与学习。大成集团的做法在提升了工人工作水平的同时,也提升了工人的自信、主观能动性和工作责任心,最终促进了项目的顺利实施。

4. 采用了信息化管理系统进行现场信息管理

由于在张河湾水电站项目施工现场中仅有少量的大成集团管理人员,仅仅依靠人工管理无法对施工现场内的大量信息进行有效、统一的记录和分析,更无法做到管理信息的共享。所以,大成集团在张河湾水电站项目中建立了 PCM(Project Cycle Management,项目协同管理)系统对施工现场中的各类信息进行管理。在该系统中,管理人员可以对施工现场内的各类信息进行管理,如对材料和设备的种类、数量等进行查询、修改和打印下载,方便管理人员随时了解施工现场的实际情况。同时该系统实现了现场管理信息的共享,经授权的管理人员可随时进入系统查看所需要的信息,保证了管理人员对施工现场的深入了解。

大成集团非常重视信息系统的研发,信息技术的提升不仅减少了工程建设时间、降低了项目成本,同时也保证了项目质量,实现了全球统一管理与运营。大成集团不断开发新一代应用程序,发展新的网络技术,实时了解全世界的项目进程、物料价格信息等。先进的信息管理系统优势令大成集团可以在世界范围内选择最好的工程师、项目经理、采购专家和物流专家为项目服务,从而提高了公司处理各类复杂项目的能力,提升了企业的盈利能力。

思考题

1. 简述施工现场临时设施布置原则。
2. 简述国际工程现场质量管理。
3. 简述国际工程现场安全管理。
4. 简述 5S 管理。

第 **9** 章

国际工程风险管理

9.1 国际工程风险概述

9.1.1 风险概念

1. 风险的含义

风险是指在给定的情况下和特定的时间内,实际发生的结果与主观预料之间的差异,并且这种结果可能伴随某种损失的产生。风险存在于人类各种活动之中,风险的大小可以用客观的尺度来测量。从统计学的观点看,风险的大小取决于各种可能发生的结果的期望值以及标准差。风险贯穿于工程实施的全过程,风险与利润并存,只有不求利润才有可能不承担风险。所以,工程风险是对管理者的挑战,科学的风险管理是获得经济效益的保证。

2. 风险的基本要素

风险是由风险因素、风险事故和损失三个基本要素构成的统一体,三者之间存在一种因果关系:风险因素增加产生风险事故;风险事故引起风险损失。

(1)风险因素

风险因素是指引起或增加风险事故发生的机会或扩大损失幅度的原因和条件。它是引起风险事故发生的潜在原因,是造成风险损失的根源。如果消除了所有风险因素,风险损失就不会发生。

(2)风险事故

风险事故是指由一种或几种风险因素共同作用而发生的任何造成生命财产损失的偶发事件。也就是说,风险事故是损失的媒介,是造成损失的直接原因,即只有通过风险事故的发生,才能导致风险损失。风险事故的发生是不确定的,这种不确定性是由内外部环境的复杂性和人们对于未来变化的预测能力有限而导致的。

（3）风险损失

在风险管理中，风险损失是指非故意的、非预期的和非计划的人身损害及财产经济价值的减少。显然，风险损失包括两方面的含义：一是非故意、非预期和非计划的事件；二是造成了人身伤害以及财产经济价值的减少。如果缺乏其中任一方面，都不能称为风险损失。如设备折旧，虽有经济价值的减少，但不是风险损失。

9.1.2 风险分类

风险具有多样性。从不同的角度，可以将风险划分为不同的类型。

按未来结果的不确定性，可将风险分为纯风险和投机风险。纯风险系指只会造成损失的风险，如自然灾害等；投机风险系指可能造成损失，但也可能产生收益的风险，如投资股票等。

按来源，可将风险分为政治风险、经济风险、工程技术风险、管理风险等。

按分布情况，可将风险分为国别风险、行业风险和公司风险。国别风险系指在不同的国家客观存在或潜在的各种风险；行业风险系指不同行业可能遇到的各种风险；公司风险系指某公司在经营过程中可能遇到的各种风险。

按性质，可将风险分为可管理风险和不可管理风险，可管理风险指可以预测和可以控制的风险，反之则为不可管理的风险。

按受损失的对象，可将风险分为财产风险、人身风险、责任风险和信誉风险。

9.1.3 风险管理

风险管理的目的是避免或减少风险损失。风险管理是研究风险发生的规律，控制风险频率和风险幅度的策略、程序、技术和方法。通过对风险的识别、估计、分析，并在此基础上应用各种风险管理方法，对风险实施进行有效控制，妥善处理风险所导致损失的后果，期望达到以最小的经济成本获得最大安全保障的目标。

1. 风险管理的目标

工程承包企业风险管理的目标必须与企业总目标一致，必须与企业所处的环境和企业的实际情况相一致。风险管理目标由两部分组成，即损失发生前的风险管理目标和损失发生后的风险管理目标。前者是避免或减少风险事故形成的机会，包括节约经营成本、减少风险忧虑心理、满足相关法规要求、承担相应的社会责任等；后者是尽量减少风险损失和尽快使企业复原，包括维持企业继续营业、收入稳定、持续发展等。二者互相结合，构成完整的风险管理目标体系。

2. 风险管理者的责任

企业应有专门的风险管理人员，并规定其具体责任范围。工程承包企业风险管理人员的一般责任范围包括：

（1）识别风险因素、评估潜在风险损失；

(2)制定风险财务对策；

(3)采取各种风险对策；

(4)负责相关工程保险、职业责任保险；

(5)负责工程索赔管理；

(6)落实安全措施，处理安全事故。

除此之外，企业风险管理人员还需要与市场、工程、财务、物资及人事等部门保持密切联系，以便协调处理风险事件。

3. 风险管理的基本程序

风险管理的基本程序通常有风险识别、风险分析、风险管理对策选择、风险管理措施实施与评估等 4 个步骤。

(1)风险识别

风险识别是风险管理系统的基础。风险事件具有一定的隐蔽性和突发性，首先需要识别风险的存在，研究其发生的概率，衡量其严重程度，即可能造成多大的损失，以便确定风险防范的范围和内容。

(2)风险分析

通过风险识别，可以从宏观上了解和识别风险。在此基础上，尚需进一步对辨识的风险做深入分析与研究，以便了解这些风险的准确情况。风险分析就是应用各种分析技术和方法，对风险的不确定性及其可能造成的影响进行准确的分析和评估。风险分析有 3 个主要步骤：

①采集与所要分析的风险相关的数据；

②建立不确定性分析模型；

③进行风险影响评价。

风险分析的方法很多，归纳起来有定性分析方法、定量分析方法、定性和定量分析相结合的方法。

(3)风险管理对策选择

风险管理对策多种多样，选择时，应根据具体情况，认真研究各种可行的措施与手段，综合考虑多种因素，用科学的方法进行论证，以便制定正确的风险管理决策。在有效地管理各种可能风险的同时，要特别重视发生频率高和影响重大的风险因素，达到尽量避免或减轻风险可能造成的损失，甚至利用风险扩大收益的目的。

(4)风险管理措施实施与评估

采取果断的行动，实施风险管理对策中预定的措施；在付诸实施之后进行效果评估，其目的是查明决策的结果是否与预期目标相同，分析发生目标偏差的原因，将信息反馈给有关决策者。

9.2 国际工程风险分析

入世后的中国工程建设业在国际工程大市场上遇到了各种各样的风险，除了一般行业风险之外,还遇到了国别风险、特殊风险。因此,作为一个具有风险驾驭能力的管理者必须对可能遇到的风险因素有比较全面而深刻的了解。从国际工程市场的角度分析,常见的风险因素表现于政治、经济、工程技术、公共关系和管理等方面。

9.2.1 政治风险

政治风险是指工程市场所处的政治背景可能给承包商、工程咨询公司带来的风险,主要有以下方面。

1.政局不稳

一个国家的政治局势的不稳定性主要表现在政权的更迭、政变或兵变、罢工和暴乱,乃至发生内战等。政局失稳可能使建设项目终止和毁约,或者使建设项目直接遭到战争的毁坏,从而导致工程参与各方都遭到损失。如中东地区在政权更替以及战争爆发给国外建筑师、咨询工程公司和承包商都造成了不可估量的损失。

2.国际关系紧张

一个国家的国际关系及与邻国的关系也是影响经营活动的重要因素之一。如果工程所在国的国际关系紧张,可能招致封锁、禁运和经济制裁;如果与邻国关系恶化,可能发生边境冲突,甚至发生大规模战争。这些情况将直接影响工程实施和人员安全,使工程被迫中断,从而蒙受损失。

3.与我国的关系

工程所在国与我国的关系是非常重要的因素。如果工程所在国与我国关系良好,在工程实施过程中将会得到各方支持和帮助,办事顺利;反之,会碰到一些预想不到的问题。例如在投标竞争过程中甚至会遇到政治性的干预,工程实施过程中也可能在人员出入境、货物运输、工程款支付以及合同争端的处理方面遇到难题,使我国公司的权益受到损害。

4.政策开放性

当前国际形势的主流是和平与发展,大多数发展中国家都实行经济开放政策,给在当地注册的国外公司以平等待遇。但有些国家仍然实行闭锁政策,排斥国外公司进入,对国外公司和本国公司实行不平等竞争的"保护性法规"。在这样的国家实施项目,就会遇到一定的困难和风险。概括起来有以下几方面:

(1)规定合资公司中对外资股份的限制,以保证大部分利益归本国公司;

(2)对本国和国外公司招标条件不一视同仁。有些国家规定国外公司投标价格必须比当地公司投标价低若干个百分点才能被授标,或者必须与当地公司联合才能参加投标。

(3)有些国家对本国和国外公司实行差别税收,以保护本国公司的利益。对国外公司来讲,经常面对的是工程所在国对外来者所实行的种种歧视政策。常常被索要税法规定以外的费用或摊派,或者受到该国公务人员在执法过程中排外情绪的影响,构成潜在的风险因素。

5.权力机构腐败

如果工程所在国权力机构存在腐败现象,对工程项目的管理营私舞弊,必将导致企业间公平竞争的原则被破坏,国家经济秩序混乱,投资环境和经营条件恶化。这样会导致国际工程公司的正常工作受到干扰,从而蒙受损失。

6. 拒付债务

有的工程所在国政权发生更迭时,新政权不承认前政府债务,因此产生巨幅债务;同时某些国家在财力枯竭的情况下也会发生债务拒付的现象。

9.2.2　经济风险

经济风险是指工程所在国的经济形势、经济实力及解决问题的能力可能给承包商、工程咨询公司带来的不利影响。主要有以下几方面。

1. 通货膨胀

通货膨胀是一个全球性问题,在某些发展中国家更为严重。通货膨胀可能使所在国工资和物价水平大幅上涨,幅度往往超过原来预期的水平。如果合同中没有调价条款或调价条款写得太笼统,必然带来经济损失。如果最初签订了"固定总价合同",则损失可能更大。

避免通货膨胀带来的损失,不仅要考虑工程所在国的物价水平,而且要全面考虑国际市场上材料、设备的价格上涨情况及当地货币的贬值幅度,掌握国际市场物价浮动趋势。

2. 外汇风险

一般来说,业主希望支付本国的货币作为工程款,而工程公司希望得到能保值的硬通货,最后在支付条款中往往双方都会做出让步。有时在招标文件中业主会对硬通货比例做出规定。

外汇风险涉及一个很大的范围,而国际工程中经常遇到的外汇问题有:

(1)工程所在国外汇管制严格,限制工程公司汇出外币;

(2)外汇浮动,当地货币贬值,从而使工程公司赚取的当地货币因合同中没有规定采用固定汇率而蒙受损失;

(3)有的业主对外币延期付款,而利率较低,但工程公司向银行贷款利率较高,因而倒贴利率差;

(4)合同中规定的外汇贬值等。

3. 延迟付款

业主资金不足,支付能力差,以各种形式拖欠支付,如:合同中对拖延支付如何处理未做出相应规定;或虽然有业主拖延支付时应支付利息的条款,但利率很低;或业主找借口拖延签发变更命令而使新增项目得不到及时支付;或业主在工程结束时拖延支付最终结算工程款等。由于业主过于苛刻,有意拖延支付或找借口扣减应支付的工程款,特别是对包干项目,在项目未完成前拒绝支付或支付的比例很低等。

4. 分包风险

分包风险应从两方面分析:作为承包商选择分包商可能出现的风险与作为分包商被承包公司雇用时可能出现的风险。

　　工程公司作为总承包商选择分包商时,可能会遇到分包商违约,不能按时完成分包工程而使整个工程进展受到影响的风险,或者对分包商协调、组织工作做得不好而影响全局。特别是把工程某部分分包给国内有关单位时,如果协议中规定的风险责任不清,则容易产生相互推诿的情况;有时分包商派出人员的素质无法审查,也是造成整个工程受影响的原因。另外,当一个工程分包商较多时,如果经营管理不善,也容易引起较多干扰和连锁反应。

　　相反,作为分包商也会遇到总承包商有意压价,转嫁合同风险或提出各类不合理的苛刻条件要求分包商接受,使分包商处于被动地位。

9.2.3　工程技术风险

1. 自然条件风险

　　自然条件包括气象、水文、地质及自然灾害等。对于一个工程项目,特别是大型土木工程和水利工程项目,从工程的可行性研究、勘察、设计、施工,直至运营,与工程所在地的自然条件都密切相关,对工程的成败有着重大影响。由于一般业主不可能提供详细的基础资料,也不负责解释和分析,因而对工程承包或咨询单位的技术人员要求较高,如对设计图纸要求,既要保证工程的经济合理性,又要保证其绝对安全可靠。

　　自然条件风险主要表现在两方面:一方面,由于自然条件的复杂多变,容易发生因对自然条件估计不准确而产生的各种问题,如严寒、酷暑、多雨、塌方等对工程质量、进度和成本的影响;另一方面,当地出现的异常地质、气候、水文条件甚至自然灾害,如台风、洪水、山体滑坡、泥石流等。虽然按照一般合同条件,由于自然灾害造成的工期拖延可以得到补偿,但财产损失很难全部得到补偿。

2. 新工艺、新技术带来的挑战

　　随着科学技术的飞速发展,不断出现的新技术和新工艺对工程建设业产生了深刻的影响。一方面,业主对新技术的追求,并希望将其应用于生产中,因此对降低成本,提高效益提出了更高的要求。如果承包商、咨询公司不能适应新形势,终将被激烈的市场竞争所淘汰。另一方面,新技术的发展扩大了项目的规模和复杂性,增加了工程的广度、深度和难度,即增加了工程的技术风险。这就要求承包商与工程师要善于学习、勇于创新,能随时迎接新工艺、新技术带来的挑战。

3. 技术规范

　　技术标准、规范和规程特别庞杂,是工程建设重要的风险因素。一个工程项目的实施,通常要对工程中的材料、设备、工艺等做出详尽地规定,其中涉及大量的国家标准、规范和规程。如果从事的是国际工程项目,还需采用一些发达国家的规范、规程和标准或者工程所在国的标准。例如黄河小浪底水利枢纽工程中浇筑混凝土这项工作,不仅用到许多中国规范和标准,还采用了40多项美国的相关规范和标准。这就要求相关人员了解和熟悉国内和国外的相关规范,避免因技术规范等问题造成的质量事故和成本失控等问题。

4. 工程变更

　　业主由于资金、市场需求等方面的问题,在工程实施的过程中,常常提出工程变更,包括:增加或减少合同中所包含的工作量,改变其质量或时间安排,或增加合同以外的新的工作内容等。工程变更涉及工程技术经济,工程设计、施工、运营和使用等各个方面,将会导致工程不能按原有计划实施。工程变更通常会导致承包商或咨询公司的全面安排受到干扰以及服务费用的增加。虽然有的变更可向业主提出索赔要求,但容易产生分歧,难以收回全部成本并获得相应的利润回报。

5. 外文翻译引起的问题

在涉外工程承包和咨询服务中,由于我们的工程技术人员对外语的掌握大多不够熟练,而翻译人员又不熟悉专业技术,因此会因为对招标文件与合同文件中的一些关键词句翻译不准确而出现各种问题,以致造成后来工程实施中技术难度增大、成本增加、工期拖延,甚至会出现工作量虽然增加却很难得到索赔的情况。

9.2.4 管理风险

1. 公共关系

承包商与业主的关系,与工程所在地区的有关政府职能部门的关系,如果处理失当,常常会影响工程的正常实施。特别是海外工程,这些关系的影响更为突出,如果关系处理得不好也可能招致更大的风险。

如果是几家公司联合,内部签订的合作协议应对各方的职责、权利、义务等有十分明确的规定,并要对主要责任公司的对外关系进行明确。否则,将会影响彼此间的密切合作,造成工程拖延,质量下降,给各方均带来风险。

2. 合同管理

按合同处理各种事宜,是工程咨询和承包的工作原则。合同管理涉及双方的权利和义务、工作范围、进度控制、质量控制、成本控制、工程变更、支付、索赔、文档管理、知识产权等各项内容。承包商和咨询公司应配备懂法律、懂经济又熟悉工程技术的合同管理人员负责这项工作,以利用合同条件保护自己的权益,保证咨询工作顺利进行。否则,上述合同中任一方面的问题处理不当都会直接或间接地造成经济或其他损失。

3. 后勤管理

实施工程建设项目通常需要强有力的后勤支持,其中包括公司总部的支持和业主的支持,所有后勤工作直接关系到工程能否顺利地按计划进行,所需器材能否充足和及时供应,现场工作人员能否充分发挥效率等这些问题都会直接或间接地影响工程项目效益。

4. 财务管理

财务管理是工程项目获得理想经济效益的重要保证,财务工作贯穿工程项目实施的始终,涉及成本费用的估算、项目融资、仪器设备材料采购、工程收付款、金融外汇等许多方面,任何一个环节的疏漏和错误都可能导致财务损失。例如筹资工作,工程筹资的渠道较多,但不管采取哪种筹资手段都需要周密地计划和部署,比较不同方案的利弊得失,若筹划不当将会导致资金运用不合理,从而造成损失。

国际工程项目财务管理还面临成本容易失控和金融危机的风险。成本失控的原因主要有:难以预见的通货膨胀;项目规模过大,内容过于复杂;技术难度较大,工期较长,费用超出原估算等。金融危机造成的风险主要有:工程所在国货币贬值,汇率大幅度下跌,会造成成本上升,收益下降,甚至出现亏损。

9.3 国际工程风险管理

9.3.1 风险识别

风险识别是风险管理的第一步。针对工程项目而言,它是指对该项目所面临的及潜在的风险加以判断、归类和鉴定风险性质的过程。由于各种类型的风险威胁着整个项目的运作过程,所以要想成功地实施工程项目,必须采取有效的方法和途径识别各种风险。对风险的识别可以通过感性认识和经验进行判断,但更重要的是依据各种客观统计、以前类似项目的资料和风险记录,通过分析、归纳和整理,从而发现各种风险的规律以及损害情况。同时,还应尽可能鉴定出有关风险的性质是可管理风险还是不可管理风险等,以便采取有效的管理措施。

1. 风险识别步骤

风险识别是一个系统、持续的过程,包括要对所有可能的风险事件来源和结果进行实事求是的调查和严格分类,并恰如其分地评价其重要程度。风险识别一般分 5 步:

(1)确认不确定性的客观存在

首先要识别所发现和推测的因素是否存在不确定性。如果不存在不确定性,则不存在风险。其次,就是确认这种不确定性是客观存在,而不是凭空臆断的。

(2)建立风险因素的初步清单

通过全面、系统、深入地调查研究与分析整理,编制风险因素的初步清单。清单中应明确列出客观存在和潜在的各种风险因素,包括各种影响工程项目顺利完成和合理经济效益的因素。建立清单可采用商业清单办法和对一系列调查表统计分析而制定。

初步调查清单通常作为风险管理工作的起点,为建立和确定更准确的清单打基础。一般情况下,清单中必须列出有分析和参考价值的各种数据。

(3)确立各种风险事件并推测其结果

根据初步风险清单中列出的各种主要风险来源,推测与其相关联的各种合理结果的可能性,包括盈利和亏损、人身伤害、自然灾害、时间和成本、节约或超支等方面,重点应是资金的财务结果。

(4)进行风险分类

进行风险分类有两个目的:一是能够加深对风险的认识和理解;二是有助于根据风险的性质制定风险管理的目标。风险分类的方法有多种:将所有的风险不论概率大小和轻重程度一一列出;根据风险造成影响的严重程度进行依次排列;依据风险性质和可能结果,以及各种风险事件之间的相关性进行分类。显然,最后一种风险分类方法有助于发现与各种风险相关联的各方面因素,便于更深入地理解风险并预测其结果,因此是较好的方法。

(5)建立风险目录摘要

风险识别过程的最后一步是建立风险目录摘要,将项目可能面临的风险汇总起来,并分出轻重缓急,形成一种整体风险印象图。其重要作用是统一全体项目人员对风险的认识,使每个人不仅仅了解自己所面临的风险,而且能够了解项目中其他管理人员可能遇到的风险,还能意识到项目中各种风险之间的内在联系,以及可能发生的连锁反应。随着项目进展及其相关条件的变化,项目风险也会发生变化,因此,风险管理人员应随着信息的变化和风险的演变而及时更新风险目录摘要。

2. 风险识别方法

风险识别非常复杂,涉及范围较广。需要根据经验和采用科学的方法来完成。

(1)确定风险潜在损失一览表

建立风险潜在损失一览表的做法通常以保险公司公布的任何企业可能发生的所有损失一览表为基础,结合某项具体工程所面临的一些潜在损失,由项目风险管理人员将一览表中的各项损失具体化,从而得到针对该项目的风险潜在损失一览表。

风险潜在损失一览表通常将风险划分为:直接损失风险、间接损失风险、隐蔽损失风险、净收入损失风险、责任损失风险和人身损失风险等 6 类。每类损失风险又包括若干子项风险内容,而各个子项中又包括多项风险因素。

风险损失一览表建立后还应向有关专家、当事人咨询和调研,进一步了解和确认有关财务和经营方面的相关风险因素问题。咨询面应广泛,所咨询的人士应能提供较准确的信息,所提出的问题应具有针对性,避免脱离项目实际。

(2)分析财务报表

因为任何经营活动都与财务密不可分,因此可以通过财务报表分析工程项目可能遭受一览表中所列损失。通过分析资产负债表、损益表等财务报表及有关资料,对报表中所列的各项会计科目进行深入研究,可以识别公司当前的资产、责任及人身风险损失;将这些报表与财务预测、预算结合起来,有利于发现潜在风险。

(3)现场勘察

通过现场勘察可以确切了解现场的地形、地貌、地物、周围环境和基础设施条件,避免由于对现场客观条件认识模糊而引起的各种风险,也有助于预测、判断未来项目执行中可能产生的某些动态风险因素。现场勘察可以使工程设计更完善,工程估价更准确,施工规划更合理,从而减少和避免由于第一手资料缺乏而造成的风险损失。因此,现场勘察是识别风险不可替代的重要手段。

(4)参考统计记录

参考公司以往发生的风险统计记录对预测未来可能重复出现的风险事故极为有利,同时也有益于风险管理经验的积累和风险管理水平的提高。例如,在投标阶段,查询本公司及竞争对手在历次招标中的中标概率,对于制定投标策略、减少投标失败风险有重要意义。

（5）环境分析

对企业或一项特定的经营活动外部环境与内在风险联系进行详细分析是认识风险的重要方法。分析外部环境时应着重分析以下 5 个方面：

①项目的资金来源及落实情况；

②业主的基本情况；

③参与竞争的对手情况；

④政府管理体系和办公效率；

⑤材料与设备供应情况。

9.3.2　风险管理的方法

风险管理的方法有很多，但可归结为两大类，即风险控制法和理财法。风险控制法主要包括风险回避、损失控制和风险转移等方法；理财法主要包括风险转移、风险自留和保险等方法。

1. 风险回避

风险因素的存在是产生风险的必要条件。因此，风险回避措施就是通过回避风险因素，从而回避可能产生的潜在损失或不确定性。风险回避是各种风险规避措施中最简单，也是最消极的一种方法，常常表现为以下两种情况：

（1）拒绝承担某种特定的风险。例如由于某国政局失稳而放弃进入该国市场的计划，从而可以免除政治风险导致的损失。

（2）中途放弃已承担的风险以避免更大的损失。虽然采取风险回避措施可以达到避免风险损失的目的，但同时也丧失了可能获利的机会。

最适合采取风险回避措施的情况有以下两种：

（1）某特定风险因素导致的风险损失频率和幅度相当高；

（2）采取其他风险规避措施的成本超过其产生的效益。

在以上两种情况下，采取风险回避措施可以使遭受由该风险因素导致的风险损失的可能性降为零。

风险回避虽然是一种简单易行的风险防范措施，但当回避了某种风险时，又可能产生新的风险。如果处处回避风险，使企业长期不能获利，企业将面临难以生存和发展的风险。

2. 损失控制

损失控制包括损失预防和损失抑制两方面工作：损失预防是指采取预防措施减少损失发生的机会；损失抑制是设法降低所发生的风险损失的严重性，使损失最小化。与风险回避不同之处在于，损失控制是通过采取主动行动，以预防为主，防控结合的对策，而不是消极回避、放弃或中止。实际生产活动中有许多风险控制的实例，如：生产企业建立健全质量保证体系，在高大建筑物上安装避雷针等都是损失预防措施。在生产车间、宾馆、娱乐场所等处安装防火报警系统、配备消防器材，则是为了当火灾发生时，及时察觉，及时扑灭，以减少火灾损失；发现设计中的疏漏和错误，及时修改设计并提出工程变更，均属于风险抑制措施。两种措施对于控制风险损失相辅相成,都是希望以较小的经济成本获得较大的安全保证。

损失控制通常采取以下具体方法:

(1)预防和减少风险源和风险因素的产生;

(2)抑制已经发生的风险事故的扩散速度和扩散空间;

(3)增强被保护对象抵抗风险的能力;

(4)设法将风险与保护对象隔离;

(5)妥善处理风险事件,尽力减少被保护对象的损失;

(6)加强职业安全教育,避免人为因素所导致的损失。

3. 风险转移

风险转移是工程项目风险管理中非常重要而且广泛应用的一项对策,主要分为两种形式,即控制型风险转移与财务型风险转移。其中,财务型风险转移又包括非保险转移与工程保险两种具体措施。风险转移的目的是风险转移者将自己本应承担的风险转移给其他方,从而使自己免受风险损失。由于工程保险在工程承包和咨询中占有极其重要的地位,所以将在后文进行详细介绍,在此仅介绍控制型风险转移与非保险转移两种措施:

(1)控制型风险转移是指通过降低风险损失频率和幅度,将自己承担的可能遭受损失的法律责任转移给其他方的方法。风险转移并不是转嫁损失,因为有许多风险对一方可能会造成损失,但转移后并不一定会给另一方造成损失。其原因是各方所具有的优势和劣势不同,各方潜在的风险因素不同,对风险的承受能力也不同。例如在工程的分包和转包中,承包商将自己承担的全部或部分工程转包或分包出去,从而减轻自身的风险压力,承接方或分包方并不一定会亏损。

(2)非保险的风险财务转移是除保险以外的其他风险转移的经济手段。例如,业主要求投标人开具投标保函(形式多种,并不一定是银行保函),就是将招标风险转移给投标人,当投标人在投标截止日期以后并在投标有效期内,试图撤回投标书或中标以后拒绝签订合同,业主有权向银行索取保函中规定的金额,以补偿业主招标过程中的费用损失。

4. 风险自留

风险自留是将风险留给自己承担。与风险控制方法不同,风险自留并未改变风险的性质及其发生的频率和损失的程度。风险自留对策包括非计划性风险自留和计划性风险自留两种。

(1)非计划性风险自留

非计划性风险自留是指当事人没有意识到风险的存在,或者在没有做好处理风险的准备时被动地承担风险。出现这种风险自留情况主要是由于:风险识别过程的失误,使得当事人未能意识到风险存在;认为风险的评价结果可以忽略,而事实并非如此,因此造成风险管理决策的延误。虽然当事人成功地识别和评价了风险,但由于决策的延误,造成风险事故一旦发生,就形成了事实上的非计划性风险自留。

事实上,对于一个大型复杂的工程项目,工程管理人员不可能识别出所有的风险因素,工程管理人员应做好随时处理非计划风险的准备,及时采取对策,避免风险损失扩大。

（2）计划性风险自留

计划性风险自留是指管理人员经过合理的判断和谨慎的分析评估，有计划地主动承担风险。对于某些风险是否自留取决于相关的环境和条件。当风险自留并非是唯一的选择时，应认真对比分析风险自留与风险控制方法，制定出最佳决策。在决定是否风险自留时，应考虑以下原则：

①企业具有承受这些自留风险的能力；

②同其他可行的风险控制方法相比，风险自留的预期损失较小；

③自留风险不可投保，或投保费高于风险自留引起的费用。

如果实际情况与以上原则相反，应该考虑其他风险防范措施。

5. 风险利用

在经营活动中，除了要面对处处存在的纯风险以外，还会遇到投机风险，它既可能造成损失，也可能提供获利的机会。风险与利润并存，回避所有风险，则使企业失去发展的机遇，只有敢于正视风险、迎接挑战，才能利用风险获得相应的效益。对投机风险利用不是铤而走险，而是必须选择适当时机，采取适当方法，对问题因势利导，因地制宜，灵活解决。因此，要求风险管理人员具有广博的知识、一定的工作经验和较强的应变能力。在工程管理中，可利用的风险因素存在于政治、经济、商务等各个方面，需要风险管理人员认真分析和发现。例如，业主的工程管理水平不高、制定的合同条件不严谨，将会给承包商或咨询公司带来麻烦，双方可能因一些含糊的条款规定而发生分歧。但也给承包商提供了可乘之机，可以根据国家有关法律、法规、相关条例和业主提出的工程变更等，提出索赔，维护自己的合法权益，从而可获得比原订合同额更大的经济收益。

风险利用操作应按照合理的步骤进行：

（1）分析风险利用的可能性及其价值

首先，应对各种风险因素，及其可能的变化和最后可能导致的结果进行分析；然后，根据各项风险因素性质，寻求改变或利用这些因素的可行方法，以取得对自身有利的结果。

（2）计算风险利用的费用

计算拟利用风险需要付出的代价，但利用风险所付出的代价必须远小于风险利用的获利。计算代价时不仅要计算直接损失和间接损失，还要计算潜在损失，求其三项之和作为总的损失。

（3）客观评估自身的风险承受能力

客观分析和评估自身的风险承受能力，无论承担风险可能获取的利益多大，风险损失绝不能超过自身承受能力，避免出现得不偿失或意想不到的危机。

（4）制定对策和具体实施方案

一旦决定利用某项风险，风险管理决策人员应明确提出相应的对策和具体的实施方案，并制定每一步骤应达到的目标，确保风险利用策略的顺利实施。

（5）因势利导获得合法权益

风险利用实施期间应密切关注事态变化，注意可能出现的干扰，及时提出相应的解决办法，同时还要不断检查实施结果，以便及时发现问题并采取必要的纠正措施，因势利导，获得合法权益。事后应注意总结经验，提高风险管理水平。

9.4　国际工程保险

《中华人民共和国保险法》规定："保险是投保人根据合同约定,向保险人支付保险费,保险人对于合同约定的可能发生的事故因其发生所造成的财产损失承担赔偿保险金责任,或者当被保险人死亡、伤残、疾病或者达到合同约定的年龄期限时,承担给付保险金责任的商业保险行为。"保险的实质是以极小的代价换取最大的安全保证,是风险转移的主要手段。

9.4.1　保险合同

保险合同是投保人与保险人约定保险权利义务关系的协议,是保险的实施依据。保险合同是一种书面形式的合同,其单据形式可包括投保单、暂保单、保险单、保险凭证和批单。

(1)投保单又称"要保书"或投保申请书,是投保人申请投保时填具的书面条约。多数投保单均包括投保人的姓名、地址、职业、以往与现在的保险记录、赔款与损失记录等有关情况。这些具体情况是保险人决定是否承保以及如何承保的主要参考依据。

(2)暂保单又称临时保单,是一种非正式的保险单,一般载明投保人和被保险人的姓名、险别、标的、保额、暂保有效期等事项。暂保单在其有效期内与保险单具有同等法律效力,多用于财产保险。

(3)保险单简称保单,是投保人与保险人正式订立的书面形式的保险合同。保险单是投保人向保险人索赔、保险人向投保人或被保险人赔偿的主要依据,也是保险合同的主要书面文件。

(4)保险凭证是一种简化了的保险单,也是保险合同的一种书面证明形式,仅包括保额、费率、险别、投保人、被保险人、订约时间、保期等主要内容,未列入的项目以同类正式保单为准。

(5)批单是保险人签发并附在保险单之后的批改保险单内容的凭证,其法律效力优于原保单的同类项目。

保险合同的当事人有投保人、保险人、被保险人、受益人、保险代理人、保险经纪人。投保人又称要保人,是向保险人申请订立保险合同,并负有缴付保险费义务的法人或自然人。保险人又称承保人,即经营保险业务的组织。被保险人是以其财产、生命、身体、责任等作为保险标的,保险事故有可能在其财务、生命、身体和职责上发生的人。受益人又叫保险金受领人,即保险合同中约定的,在保险事故发生后享有保险赔偿与保险金请求权的人。保险代理人是根据保险人的委托,向保险人收取代理手续费,并在保险人授权的范围内代办保险业务的单位或者个人。保险经纪人是基于投保人的利益,为投保人与保险人订立保险合同提供中介服务,并依法收取佣金的单位。

保险合同中的保险项目包括保险标的、保险金额、保险期限、保险费率、保险费。保险标的是保险的对象,是保险利益存在的依托,也是保险人确定承保金额和选定承保费率的依据。比如:财产保险的保险标的是各种财产本身或其有关的利益和责任;人身保险的保险标的是人的身体或生命。保险金额又称保额,是保险人按投保人对保险标的所具有的可保利益及保险标的的实际价值限度(对财产保险而言)而确定的最高赔偿给付限度。保险人对于保险事故担负保险金给付与赔偿责任的期间便为保险期限,有时亦称为保险责任起讫期间。保险费率即保险价格,是保险人按保险金额向投保人收取保险费的比率。保费即为保险费,是投保人按一定的保险条件取得保险人的保险保障而应支付的价金。保险费的收取一般按保险金额与保险费率的乘积计算,或按固定的金额收取。缴付保险费是投保人或被保险人的基本义务,也是保险合同生效的重要条件。

我国《保险法》规定,保险合同应包括下列事项:

(1)保险人名称和住所;

(2)投保人、被保险人的名称和住所,以及人身保险的受益人的名称和住所;

(3)保险标的;

(4)保险责任和责任免除;

(5)保险期间和保险责任开始时间;

(6)保险价值;

(7)保险金额;

(8)保险费以及支付办法;

(9)保险金赔偿或者给付办法;

(10)违约责任和争议处理;

(11)订立合同的年月日。

9.4.2 保险合同签订和实施的原则

保险是一种契约行为,订立契约的当事人对合同均负有一定的责任和义务,并享有相应的权利。保险合同签订和执行必须遵守一定的原则:

1.最大诚信原则

所谓最大诚信原则,是指订立保险合同时以及在合同的有效期内,合同当事人必须向对方提供影响对方做出签约或履约决定的全部实质性重要事实,同时绝对信守合同订立的认定与承诺。诚实和恪守信用是双方必须遵守的一项基本原则。投保人或被保险人必须按要求将真实情况毫无保留地告知保险人;保险人应向投保人详细说明保险合同条件的内容和含义,并能以最大的诚信履行其应尽的职责和义务。

2.可保利益原则

可保利益原则也称保险利益原则,是指投保人必须对保险标的具有可保利益,否则所签订的保险合同无效。保险利益是指投保人对保险标的具有法律上承认的利益。保险标的是指作为保险对象的财产及其有关利益或者人的寿命和身体。保险标的发生保险责任事故,投保方不得因保险而获得不属于保险利益范围内的额外利益。

3. 近因原则

近因的一般含义是指引起保险标的损失的直接的、起决定性作用的原因。近因原则是在处理保险赔偿时决定保险人是否承担保险赔偿与保险金给付责任的重要原则。即造成保险标的损失后果的近因是保险人的责任范围,保险人应承担赔偿责任;如果该项损失近因不是保险责任事故,保险人则不予承担保险赔偿责任;如果造成损失的原因有多个,应对不同的原因做具体分析,分清哪一种或哪些原因应负全部赔偿责任,或部分赔偿责任,或不予赔偿。

4. 损失赔偿原则

损害赔偿原则是指当保险标的在保险期限内发生保险责任范围内的损失时,被保险人有向保险人索要赔偿和申请保险金的权利,保险人应当履行保险合同所约定的保险赔偿义务,但被保险人或受益人不能获得超过实际损失或约定保险金额的补偿。

5. 代位求偿原则

代位求偿原则是指因第三者对保险标的的损害而造成保险事故的,保险人自向被保险人赔偿保险金之日起,在赔偿金范围内代位行使被保险人对第三者请求赔偿的权利。被保险人已经从第三者取得损失赔偿的,保险人赔偿保险金时,可以相应扣减被保险人从第三者已取得的损失赔偿金额,但不影响未取得赔偿的部分向第三者请求赔偿的权利。保险事故发生后,保险人未赔偿保险金之前,被保险人放弃对第三者请求赔偿的权利的,保险人不承担赔偿保险金的责任。

9.4.3　保险的种类

保险种类繁多,根据经营管理的需要,通常有如下分类。

1. 按保险标的性质分类

按保险标的性质可分为人身保险、财产保险、责任保险、信用保险和保证保险。人身保险包括人寿保险、意外险和疾病险;财产保险是一种以有形的物质财产及其与之相关的利益为保险标的的保险;责任保险是保险人代被保险人承担民事法律经济赔偿责任的保险,又可称为第三者责任保险;信用保险承保被保险方因他人不诚实、不守信用或主观原因不履约而造成的经济损失的保险;保证保险是投保人投保其本人信用的保险,由义务人或债务人要求保险人担保其本人信用时即构成保证业务。

2. 按保险经营实施方式分类

按保险经营实施方式可分为强制保险和自愿保险。强制保险又称法定保险,是由国家、政府颁布法令、条例强制实施的保险;而自愿保险泛指自愿实施、经营的保险。凡保险双方当事人通过签订保险合同或者需要保险保障人与群体自愿组合而实施或经营的保险,可统称为自愿保险。

3. 按经营危险责任的方式分类

按经营危险责任的方式可分为原保险、再保险和共同保险等多种形式。保险人对被保险标的承担直接风险责任的保险称为原保险,又叫第一次保险。原保险的保障对象是被保险方的经济利益。原保险人将其承担的风险责任的一部分或全部转嫁给其他保险的保险形式叫再保险,其保障的对象是保险人的经济利益。对于相同标的、相同利益,由多家保险人或由保险人与被保险人共同承担相同时期内、相同责任的保险形式称为共同保险。

9.4.4　工程保险的主要险别

1. 建筑工程一切险

建筑工程一切险是对施工期间工程本身,施工机械或工具设备所遭受的损失予以赔偿,并对因施工而对第三者造成的物质损失或人员伤亡承担赔偿责任的一种工程保险。承保的范围很广,造成损失的原因包括:洪水、地震、海啸、山崩等自然灾害;飞行物体坠落、火灾、爆炸等事故;盗窃;普通工人、技术人员缺乏经验、疏忽、过失、恶意行为;原材料缺陷或工艺不善引起的事故;保险单中除外责任以外的其他不可预料的和突然的事故。

建筑工程一切险的投保人应在合同中做出规定,被保险人和收益人可以包括:业主或工程所有人、总承包商或分包商、工程师、与工程有密切关系的单位或个人等。

建筑工程一切险适用于所有房屋建筑和公共工程。其承保的内容包括工程本身(预备工程、临时工程、全部存放于工地的为施工所必需的材料、占整个工程造价不到50%的安装工程),施工用设施、设备和机械,场地清理费,第三者责任,工地内现有建筑物,由被保险人看管或监护的停放于工地的财产。建筑工程一切险的保险金额的确定应是依照不同的保险标的而定的,比如:合同标的工程的保险总金额,即为建成工程的总价值;施工机械和设备及临时工程列专项投保,物资的投保金额一般按重置价值;附带的安装工程项目保险金额一般不超过整个工程项目保险金额的20%;场地清理费按工程的具体情况由保险公司和投保人协商确定;第三者责任险的投保金额根据在工程期间万一发生意外事故时,对工地现场和邻近地区的第三者可能造成的最大损害情况而定。

建筑工程一切险没有固定的费率表,具体费率根据风险性质、工程本身的危险程度、工程性质及建筑高度、工程的技术特征及所用的材料、工程的建造方法、工地邻近地区的自然地理条件、发生灾害的可能性、工期长短、同类工程及以往的损失记录等因素再结合参考费率表制定,其保险费率通常由5个分项费率组成。

(1)建筑工程所有人提供的物料及项目、安装工程项目、场地清理费、工地内现存的建筑物、所有人或承包人在工地的其他财产等为一个总的费率,规定整个工期一次性费率。

(2)建筑用机械、装置及设备为单独的年度费率,因为它们流动性大,一般为短期使用,旧机械多,损耗大,小事故多,所以,此项费率高于第一项费率。如投保期不足一年,按短期费率计收保费。

(3)第三者责任费率,按整个工期一次性费率计。

(4)保证性费率,按整个工期一次性费率计。

(5)各种附加保障增收费率或保费,也按整个工期一次性费率计。

投保建筑工程一切险应提交投保单、工程承包合同、承包金额明细表、工程设计文件、工程进度表、工地地质报告、工地略图等。承保人在掌握上述资料的基础上还要对工地位置、安装项目及设备情况、工地管理状况等进行现场勘察记录。然后承保人再与投保人就一些具体问题,如建筑工程项目总金额、保险费率、免赔额、保险期限等进行协商谈判,直至在保险合同上签字。

2. 安装工程一切险

安装工程一切险属于技术险别,目的在于为各种机械的安装及钢结构工程的实施提供尽可能的全面的专门保险。其承保范围很广,造成损失的原因与建筑工程一切险基本相同的包括:洪水、地震、海啸、山崩等自然灾害;飞行物体坠落;火灾;爆炸等事故;盗窃;普通工人、技术人员缺乏经验、疏忽、过失、恶意行为。此外,还包括:超负荷、超电压、短路等电气事故;安装技术不善引起的事故;保险单中除责任以外的其他不可预料和突然事故。

安装工程一切险承保的内容有:安装工程合同中要求安装的机械、设备、装置、材料、基础工程以及未安装工程所需的各种临时设施;为安装工程所使用的承包商的机械设备;附带的土木建筑项目、场地清理费用、业主或承包商在工地上的其他财产等。

该险种的保险金额包括物质损失和第三者责任两大部分。其保额应为安装时的总价值;若不包括土建部分,则设备购货合同价和安装合同价加各种费用之和为保额;安装建筑用机械、设备、装置应按安装价值确定保额。第三者责任的赔偿限额按危险程度由保险双方商定。通常对物质标的部分的保额先按安装工程完工时的估定总价值暂定,到工程完工时再根据最后建成价格调整。

3. 机动车辆险

机动车包括私人用汽车和商业用汽车。机动车辆必须投保两个保险标的:机动车本身和第三者责任。车身险的责任范围包括:因汽车与其他物体碰撞或翻车所造成的损失;由自然灾害(如雷电、洪水、地震、雪崩等)和意外事故(如失火爆炸、自燃以及偷窃、丢失等)造成的损失赔偿。所谓汽车的第三者责任是指承保被保险汽车因发生保险事故,而产生的被保险人对于第三者(包括乘客)的人身伤害及其财产损失依法应负的赔偿责任。商用车第三者责任险的除外情况包括:被保险人或驾驶人故意造成的伤亡和损失;被保险人或驾驶人自有或自运的财产,货物装卸过程中或车道以外的人身伤亡等。

汽车保险中有无赔偿优待折扣和被保险人自负责任的特殊规定。无赔偿优待折扣是指投保人在续保汽车险时,若被保险的汽车前一年没有发生导致赔偿的事故,则续保时保费可给予一定比例的优惠折扣。连续两年没有导致赔偿,优惠比例再增加,直至连续 5 年达到优惠比例的最高限额。被保险人自负责任,要求被保险人自负一部分责任,这在一定程度上可以起到增强被保险人责任心的作用。

各国法律通常要求办理机动车辆险。工程车辆分两类:一类是正式办理牌照的车辆,如接送工人上下班的交通车以及正常在公共道路上行驶的车辆,这类车辆必须按照法律的规定办理保险。另一类是仅在工地使用的车辆,如土方工程使用的自卸车,对于这类车辆,法律一般不强制要求办理保险,但最好将其包括在施工机械的保险中。

4. 业主责任险

所谓业主责任险,是指保险人所雇用的员工,在保险有效期内,在受雇用过程中,从事保险单所载明的被保险人的业务有关工作时,遭受意外而致受伤、死亡或患与业务有关的职业疾病所致伤残或死亡,被保险人根据合同须付医疗费、伤亡补偿费,工伤期间工资、应付诉讼费用等,均由投保的保险公司负责赔偿。但这类法律诉讼一般需要经保险公司事先同意。

5. 第三者责任险

第三者责任险通常应包括在建筑工程一切险或安装工程一切险中,保险的标的是工程合同双方以外的第三者。承保的责任范围为:投保的工程建设项目在保险期限内,因发生意外事故,造成在工地及邻近地区的第三者人身伤亡、疾病或财产损失,依法由被保险人负责时,以及被保险人因此而支付的诉讼费用和保险合同规定的其他费用,由保险公司负责赔偿。

6. 国际贸易货物运输保险

在国际货物买卖中,货物往往要经过长距离运输,在此期间,由于遭遇各种风险而导致货物损坏或丢失的情况经常发生。在买卖合同中规定保险条款,就是当事人为了使货物在运输过程中遭受损失或灭失时能及时得到补偿。保险条款的内容,因采用的贸易术语不同而有所区别。

货物运输保险种类很多,有海上运输货物保险、陆上运输货物保险、航空运输货物保险和邮包运输保险等。

(1)海上运输货物保险

①平安险

投保平安险时,保险人承保的责任范围主要包括:因自然灾害所导致的货物的全部损失;意外事故所导致的货物的全部损失或部分损失;在装卸作业过程中因发生一件或数件货物落海造成的全部或部分损失;与被保险货物有关的共同海损或救助分担的费用等。

②水渍险

其承保范围除了平安险所包括的责任范围,还负责被保险货物由于恶劣气候、雷电、洪水等自然灾害所造成的部分损失。水渍险的责任范围大于平安险。

③一切险

一切险是基本险别中承保范围和责任范围最大的险种,它是在水渍险承保范围的基础上又包括了由于一般外来风险所造成的全部或部分风险。除了上述三种基本险外,投保人还可根据需要加保一项或几项附加险。附加险承保的是除自然灾害和意外事故以外的各种外来原因所造成的损失。附加险分为一般附加险和特殊附加险。一般附加险主要有偷窃、提货不着险,淡水雨淋险,短量险,渗漏险,受潮受热险,包装破裂险等。特殊附加险主要有战争险、罢工险、交货不到险、进口关税险、舱面险和拒收险等。

(2)陆上运输货物保险、航空运输货物保险和邮包运输保险

陆上运输货物保险(简称陆运险)的基本险别分为陆运险和陆运一切险。航空运输货物保险(简称空运险)的基本险别分为航空运输险和航空运输一切险;邮包运输保险(简称

邮包险)的险别分为邮包险和邮包一切险。陆运险、空运险和邮包险,只承保运输途中因自然灾害或意外事故所造成的货物损失;而一切险是在前一类险别的基础上加保了由于被偷窃、短少等一般外来原因所导致的损失。

7. 其他险别

与工程咨询服务内容相关的保险险种较多,既有国内保险(如国内货物运输险),也有国际保险(如国际货物运输险);既涉及财产保险(如建筑或安装工程一切险),也涉及人身保险(如人身意外事故伤害险);既有有形财产保险(如企业财产保险),又有无形财产保险(如信用保险和保证保险)。

信用保险包括出口信用保险、商业信用保险、投资保险及个人信用保险等。保证保险包括:忠诚保证保险(如司法保证保险等)、确实保证保险(如投标保证保险、履约保证保险等)。

9.5 FIDIC 合同条件中的风险和保险条款

9.5.1 FIDIC 合同条件中的风险条款

在国际工程实践中,业主为避免上述风险所带来的损失,往往利用自己在招标过程中的主动地位,通过合同形式将上述风险全部归为承包商承担。为了减少这种合同中风险分担的不合理性,国际工程师联合会(FIDIC)做出了不懈努力,由其编制的合同条件范本在国际建筑业得到了广泛的应用和好评。1999 年新版 FIDIC 合同条件继承了 1987 年第四版"红皮书"中的风险共担原则,即在工程设计、施工以及维修等过程中,凡是通过加强工程管理能够避免和控制其损失的风险由承包商承担,而事先无法预见、发生之后不可控制、损失不可避免的特殊风险则由业主承担。因此,FIDIC 合同条件将风险根据风险承担人的不同分成承包商的风险和业主的风险,并在第 17 条"风险与职责"中详细规定了承包商和业主所面临的风险类型以及职责范围。

1. 承包商的风险与职责

《施工合同条件》(新红皮书)适用于由业主或其代表工程师设计的建筑或工程项目。这种合同的通常情况是由承包商按照业主提供的设计进行工程施工,但该工程可以包含由承包商设计的土木、机械、电气和(或)构筑物的某些部分。在"新红皮书"第 17 条中有关承包商的风险与职责的具体规定如下:

(1)保障

承包商应保障和保持使业主、业主人员以及他们各自的代理人免受以下所有索赔、损害赔偿费、损失和开支(包括法律费用和开支)带来的伤害。具体包括以下两方面:

①任何人员的人身伤害、疾病或死亡。由于承包商的设计(如果有)、施工和竣工以及修补任何缺陷引起的,或在其过程中,或因其原因产生的,除非是由于业主、业主人员,或他们各自的任何代理人的任何疏忽、故意行为,或违反合同造成的。

②本工程以外的任何财产损失、不动产或动产损害或损失。由于承包商的设计(如果

有）、施工和竣工以及修补任何缺陷引起的，或在其过程中，或因其原因产生的；或者由承包商、承包商人员、他们各自的代理人，或由他们中任何人员直接或间接雇用的任何人员的疏忽、故意行为，或违反合同造成的。

（2）承包商对工程的照管

承包商应从开工日期起承担照管工程及货物的全部职责，直到颁发工程接收证书之日止。如果对某分项工程或部分工程已颁发接收证书，则对该分项工程或部分工程的照管责任届时应移交给业主。

在照管责任按上述规定移交给业主后，承包商仍应对在接收证书上注明日期时的任何扫尾工作承担照管职责，直到该扫尾工作完成为止。

如在承包商负责照管期间，由于业主的风险以外的原因，致使工程、货物或承包商文件发生任何损失或损害，承包商应自行承担风险和费用，修正该项损失或损害，使工程、货物或承包商文件符合合同要求。

承包商应对颁发接收证书后由其采取的任何行为造成的任何损失或损害负责。承包商还应对颁发接收证书后发生的，由承包商负责的以前的事件引起的损失或损害负责。

（3）知识产权和工业产权

承包商应保障并保持业主免受由以下事项产生或与之有关的任何其他索赔引起的伤害：

①任何货物的制造、使用、销售或进口；

②承包商负责的任何设计。

即承包商不能因自己的"侵权"行为（侵犯知识产权和工业产权），给业主造成索赔伤害。《生产设备和设计—施工合同条件》（新黄皮书）、《设计采购施工（EPC）/交钥匙工程合同条件》（银皮书）中规定的承包商应该承担的风险，与"新红皮书"中的规定基本一致。但由于交钥匙工程是由承包商进行全部设计、采购和施工（EPC），最后提供一个完备的设施，因此，实际上将承担较多的风险。

2. 业主的风险与职责

合同明确规定业主的风险包括：

①战争、敌对行动（不论宣战与否）、入侵、外敌行动；

②工程所在国内的叛乱、恐怖活动、革命、暴动、军事政变或篡夺政权或内战；

③承包商人员及分包商的其他雇员以外的人员在工程所在国内的暴乱、骚动或混乱；

④工程所在国内的军火、爆炸物资、电离辐射或放射性物质引起的污染，但可能由承包商使用此类军火、炸药、辐射或放射性物质引起的除外；

⑤音速或超音速飞行的飞机或飞行装置所产生的压力波；

⑥除合同规定以外业主使用或占有的永久工程的任何部分；

⑦由业主人员或业主对其负责的其他人员所做的工程任何部分的设计；

⑧不可预见或不能合理预期一个有经验的承包商可采取适宜预防措施的任何自然力的作用。

上述业主的风险中，①至④被称为不可抗力。除此之外，不可抗力还包括自然灾害（如地震、飓风、台风或火山活动）。根据 FIDIC 合同条件中"业主风险后果"，以及"不可抗力后果"的规定,上述业主风险及不可抗力所引起的工程损失或损害,由业主承担。

另外,由于业主、业主人员或他们各自的所有代理人的任何疏忽、故意行为,或违反合同造成的任何人员的人身伤害、患病、疾病或死亡,业主应该承担损失赔偿责任。同时,对于由于承包商遵从合同要求而造成的,或者由于业主使用任何工程而导致的侵权索赔,业主应该承担由该侵权索赔所导致的损失或损害。

"新黄皮书"中有关业主风险的规定与"新红皮书"基本一致。"银皮书"中,业主在EPC 合同条件下承担的风险较承包商要少,而承包商在 EPC 合同中的风险费用应当增加。

9.5.2　FIDIC 合同条件中的保险条款

1. 有关保险的一般规定

新版 FIDIC 合同条件中规定了对保险的一般要求,强调了承包商在履行合同开始时进行工程保险的义务和业主对承包商的保险义务进行监督的权利,具体内容如下。

(1)应投保方

在 FIDIC 合同条件下,对于每种类型的保险,应投保方是指对办理并保持相关条款中规定的保险负有责任的一方。一般来说,除非在专用条款中另有说明,否则应投保方将是承包商。

当承包商为应投保方时,应按照业主批准的条件向保险人办理每项保险。这些条件应与双方在中标函日期前协商同意的条件相一致。当业主是应投保方时,应按照与专用条件所附的详细内容相一致的条件向保险人办理每项保险。

(2)联合被保险人

如果保险单需要对联合被保险人提供保障,保险赔偿应如同已向每一个联合被保险人颁发一张保险单一样,对每个被保险人分别适用。如果保险单需要对本条规定的被保险人之外附加的联合被保险人提供保障,则除业主应代表业主人员行动外,承包商应代表这些附加的联合被保险人根据保险单行动;附加联合被保险人无权从保险人处直接得到付款或与保险人有其他直接往来以及应投保方应要求所有的附加联合被保险人遵守保险单的规定。

(3)保险赔偿

每份承保了损失或损害的保险单应以修复损失或损害所需要的货币进行赔偿。从保险人处得到的赔偿金应用于修复或弥补上述损失或损害。

(4)向对方提交资料

有关应投保方应在投标书附录中规定的各自期限内(从开工之日起)向另一方提交保险已生效的证明,以及保险单副本。当每项保险费已支付时,应投保方应向另一方提交支付证据。每次提交证据或保险单时,应投保人也应通知工程师。

(5)保险条件的更改

每一方应遵守每份保险单规定的条件,应投保方应保持使保险人随时了解工程实施中的任何相关变化,并确保按照要求维持保险。没有得到另一方的事先批准,任何一方不应对任何保险条件做出实质性更改。如果保险人做出(或要做出)任何更改,首先收到保险人通知的一方应立即通知另一方。

(6)一方未按规定办理保险的处理

如果应投保方未能按合同要求办理保险并使之保持有效,或者未能按要求提供令另一方满意的证明和保险单的副本,则另一方可以(由其选择,并在不影响任何其他权利或补偿的情况下)办理该保险范围的保险,并支付应交的保险费。应投保方应向另一方支付这些保险费,同时应对合同价格进行相应调整。

任何未保险或未能从保险人处收回的款项,应由承包商和(或)业主按照这些义务、责任或职责的规定承担。但如果应投保方对于能做到的、并在合同中规定要办理且保持有效的某项保险,未能按要求办理并保持有效,而另一方既没批准这项省略,又没有办理与此违约有关的保险范围的保险,则根据此项保险应能收回的任何款项应由应投保方支付。

2. 应办理的保险

在新版 FIDIC 合同条件具体规定了合同要求办理的各种保险,具体规定如下:

(1)工程险

应投保方应为工程、生产设备、材料和承包商文件投保,以便对承包商应负责的、颁发证书前发生的某项原因引起的损失或损害,以及由承包商在任何其他作业过程中的损失或损害提供保险。保险金额应不低于全部复原费用,包括拆除、运走废弃物的费用以及专业费用和利润。该保险从规定的提交证据之日起,至颁发工程接收证书的日期止保持有效。

(2)承包商设备险

应投保方应为承包商的设备投保,保险金额应不低于全部重置价值,包括运至现场的费用。对于每项承包商设备,该保险都应从该设备运往现场起,直至不再需要其作为承包商的设备为止的期间保持有效。

对工程险和承包商设备险,应投保方可以使承包商或各方联合投保,但保险公司对由于下列原因造成的损失或损害不承担责任:

①新版 FIDIC 合同条件中"业主风险"规定的第1、2、4、5条;

②由于其本身的设计、材料或工艺缺陷造成的处于有缺陷状况的工程部分;

③为复原设计、材料或工艺缺陷造成的其他处于有缺陷状况的工程部分,而遭受损失或损害的某一工程部分;

④业主已经接收的并且承包商对其损失或损害不负责任的工程部分;

⑤不在工程所在国的货物。

(3)人身伤害和财产损害险

应投保方应为可能由承包商履行合同引起并在履约证书颁发前发生的、任何物质财产(工程险和承包商设备险承保的除外)的损失或损害,或任何人员(承包商人员保险承保的人员除外)的死亡或伤害,办理各方保险。

此类保险对每次事件发生的赔偿金额应不低于投标书附录中规定的数额,事故发生

次数不限。该保险应由承包商作为投保方或以各方名义联合投保,责任范围可以不包括以下事项引起的责任:

①业主享有可以在任何土地上面、上方、下面、范围内,或穿过它实施永久工程以及为了永久工程占用该土地的权利;

②由承包商实施工程及修补任何缺陷的义务造成的不可避免的损害;

③"业主风险"列举的某项原因,但可以按合理的商务条件得到保险的范围除外。

(4)承包商人员保险

承包商应对承包商雇用的任何人员或其他任何承包商人员的伤害、疾病或死亡引起的索赔、损害赔偿费、损失和开支(包括法律费用和开支)办理保险。对于分包商的雇员,此类保险可以由分包商投保,但承包商应对其符合合同规定负责。

此类保险应在这些人员参加工程实施的整个期间保持有效,除该保险不包括由于业主或业主人员的任何行为或疏忽引起的损失和索赔的情况以外,业主和工程师也应由该项保险得到保障。

实际上,不同的保险公司对各保险项目的保险责任范围和规定有所不同。如中国人民保险公司对于工程险中下列情况不负责任:

①被保险人及其代表的故意行为和重大过失所引起的损失、费用或责任;

②战争、类似战争的行为、敌对行为、武装冲突、没收、征用、罢工、暴动引起的损失、费用或责任;

③核反应、辐射或放射性污染引起的损失、费用或责任;

④自然磨损、氧化、锈蚀;

⑤错误设计引起的损失、费用或责任;

⑥换置、修理或矫正标的本身原材料缺陷或工艺不善所支付的费用;

⑦非外力引起的机械或电器装置的损坏或建筑用机械、设备、装置失灵;

⑧全部停工或部分停工引起的损失、费用或责任等。

所以,在我国境内的工程使用 FIDIC 条款时,还应结合中国国内保险公司的规定,通过合同专用条款对 F1DIC 条款进行说明和补充,或者在和保险公司签订保险合同时,对保险责任范围进行确定。

思考题

1. 简述风险管理的几种方法。
2. 简述工程保险的主要险别。

第 *10* 章

国际工程材料及
设备采购管理

10.1 国际工程材料及设备采购种类

在有关国家和国际组织的法律、法规、条约、协议等规定中,通常将国际工程项目的标的分为工程、货物物资和服务。一般工程所需材料设备约占工程合同总价的 60% 以上,大致分为以下几个方面:

(1)工程用料。包括土建、水电设施及其他专业工程用料。

(2)暂设工程用料。包括营地临时房屋材料、临时水电和道路工程及临时生产加工设施用料。

(3)施工用料。周转性材料,如模板、脚手架、工具、安全防护网等。消耗性用料,如焊条、电石、氧气、铁丝、钉类等。

(4)工程机械。包括各类土方机械、打桩机械、混凝土搅拌机械、起重机械及其维修备件等。

(5)永久工程的机电设备。包括建筑工程中常见的电梯、自动扶梯、备用电机、空调设备、水泵等。至于生产性的机械设备,如加工生产线等,则须根据专门的工艺设计组织成套设备供应、安装、调试、投产和培训等。

(6)其他辅助办公和试验设备等。包括办公家具、器具和测量仪器等。

在以上范围和种类中,应当进一步划分哪些由承包商自己采购,哪些由分包商供应,哪些由业主供应,哪些由本工程采购,最后确定物资供应部门应组织的货源。

10.2 国际工程建筑材料采购管理

10.2.1 国际工程建筑材料采购流程和关键问题

国际工程建筑材料采购一般是指国际工程项目业主方(买方)通过招标、询价等形式选择合格的供货商(卖方),购买国际工程项目建设所需建筑材料的过程。建筑材料采购不仅包括单纯的采购工程建筑材料等货物,还包括按照工程项目要求进行建筑材料的综合采购,包括购买、运输、安装、调试等以及交钥匙工程,即工程设计、土建施工、设备采购、安装调试等实施阶段全过程的工作。国际工程项目中的建筑材料采购是一项复杂的系统工程,不但应遵守一定的采购程序,还要求采购人员或机构了解和掌握市场价格情况和供求关系、贸易支付方式、保险、运输等贸易惯例与商务知识,以及与采购有关的法律、法规与规定等。

国际工程建筑材料采购在国际工程项目实施中具有举足轻重的地位,是国际工程项目建设成败的关键因素之一。从某种意义上讲,建筑材料采购工作是工程项目的物质基础,其重要性十分明显。

能否经济有效地进行采购,直接关系到能否降低项目成本,也关系到项目建成后的经济效益。在一个项目中,建筑材料费用通常占整个项目费用的主要部分。健全的建筑材料采购工作,要求采购前对市场情况进行认真调查分析。制定的预算只有切合实际并留有一定的余地,方可有效避免费用超支,同时亦可避免留下隐患,因为低质的建筑材料必然会给项目建成后的运行和维护造成沉重的经济负担。

整个项目的计划和规划必须体现工程物资供应的内容。周密、严谨的采购计划不但可以保证供货商按时交货,也为工程项目其他部分的顺利实施提供了有力的保障。反之,可能由于关键路径上某一项物资供应的延迟而导致整个工程的延误。建筑材料采购工作的优劣直接影响到工程建设的质量。如果采购到的建筑材料不符合项目设计或规范要求,必然会降低项目质量,甚至导致整个项目的失败。良好的采购工作可以有效避免在建筑材料制造、运输、移交、检验等过程中发生纠纷,也可以为业主和供货商树立良好的信誉和形象。

国际工程的材料供应程序和手续复杂,大致包括:①计划;②初步选择货源;③初步询价;④比价;⑤收集样品和样本;⑥报送工程师认可;⑦还盘、议价和订货;⑧申请进口许可证;⑨开具银行支付信用证;⑩港口接受和商检;⑪清关;⑫银行付款和索赔;⑬陆运和仓储;⑭现场物资管理和使用。

如果是免税项目,在清关程序中要办理税收银行保函或缴付押金,材料使用完毕后要核报并收回银行保函。可以发现,整个材料采购的重点在于询价和依据询价订立采购合同。在国际市场中价格主要分为两类:自由市场价格和封闭市场价格。前者是指国际上不受市场垄断力量或国家垄断力量干预的条件下买方和卖方进行交易的价格,该价格受国际供求关系的影响;后者是指国际市场上买卖双方在一定的约束条件下形成的价格,该价格不受国际市场供求关系规律的制约。国际市场价格调查是物资采购工作的重要内容,掌握其变动趋势与规律,了解其影响因素是保证物资采购成功的重要条件。

在国际工程中,材料价格往往受到国际市场的影响。因而,需要理清影响国际市场价格变动的主要因素。商品的国际市场价格是由国际市场上的供求关系决定的。这种供求关系主要包括三方面:供货方之间的竞销、购货方之间的竞买、供货方与购货方之间的竞争。这种竞争关系通过对供给与需求的影响而影响国际市场价格。凡影响供求关系的各种因素都对国际市场价格产生影响。这些因素主要有：商品的生产成本、垄断、经济周期性波动、各国政府的政治和经济贸易政策、规模经济收益、贸易条件和其他偶发性条件（如自然灾害、政治动乱、战争及投机等因素）。

下面就材料采购方式、不同方式下的询价和采购合同进行介绍。

1. 国际工程建筑材料采购方式

由于国际工程项目的建筑材料采购往往涉及巨额资金和复杂的横向关系，如果没有一套严密而周全的程序和制度，可能会出现浪费，甚至贪污、受贿等腐败现象，而严格周密的采购程序与管理可以从制度上最大限度地抑制此类不良现象的发生。国际工程建筑材料采购的方式应依据标的的性质、特点及供货商的供货能力等方面条件来选择，一般的采购方式可见表10-1。本节将主要介绍招标采购和询价采购。

表 10-1　　　　　　　　　　　国际通行的建筑材料采购方式

编号	采购方式	基本描述
1	招标采购	可公开招标或邀请招标，一般适用于购买大宗建筑材料，且标的的金额较大，市场竞争激烈
2	询价采购	向几个国外或国内的供货商（通常至少3家）就采购建筑材料的标的进行询价，将报价加以比较后，选择其中一家签订供货合同。询价单上应注明建筑材料的说明、数量以及要求的交货时间、地点及方式等。报价可采用电传、传真或电子通信等形式进行。这种方式的优点是无须经过复杂的招标程序，大大节约了选择供货商的时间。但由于报价竞争性差，不便于公众监督，容易导致非法交易，一般仅适用于采购价值较小的建筑材料
3	直接订购	不进行产品质量和价格比较，属于非竞争性采购方式。一般适用于如下几种情况：所需建筑材料具有专卖性，只能从一家供货商获得；负责工艺设计的单位要求从指定供货商处采购关键性建筑材料，并以此作为保证工程质量的条件；在特殊情况下（如抢险救灾），急须采购某些建筑材料。

2. 招标采购

这种方式适用于大宗材料和较重要或较昂贵的大型机械设备或工程项目中的生产设备和辅助设备。承包商根据项目要求列出采购物资的品名、规格、数量、交货方式、交货时间、支付货币和支付条件，以及品质保证、检验、罚则、索赔和争议解决等合同条件和条款作为招标文件，邀请有资格的制造商或供应商参加投标（也可采用公开招标方式），通过竞争择优签订购货合同。这种方式实际是将询价和商签合同连在一起进行的。

为投标报价计算而进行的询价活动。

这一阶段的询价并不是为了立即达成货物购销交易，只是为了使自己的投标报价计算符合实际，因此，这一阶段询价属于对市场价格调查的性质。价格调查有多种渠道和方式：

①查阅当地的商情杂志和报刊。这种资料是公开发行的，有些可以从当地政府的专门机构或者商会的同业工会获得。应当注意的是，有些商情资料的价格是零售价格，这种价格对于使用大量材料的承包商来说，可能只能作为参考。因为这种价格包括了从制造商、出口商、进口商、批发商和零售商等多个层次的管理费和利润，比承包商成批订货价格要高出一倍以上。

②向当地同行(工程公司)调查了解。这种调查要特别注意同行在竞争意识作用下的误导,因此,最好是通过当地的代理人进行这类调查。

③向当地材料制造商直接询价。

④向国外材料设备制造或其当地代理商询价。

上述③和④为直接询价,属于投标阶段的一般询价,并非为达成实际交易的"询问报价"(Enquiry of Quotation)。可以采取口头形式(如电话、约谈等),也可以采取书面形式(如电传、传真和信函等)。这种报价对需求方和供应方无任何法律上的约束力。

3.询价采购

在国际工程承包中,对材料的价格要进行多次调查和询价,在材料采购的过程中应当依据项目进度制订合理的采购计划,尽量减少存储和堆放时间。实际采购中的询价程序如下:

(1)根据"竞争择优"原则,选择可能成交的供应商。由于这是选定最后可能成交的供货对象,所以不一定要找过多的厂商询价,以免造成混乱。通常对于同类材料设备等物资,找一两家最多三家有实际供货能力的厂商询价即可。

(2)向供应商询盘。这是对供应商销售货物交易条件的询问。为使供应商了解所需材料设备的情况,至少应告知供应商所需材料的品名、规格、数量和技术性能要求等。这种询盘可以要求对方做一般报价,也可以要求做正式的发盘,还可以要求做正式的发实盘。

(3)卖方的发盘(Selling Offer)。通常是应买方(承包商)要求而提出的销售货物交易条件。发盘有多种:对于形成合同的要约内容是含糊的、模棱两可的,只是用于一般报价的,属于虚盘性质,如注明价格为参考价格(Reference Price)或者指示性价格(Price Indication)等,这种发盘对于卖方并无法律约束力。还有的发盘是指发出实盘(Firm Offer),这种发盘应当内容完整、语言明确,发盘人明示或默示承受约束的一项完整的发盘通常包括货物的品名、品质、数量、包装、价格、交货和支付等主要交易条件。卖方为保护自身权益,通常还在其发盘中写明发盘有效期,即在此有效期内买方一旦接受,即构成合同成立的法律责任,卖方不得反悔或更改其重要条件。

(4)还盘(Counter Offer)、拒绝(Rejection)和接受(Acceptance)。买方(承包商)对于发盘条件不完全同意而提出变更的表示,即还盘,也称之为还价。若供应商对还盘的某些更改不同意,可以再还盘。有时可能经过多次还盘和再还盘进行讨价还价,才能达成一致意见而形成合同。买方不同意发盘的主要条件,可以直接予以拒绝。一旦拒绝,即表示发盘的效力已告终止,此后,即使仍在发盘规定的有效期内,买方反悔而重新表示接受,也不能构成合同成立,除非原发盘人(供应商)对"接受"予以确认。如果承包商完全同意供应商的发盘内容和交易条件,可予以接受。构成在法律上有效的"接受",应当具备下列条件:

①由原询盘人做出的决定,当然原询盘人应是有签约权力的授权人;

②"接受"应有一定的行为表示,如用书面形式通知对方;

③这项通知应当在发盘规定的有效期内送达给发盘人;

④"接受"必须与发盘完全相符,有些法系规定,应当符合"镜像规则",即"接受"必须依照镜子一样丝毫不差地反映发盘内容。但也有些法系或实际业务中,只要"接受"中未对发盘的条件做实质性变更,也应被认为是有效的。所谓"实质性"指该项货物的价格、质量(包括规格和性能要求等)、数量、交货地点和时间、赔偿责任等条件。

4. 国际贸易询价方法和技巧

(1)询价准备工作

从以上程序可以看出,在采购物资实施阶段的询价已不是普通意义的市场商情价格调查,而是采购的前奏。因此,事前必须做好准备工作。

①询价项目的准备。首先要按物资供应计划列出拟询价的物资范围、数量和时间要求;特别需注意的是,要按照招标文件整理出这些拟询价物资的技术规格要求,并向专家请教,搞清楚其技术规格要求的确切含义和重要性。

②对供应商进行必要和适当的调查。通常来说,大型国际承包商都有各类物资供应商的数据库,而该数据库在选择承包商时是重要的参考工具。同时在项目结束时,承包商也会及时重新评估供应商,更新他们的信息,为下次挑选做准备。对于没有数据库的承包商,在国际上找到各类物资供应商的名单、通信地址、电传和电话号码等并非难事,在当地的宣传材料、广告、商家目录或电话号码簿中就可以,甚至当你签订一项较大的承包合同后,许多供应商会主动上门。应当对这些潜在的供应商进行筛选,将那些较大的和本身拥有生产制造能力的厂商或其当地代表机构可列于首选地位;对于一些并无直接授权代理的一般性进口商和中间商则必须进行调查和慎重考核。

③拟定自己的成交条件预案,事先设想对拟采购的材料设备采取何种交货方式和支付办法。这种设想要从自身利益(风险最小和价格在投标报价的控制范围内)出发。有了这样的成交条件预案,就可以对供应商的发盘进行比较,从而做出还盘反应。

(2)询价技巧

①为避免物价上涨,对于同类大宗物资最好一次将全工程的需用量汇总提出,作为询价中的拟购数量。这样,由于订货数量大可能获得优惠的报价,待供应商提出附有交货条件的发盘之后,再在还盘或协商中提出分批交货和分批支付货款或采用"循环信用"的办法结算货款,以避免一次交货即支付全部货款而占用巨额资金。

②在向多家供应商询价时,应当相互保密,避免供应商相互串通,一起提高报价;但也可适当分别暗示各供应商,他们互相之间可能存在竞争,应当以其优质、低价和良好的售后服务为原则做出发盘。

③采用卖方"销售发盘"(Selling Offer)的方式询价。这样可使自己处于还盘的主动地位;但要注意反复讨价还价可能使采购过程拖延过长而影响工程进度;在适当的时机采用递盘,或者对不同的供应商分别采取"销售发盘"和"购买发盘"(即"递盘"),在货物购销市场上也是常见的。

④对于有实力的材料设备制造商,如果他们在当地有办事机构或者独家代理人,不妨采用目的港码头交货(关税已付)(DEQ,Duty Paid)的交货方式,甚至完税后交货(指定目的地)(DDP,Named Place of Destination)的交货方式。因为这些厂商的办事处或代理人

对于当地的港口、海关和各类税务的手续和税则十分熟悉。他们提货快捷、价格合理,甚至可能选择优惠的关税税率进口,比另外委托当地的清关代理商办理各项手续更省时、省事和节省费用。

⑤根据职责分工,应由总部、地区办事处和项目管理组分别对其物资管理范围内的材料设备进行询价活动。例如,对于现场采购的当地材料(砖瓦、砂石等),由项目管理组询价和采购;对于重要的机械和设备,则因总部的国际贸易关系网络较多,可由总部统一询价采购。

10.2.2　材料采购合同

1.货物买卖合同的形式

国际贸易中,有些国家和地区的法律制度规定:合同的形式可以是口头的,也可以是书面的。《联合国国际货物销售合同公约》第 11 条规定,合同无须书面订立或书面证明。但该公约允许签约国对此做出保留,许多国家(包括我国)都对这一条款及相关的其他条款做了明确保留,即只承认合同的订立、更改或终止应采取书面形式。至于书面形式的格式,各国并无特殊限制。

国际货物买卖合同的常见形式有:

(1)合同:是一种正式确定买卖双方责任、义务和权利的文件形式。可采用不同名称,如销售合同(Sales Contract)、购货合同(Purchase Contract)及购销合同(Purchase and Sales Contract)等,其实质是完全相同的,都是经买卖双方协议一致、载明交易条件,并经共同签署和承担法律责任的有约束力的文件。

(2)确认书:包括销售确认书(Sales Confirmation)和购货确认书(Purchase Confirmation),都是由买或卖的一方拟定,并由另一方确认的有合约效力的文件。确认书和合同在格式、条款的设立和措辞上有所不同,但在法律意义上都是具有同等约束力的合约文书。

(3)协议书:从法律上解释,协议或协议书与合同是同义的,因为合同本身就是当事人为了产生、改变或消灭民事法律行为而达成的协议。问题不在于文件的名称,而在于文件的内容是否载明了买卖双方的权利和义务,是否包含用明确的文字规定了买卖双方商定的货物品名、规格、数量、价格以及交货方式和时间等要素,并承认对双方的约束力。至于标明"初步协议"或者"原则协议"的文件,由于其中的内容仅涉及该货物交易的一般性原则,而具体的有实际约束力的交易条件尚待商定,只有补充签订了全部明确的交易条件后才具有可执行性。

(4)备忘录:只要买卖双方对商定的交易条件在备忘录中做出明确和具体的规定,并经双方签署承认,即可以视为与合同一样性质的文件。在实际业务中,备忘录更多地用于对已签合同的补充、修改或者变更的书面确认。这时,它们将被视为合同的组成部分。

(5)订购单:一般是由买方向卖方发出的认购某种规定货物的文件。如果订单中规定了明确的交易条件,或者买卖双方事先对交易条件已有一般条款的约定,则这种订单实际上是买方的"购买发盘",买方将承担按订购单所列条件与接受订购单的卖方建立合同关系的法律责任。订购单经卖方书面确认,或者双方签字,则具有与合同同等的法律效力。

2. 货物买卖合同的基本内容

一项比较完整的货物购销合同可参照某些规范化文件,它包含以下内容:

(1)货物品名、规格和质量要求。关于质量要求,其表述方法各异。有的仅写明国际标准代号,有的应写明材料的化学成分和物理性能,有的则用专门的附件详细说明其技术性能要求和检测标准。

(2)货物数量、单价和总价。对于价格除写明货币和数额外,特别要注明何种交货状态下的价格。

(3)包装。除规定包装方式能适合海上运输要求外,还应规定包装上的各种标志和各种数据及编号等,以便识别和装卸堆放管理。

(4)装运条款。除写明装运港、目的港、装运期限外,还应写明是否允许中途转船或多次分批装船。

(5)保险。属于卖方保险者(例如 CIF 交货条件),最好规定保险的险种和投保金额(海运通常按货价的 110% 投保);属于买方保险者(例如 CFR 交货条件),应规定卖方在限定的时间内用电传方式通知买方准备保险所需的各种数据和情况资料。

(6)检验条款。应当规定货物在装运前的检验要求(多系卖方对货物数量和质量的检验保证),以及到达目的地的检验要求(多系买方委托或海关及当地商检部门强制进行的数量和质量的检验)。应明确规定两种检验出现差异的处理办法。

(7)支付条款。应说明支付货款的方式(如不可撤销的银行开出的信用证或者托收付款方式等),规定买方的开证银行和卖方的议付银行、开证期限和议付有效期限等,如果选择分期支付,应规定分期办法及短期支付条件。国际贸易惯用的是跟单信用证(Documentary Letter of Credit),因此,应写明议付时提交的单据的名称、份数等(如承运人开出的货物提单、发票、装箱单、数量和质量检测证书、产地证明书、运输保险单、装船通知等)。

(8)违约罚则。按双方议定列出。

(9)索赔条款。应规定除承运人过失或意外事故及外来原因造成损失的索赔办法,包括索赔依据、索赔时限、索赔偿付办法和时间等。还可以规定补偿损失的救济办法,如拒收或退货、降价、更换、宣告合同无效和要求损害赔偿等。

(10)关于不可抗力的免责条款。可规定人力不可抗拒事件的范围、通知的责任、必要的证明文件、补救办法等。

(11)争议解决条款。对于经济合同争议,通行的解决办法是友好协商,如果协商不能解决则提交仲裁,应规定仲裁地点和仲裁机构及适用的仲裁规则,并明确仲裁裁决是终局的,对买卖双方都有约束力。

(12)其他条款。可规定适用于本合同的法律,及合同的生效办法(如双方签字即生效或者经过公证后生效等)。

3. 购货合同的实施和管理

(1)审慎签订购货合同

根据物资供应计划和样品审查认可情况,以及询价获得的满意结果,审慎和及时签订购货合同是物资供应部门的重要任务。

①建立采购授权和审批制度。根据物资种类进行分工,并给予采购人员充分授权,以便开展询价、洽谈和签订合同工作,但必须建立严格的审批制度。主要审查供应商的资信和能力、供货人的法人资格和签字代表的授权、货物是否完全符合技术要求、价格是否在控制指标之内、交货时间和地点、各方义务和责任及支付方式等。充分授权和严格审批,既可发挥采购人员的主动性,又能减少失误。

②多种方式签订合同。对于大宗材料和重要设备通过多方询价,并签订书面合同;应采用信用证付款方式,对于大宗材料适当分散与多家供应商签订合同,除非供应商是信誉极佳且有实力的制造商。这种方法可防止一旦出现违约或不可抗力事件而造成的工程延误和损失。对于当地生产的大宗建筑材料宜与当地多家厂商签订连续供货和定期结算的供货合同,特别是砂石和砖瓦等大宗材料,必须有多家稳定供货的货源,防止独家供应商有意制造困难而对产品加价的情况出现。对于零星物资供应当给予足够重视,实践表明,它常常是工程正常进行的一大障碍,工地常为某种零星少量物资短缺而不得不临时局部停工,打乱整个工程计划。所以,最好与当地批发零售市场网点及临近的工地同行建立广泛和良好的关系,以便临时调剂解决物资短缺的问题。对于机械设备最好是有计划地采取邀请议标或招投标方式,通过竞争择优签订合同。

③密切关注合同履行的进展情况,及时做出调整和补充订货。一项承包工程的物资供应可能要签订数十个购货合同,其中某些合同出于不同原因可能造成延误、变更,甚至中止或违约终止等情况,供应部门应及时做出反应。除对该索赔应及时办理索赔手续外,应根据工程进度需要,迅速协商修改合同或另觅供应商重新签订合同,以补进物资,避免工程的损失。

(2)重视履行合同的义务

承包商签订购货合同后,除催货和督促供应商履行交货合同义务外,以下工作也同样是保证合同实施的重要环节。

①对于工程所在国规定实行进口许可证制度的物资,应尽早申请并办理进口许可证。

②对于工程所在国实行外汇控制管理的,要尽早申请批准使用外汇,以便银行及时开出以外汇支付的信用证。

③对于以装运港船上交货方式(FOB)成交的合同,应及时租赁船只或委托承运人并通知卖方;对于以成本加运费的目的港交货方式(CFR)成交的合同,应及时办理保险手续。

(3)认真组织货物的接收

①协同财务部门和银行核对信用证的跟单和付款。信用证是买方完全按照购销合同中的交易条件向银行申请开出的,如果信用证中议付条件与合同不一致,卖方将会要求买方修改;如果卖方接受了信用证,而提交的有关货物的单据显示出与信用证中的议付条件有不符之处,银行将会拒绝付款,除非买方愿意接受这些不符点,并正式通知银行。因此,作为买方在接受单据时,要认真核对这些"单、证不符"的细节。对于涉及货物规格、质量和付款条件等严重的不符点,可以同意银行拒付,并拒收货物,要求卖方派人直接处理和交付符合合同及信用证规定的替代货物,还可以声明要求卖方赔偿损失。如果"单、证不

符"并不涉及货物本身问题,仅是某些枝节性问题,如收货人名称、地址填写错误和某些明显的拼写或打印错误等,可以通知银行接受卖方的更正要求,并付款取单以提取货物。

②组织清关、收货和内陆运输。所谓"清关",是指按进口国(即工程所在国)的有关法令办理海关检查货物和核定关税的放行手续。由于手续严密和程序较多,许多国家规定只有获得资格证书的专业人员才能办理清关手续,为此,承包商宁愿委托专门的清关代理公司办理清关。承包商应选择信誉好、能力强和手续费低的公司作为自己的清关代理。即使是委托代理进行清关和提货,承包商还应有专门人员与之配合、提供清关和提货所需文件和单据(除卖方提交的货运提单、发票、保险单、产地证明书、装箱单外,还需要合同、货物进口的批准文件或进口许可证、免税批准文件、机械设备临时进口批准文件等),并按政策法令缴纳关税和各项官方费用,对免税物资和临时进口的机械设备,要提交当地银行开出的税收保函。

③及时进行质量检测和索赔。质量检测的目:一是如果发现货物质量与合同规定不符,可向供应商索赔;二是提交工程师审定,批准在工程中使用。通常在货物运抵工地时,约请工程师共同随意抽样,并送交检测机构或试验室试验。应当注意的是,检测的结果必须在购货合同规定的索赔有效期内得出,否则将失去索赔权利。如果检测结果证明符合购货合同中的质量要求,工程师自然会批准。凡是属于货物运输过程中的损坏(如卸货时发现包装箱破损和货物已经受损),应当在卸货时由承运人出证,以便向船运公司或向保险公司索赔。货物数量的短缺,也按此处理。只有证明货物的内在品质缺陷或者短缺在装运前已经发生,才能向卖方索赔。未经检查试验和检测后不合格的货物,只能采取暂存办法,不得动用,直到索赔得到合理处理后方可使用。

10.2.3　全球供应链环境下的材料采购管理

1. 建筑供应链的基本概念

建筑供应链管理是指以核心企业(通常为总承包商)为主导,通过在业主、总承包商、设计师、分包商和供应商之间建立协作多赢的战略目标、完善的合作机制和协同的决策模式,运用先进的信息技术,对建设项目建造过程(策划、设计、采购、供应、施工等)中涉及的所有活动(物流、人流、信息流、资金流等)和参与方进行集成化统一管理。建筑供应链管理既强调跨部门和跨企业的集成化管理,更强调流程整合和过程控制与管理,其管理思想主要体现在系统集成、过程控制和协同工作三个方面。

建筑供应链管理首先是基于系统集成的思想,通过把工程项目从项目策划、工程设计、材料采购、工程施工到运营维护的项目全生命周期的各个环节有机集成,减少了由于各个单元封闭所造成的目标冲突、信息遗漏和资源浪费等现象,实现以最小的投入获得最大的产出。同时,建筑供应链管理将系统集成理念从核心企业内部扩展到企业外部,既扩展到企业的上游——材料设备供应商,也扩展到企业的下游——分包商,将以往企业之间分离间断的物流、信息流和资金流集为一体,通过企业内部资源与外部资源的整合优化,提升企业对市场的应变能力,获得供应链的整体效益。

按照过程控制的思想,建筑供应链管理就是对建设项目的策划、设计、采购、供应、施工、运营和维护等相关过程进行管理控制。每一个建设项目供应链的设计实际上就是在对各个过程进行设计,并规定各个过程的输入、输出、约束条件、过程的结果和相关过程的接口。这种目标分解、协同工作、集成管理的过程控制方法不仅使管理目标十分明确,而且内设了一道下级工序对上级工序的检验机制,同时运用统一管理和协同运作促进供应链的整体绩效。

建筑供应链管理的本质是协同工作。在供应链环境下,设计师、分包商和供应商与总承包商之间建立起一种长期紧密的合作关系。建筑供应链成员在共同拟定的战略目标下,共享充分的、透明的和对等的市场需求和项目信息,比如总承包商的市场开拓计划、供应商的库存情况、分包商的生产能力等,从而通过资源优化整合和统一调配实现对业主需求的快速响应。在项目建设过程中,建筑供应链通过建立完善的信任与合作机制,协同的决策模式和信息共享机制,能够使项目各方保持一种实时沟通和协同工作的状态,避免了传统工程建设管理中的无谓等待、变更、浪费甚至冲突和索赔,从而以最小的成本,为客户创造最大的价值,达到提高供应链绩效并增强成员企业核心竞争力的目标。

建筑供应链战略的应用与研究源于供应链管理在制造业和零售业中所取得的巨大成功,是近年来在国内外逐渐受到重视的一种新型的建筑战略理念与管理模式。随着建筑市场的全球化、建设业主的日趋理性及各国建筑业巨头纷纷进入他国抢占市场,建筑企业竞争环境也发生了巨大变化,主要表现为:业主需求趋于多样化和个性化,需求不确定性增加,同类建筑产品的寿命周期缩短,竞争强度更高及国内建筑市场国际化等。这些变化使企业面临的是一个变化迅速且难以预测的买方市场;在动态复杂的市场环境下,要快速满足顾客的需求,依靠单个建筑企业的资源已经成为不可能。随着全球市场和信息技术的发展,建筑企业之间合作的趋势日益明显,建筑企业之间的竞争越来越表现为由相关企业组成的及时响应顾客(业主)需求并组合生产最终建筑产品的链状组织之间的竞争,即建筑供应链之间的竞争。为提高竞争力,各类建筑企业都积极致力于构建能充分发挥本企业核心能力的同时外包非核心业务的建筑供应链,以快速响应建筑市场的需求。

2. 材料采购在建筑供应链中的作用和地位

结合供应链的基本原理和建筑业自身的特点,建筑供应链可进一步定义为由设计师、承包商、分包商、供应商、制造商和其他相关专业公司组成的一个功能网络,它围绕核心企业,通过对信息流、物流、资金流的控制,从采购相应的建设物质或服务开始,经过链中不同企业把这些物质和服务转化为中间产品和最终建筑物,最后交付完整的可使用的建筑设施给业主。它不仅是一条连接供应商到用户的物料链、信息链、资金链,而且是一条增值链,建筑材料和中间产品在供应链上因加工、包装、运输等过程而增加其价值,从而给相关企业都带来增值和收益。

建筑供应链由所有加盟的节点企业组成,其中一般有一个核心企业(一般为总承包商,也可以是大型设计企业,还可以是有实力的 CM 公司),节点企业在需求信息的驱动下,通过供应链的职能分工与合作(建材生产、工程设计、现场组装等),以资金流、物流或/和服务流为媒介实现生产对象沿整个建筑供应链的不断增值。可以发现,材料供应是整个建筑供应链中的关键环节,连接着供应商和承包商,起到了承上启下的作用。特别在一些与材料和设备供应密切相关的项目(EPC 和 DB 模式)中,材料的采购和管理更决定了项目的成败。

图 10-1 是一个典型的 EPC 和 DB 模式下建筑供应链的结构模型,从图中可以看出,供应链是一个网链结构,由围绕核心企业的承包商、设计师、供应商和建设业主组成。

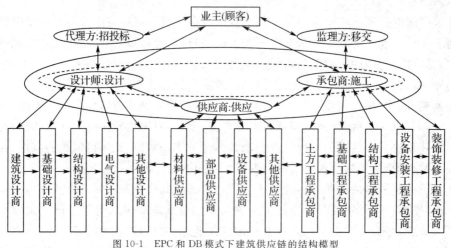

图 10-1 EPC 和 DB 模式下建筑供应链的结构模型

从图中可以看出,一个企业是一个节点,节点企业之间是一种需求与供应的关系,因而建筑供应链上的材料采购具有以下特征:

(1)订单驱动:工程建筑属于典型的订单式生产,产品需求方(业主)在供应链中起重要的驱动作用,业主既是工程项目的发起人,又是工程项目的受益者。建设工程项目供应链的形成与存在都是基于业主的需求而发生的,而所有的材料采购都是依据业主对项目的需求而产生的,通过建设工程项目供应链中信息流、项目流、服务流以及资金流来满足业主的需求。

(2)一次性:由于建设工程项目的一次性,建设工程项目供应链在项目结束后不得不面临解散的问题,材料采购中存在的业务联系也随之解除;而供应链管理的基本原则是一种基于信任的长期合作,两者之间存在一定的冲突。因此,国际工程承包商都会将企业层面的供应链规划和具体项目的供应链协调一致,努力做到建设工程项目供应链成员尽可能来自企业的供应链伙伴,特别是材料供应商,以此促进成员之间的长期合作。

(3)复杂性:建筑供应链通常是多层次、多跨度的链式结构,由材料、设备、咨询、服务等不同类型的多个企业构成。对于一个材料供应商而言,不仅仅属于一个建设工程项目供应链,它同时还可以为其他的建设工程项目供应链服务,作为另一个工程项目供应链的成员。因此,处于建筑供应链中的材料采购往往面临多个建筑企业的多个项目,结构模式比一般制造业要复杂得多。

(4)动态性:除极少数特例以外,建筑供应链是一种反复的通过项目组织生产一次性建筑产品的临时供应链。项目完成后,围绕工程项目构建的项目供应链即告解体。为此,建筑供应链具有动态性、不稳定性、阶段独立性等本质特征。同时工程建设产品的固定性导致了管理对象的流动性,从而使得建设工程项目供应链上的节点企业联系相对松散,导致建筑企业与材料供应商之间的供需关系具有动态性。

(5)强约束性:在宏观上,建筑工程项目有既定的工期、质量、成本要求。在微观上,在工程项目进行中有大量人力的调进调出,不同工程的频繁更替、交叉,不同阶段的不同需求,使得对各种材料的需求大起大落,造成了建设工程项目供应链管理中的物资流必须按照既定时间、数量、地点进入现场,并保证按项目的弹性需求在不同项目之间加以调配。为保证项目的流畅进行和目标的顺利实现,必须保证对项目材料供应时间、地点、质量的强有力约束。

3. 建筑供应链上材料采购的发展趋势

建筑供应链的理念经历了一个发展过程。随着 20 世纪 80 年代中期以来供应链战略在制造业的成功应用,企业的绩效得到了很大的改进,减少了产品的生产周期,增强了产品的质量和可靠性,缩减了库存,减少了浪费,极大地促进了生产成本的降低。当时的建筑业领域开始出现局部的供应链管理,但仍然局限在建筑材料的供应领域,主要的设计和施工服务采购仍是通过业主与承包商之间"一对一"或"一对多"的一次性的交易行为完成的。建筑企业主要通过各个职能部门对资金、进度、质量和材料管理来控制内部资源和施工过程,形成基于职能的内部组织边界,而承包商与供应商的关系大部分仍旧是短期的买与卖的非合作关系。到 20 世纪 80 年代末期,建设过程中合作伙伴建设模式的出现,促进了各参与方加强协同关系和过程集成化这种与供应链管理思想相关的趋势的发展。"合作伙伴"是指两个或多个一起工作的组织按照各自的目标,通过寻求解决冲突的途径和相互之间的自我约束,从而达到持续改进和利益分享的一种建设模式。直到 20 世纪 90 年代中期,建筑业供应链战略开始逐步在美国、英国等建筑业发达国家的大中型建筑企业中推广开来。

(1)建筑企业传统管理模式

这管理模式是一种系统化的指导与控制企业生产经营的方法,它把企业中的人、财、物和信息等资源,高质量、低成本、快速及时地转换为市场所需要的建筑产品和服务。质量、成本和进度(生产时间)一直是建筑企业的三个核心活动,企业管理模式也是围绕这三个方面不断发展的。长期以来,建筑企业的生存和发展完全有赖于对这三个核心要素的管理水平,因为质量是企业的立足之本,成本是生存之道,而时间则是发展之源。没有好的质量,就无法得到建筑用户的认可,企业所提供的产品或服务就无法在市场上立足;没有低的建造成本,企业就没有实力进行价格竞争;而建筑企业要适应不断发展的建设需求,就必须能在尽可能短的时间内提供用户所需要的建筑产品或服务,因此生产时间(有时仅包含建造时间,有时则由设计和建造甚至调试时间等构成)就成了企业能否适应发展要求的关键。

从管理模式上看,建筑企业出于对建筑生产要素性资源的占有要求和对建造过程直接控制的需要,通常会扩大自身规模涵盖尽可能多的业务门类,或参股到供应商企业,与为其提供原材料、结构件或劳动力的企业是一种所有关系,这就是人们所说的"纵向一体化"管理模式。我国建筑企业(特别是过去的国有建筑企业)一贯采取"大而全""小而全"的经营方式,可以认为是"纵向一体化"的一种典型表现形式。例如,过去许多"中字头"施工企业多拥有从采石、制砂、结构件预制与加工、现场建造等一整套生产设备、设施及组织机构,甚至附设中小学和医院等非生产设施,其主营业务与附属业务构成比例往往是畸形的。受长期计划经济的影响,这类企业拥有庞大的加工和建造体系,而其建筑产品与服务的开发能力和市场营销能力却非常弱。在建筑产品或服务开发、设计施工、市场营销三个基本环节上呈现出中间大、两头小的"腰鼓型",这种建筑企业由于没有能力准确捕捉市场信息而在激烈的市场竞争中无法快速响应用户需求。当前有些老牌国有建筑企业经营不景气,并不是没有生产能力,而是无法准确捕捉到市场信息或不能快速组织资源提供业主要求的产品或服务,因此丧失了许多市场机遇。

从生产计划与控制机制看,我国建筑企业生产管理系统在不同时期有不同的发展和变化。在 20 世纪 80 年代以前的计划经济时期,建筑企业实行按计划生产的方式,主要是为了完成各地建设主管部门指定的设计和建造任务,生产计划基本由上级行政部门确定,采用简单的现场检查监督的方式进行控制。实行市场经济以后,建筑企业开始实施以质量、成本和进度为核心的生产计划控制方式,在一段时间内取得了显著的成效,满足了日益增长的建筑产品与服务需求。随着大众知识水平的提高和激烈竞争带给市场的产品越来越多,业主对建设成本、周期和质量的要求也越来越高,主要体现在对建筑产品的种类、规模、功能特点和需求数量呈现多样化、个性化要求,而且这种多样化要求给企业带来了很高的不确定性需求。此后,人们一直都在探求更好的制造组织和管理模式,出现了诸如精益建造(Lean Construction)、制造资源计划(Manufacturing Resources Planning Ⅱ,MRPⅡ)、准时生产制(Just inTime,JIT)等新的生产方式。这些新的生产方式对提高企业整体效益和在市场上的竞争能力确实做出了不可低估的贡献。然而,进入 20 世纪 90 年代以来,由于整个世界的经济活动出现了全球经济一体化的特征,而这些变化对建筑企业参与竞争的能力提出了更高的要求,原有的管理思想已不能完全满足新的竞争形势。以 MRPⅡ 和 JIT 为例,这两种生产方式都是只考虑企业内部资源的利用问题,一切优化工作均着眼于本企业资源的最优应用。这种指导思想在新的市场环境中显得有些不适应,因为在当前这种市场环境中,一切都要求能够快速响应用户需求和提高建筑生产效率,而要达到这一目的,仅靠一个企业所拥有的资源是不够的。在这种情况下,人们自然会将资源延伸到企业以外的其他地方,借助其他建筑企业的资源达到快速服务业主的目的,这也是建筑供应链理念的初衷。

(2)建筑供应链管理模式

鉴于建筑供应链"纵向一体化"(Vertical Integration)管理模式的种种弊端,从 20 世纪 90 年代后期开始,国际上越来越多的建筑企业放弃了这种经营模式,随之而来的是"横向一体化"(Horizontal Integration)思想的兴起,即利用企业外部资源快速响应建筑市场需求,本企业只抓最核心业务——建筑产品或服务——的方向和市场,同时在生产上只抓有突出优势的核心业务,对于拓展、附属或非核心专业性业务全部由其他企业完成。例如,位于英格兰西北部的 Conlon 建筑公司通常将设计分包给位于曼彻斯特的 Big Idea 公司,建筑材料则分别由环绕在 Preston 周围的众多供应商供应,自己的施工队伍负责关键部位的施工,管理队伍负责全程管理和协调,非主要结构的施工和安装全部分包,这样做的目的是利用其他企业的资源促使项目建设快速展开,赢得产品在低成本、高质量、早上市诸多方面的竞争优势。"横向一体化"形成了一条从制造商、供应商、分包商再到承包商的贯穿所有企业的"链"。由于相邻节点企业表现出一种需求与供应的关系,当把所有相邻节点企业依次连接起来便形成了供应链。这条链上的节点企业必须达到同步、协调运行,才有可能使链上的所有企业都能受益。于是便产生了建筑供应链管理(Construction Supply Chain Management,CSCM)这一新的经营与管理模式。

　　(3)业务外包策略

　　随着劳动力成本和专用性资产投资成本的上升,国际上已有越来越多的大型建筑公司选择了将非核心业务外包(Out Sourcing)的策略。实施业务外包策略的最主要原因是控制和降低成本、提高公司的核心业务能力和积蓄形成领袖级企业的能量。总而言之,就是为了在新的竞争环境中提高建筑企业的竞争能力。由此可见,建筑供应链管理的理念将企业资源的范畴从过去单个企业扩大到了整个社会,使企业之间为了共同的市场利益而结成战略联盟,因为这个联盟要解决的往往是具体业主的个性化建筑产品(至少有别于其他顾客)。例如,承包商需要与业主共同研究如何满足其需要,并将业主的意图准确传递给企业建筑供应链内拟参与该项目的相关企业,还可能要对原设计进行重新思考、重新设计,这样在承包商和建设业主之间就建立了一种长期联系的依存关系。承包商带领供应链团队努力满足业主的需求,业主当然也愿意雇用这个承包商。当原来的建筑需要更新或有改扩建项目时,业主还会找同一个承包商,承包商又会去找自己固定的供应链团队成员。这样一来,由于建筑供应链战略的实施,形成了参与建设的各方都十分满意的专业化的运作模式,因而供应链管理也得到越来越多建筑企业的重视,成为目前最有影响力的一种建筑企业运作管理模式。

　　新形势下建筑市场中的竞争不是建筑企业和企业之间的竞争,而是建筑供应链与供应链之间的竞争。那些在某项专业工程方面占有独特优势的中小型建筑企业,将成为大型总包企业的追逐对象。日本一名学者将其比喻为足球比赛中的中场争夺战,他认为谁能拥有这些具有独特优势的供应商,谁就能赢得竞争优势。显然,这种竞争优势不是哪一个建筑企业所具有的,而是整个建筑供应链的综合能力。

10.3　国际工程材料设备管理

　　在国际工程项目中,设备是工程成败的关键,项目的设计,采用的新技术、新方案、新工艺都最终在所采购的设备中体现。为了确保项目一次试车、投产成功,同时又能取得较好的经济效益,设备采购和质量控制是项目管理中的重中之重。国际工程设备采购和材料采购在采购方式、询价步骤、询价方式和技巧、购货合同的订立和管理方面基本相同,但是设备采购存在一定的特殊性。

10.3.1　设备采购程序

1. 采购计划

由于一般工程项目中所要采购的设备多达几十种,涉及设备规格、技术要求、数量、制造周期、价格、资金状况以及信用证开立的时间等,首先要制订一个详细的设备采购计划,以确保设备的采购有序而稳妥的进行。设备采购计划的编制主要考虑以下几点:

(1)信用证开立时间;

(2)设备制造加工周期;

(3)安装顺序和总进度计划对价值较大、利润较高的设备,要争取早开立信用证,早收回设备款,做到"落袋为安"。同时,还要考虑设计进度、公司资金状况等因素,制订一个切实可行的设备采购计划。

2. 询价

根据采购计划,对采购的设备进行初步询价,询价考虑3~5家制造厂或分包商,被询价的制造厂或分包商须通过一定的资格审查。例如国家专业出口定点厂、行业内的骨干厂家和国家甲级成套单位。询价采用面谈和通信相结合的方式,要把设备的技术要求、当地现场自然和气象条件、用电条件及工艺情况向被询价的单位介绍清楚,并提供给被询价单位一份符合上述要求及条件的文字资料。做到"程序公开、公平竞争、机会均等"。对询价过程中厂家反馈的问题及建议,要和设计院专家及时沟通,并采纳其有用部分。最后选择其中的2~3家作为考察对象。

3. 厂家考察

厂家考察的主要内容为:

(1)厂家的加工能力、加工设备的状况和执行的技术标准和工艺;

(2)厂家是否已通过ISO9000质量体系认证;

(3)厂家的检测设备、检测手段及试车条件;

(4)厂家的业绩、售后服务体系和用户反馈意见(对重要、关键的设备需走访用户);

(5)厂家的规模、资信及资金状况和融资能力;

(6)厂家应用的包装标准和运输条件。

通过对上述6项指标的考察,对厂家情况进行全面、合理、科学的分析,确定厂家是否具有承担该项设备供货的资格,写出考察报告并存档,为下一步的议标做好准备。

4. 技术交底

在上述询价和厂家考察的基础上,组织设计院的设计人员、选定的厂家(2~3家)和项目经理部的专家及商务人员对所采购的设备进行技术交底,详细介绍设备的供货范围、技术要求、设备所处的工艺条件、制造和检验标准、设备的交接条件和尺寸要求、试车和验收要求、非标设备详细设计图纸的答疑、合同技术附件的解释以及现场技术协助的要求。项目经理部的商务人员要针对所起草合同的主要条款,尤其是支付条款向厂家进行清楚的解释并提供给厂家一份合同草稿,以便使厂家的报价准确可靠。同时厂家的技术人员在对设备情况全面透彻了解以后,要根据自己的制造和设计经验对设备选型、选材和特殊要求与设计人员进行沟通,并对设计人员考虑不周全的地方提出自己的意见和方案,在征得设计人员同意的情况下进行修改、补充和完善。在技术交底的基础上,要求厂家进行最终的正式报价。报价应为分项报价,其中包括设备的本体价、外购配套件价格、包装费、运输费等运抵中国某港口指定仓库指定货位的一切税、费用。在提交报价的同时,还要求厂家提供设备制造加工方案和设备制造质量控制程序等文件。

5. 评标和定标

首先在厂家最终报价及评标的定标前,项目经理部的商务人员要对所采购的设备制作标底。其次设计人员和项目经理部专家要对厂家提交的制造加工方案和设备制造质量控制程序等技术文件进行评判,选定技术上可行的厂家作为拟定供货商。评标和定标采用议标方式,即在考察和最终报价的基础上,确定供货厂家或分包商。在选定供货厂家的过程中,不一定要选择最低报价的厂家,也不一定就淘汰最高报价的厂家。确定最佳的供货厂家或分包商是一个过程,它和合同的谈判是融为一体的,有时需要和拟选定的厂家分别进行洽谈,才能确定在商务和质量上都能满意的最佳厂家或分包商。

6. 合同的谈判和签署

整个合同谈判应以项目经理为核心并包括技术专家、商务人员等组成一个谈判小组。合同主要由以下章节组成:

(1)设备的供货内容和范围;

(2)合同金额和支付条件;

(3)交货日期、交货地点和收货人;

(4)包装要求;

(5)质量保证、检验和验收;

(6)责任和违约罚款;

(7)技术协作;

(8)仲裁;

(9)合同技术附件。

在对上述条款尤其是对合同金额和支付条件达成一致意见,在三方即供货厂家或分包商、设计院设计专家和项目经理部共同签字同意合同技术附件的条件下,就可准备签署合同。合同签署后,并未立即生效,而是要在双方履行特定的程序后才能生效,即供货厂家或分包商通过银行开出合同金额10%的履约保函且采购方汇出预付款后,方可生效。

10.3.2　设备质量控制

工程效益是目的,工程进度是保证,而工程质量是关键。作为对外成套设备出口的总承包商,坚持以质取胜的经营策略,并与国际管理相接轨。为此,从以下几个方面进行设备的质量控制。

1. 设计审查是设备质量控制的基础

在制造厂完成制造图纸和制造方案后,设计院设计人员和项目经理部专家就要根据

合同对其图纸和方案、设备的选型和所用材料及特殊部位的选材进行审查,确保设备质量满足合同要求。在设计审查中要确保:

(1)厂家的设计完全体现合同技术附件的要求;

(2)合同中各项技术参数在设计中已完全体现;

(3)设备主要部件的结构形式满足合同要求。

2. 驻厂监制是保证设备质量的有效手段

目前制造厂在成套设备的制造加工、检验和销售过程中主要有以下质量缺陷:

(1)执行标准和工艺规程难以满足合同要求;

(2)检验项目和要求不能涵盖合同要求;

(3)图、物不完全相符;

(4)表面处理(含除锈、防腐、油漆)质量差;

(5)技术资料和图纸不规范;

(6)外观及装配质量差;

(7)包装质量差。

聘请专业监制公司驻厂监制,对从原材料外购、备料、加工等各个制造环节实施有效的监控,确保设备的质量满足合同要求。为保证驻厂监制的客观性和公正性,聘请的专业设备监制公司仅仅从事专项监制工作,既不参与设备的商务谈判,也不与制造厂发生任何利益关系。

聘请已取得 ISO9000 质量体系认证的设备公司作为驻厂监制队伍,可使设备质量得到有效保证,要求他们依据 ISO9000 质量体系的要求,全面、系统地对制造厂进行有效的过程监控。同时为确保监制工作质量,要求监制设备公司按照 ISO9000 质量体系建立监制的质量保证体系。另外,项目经理部采取周汇报、月总结和重大问题及时反馈的方式对监制工作进行考核。

3. 良好的设备包装是设备安全运抵现场的必要手段

设备要经过水路、海运和陆路等长途运输才能运抵现场,中间经过的环节较多,因此设备的包装质量一定要过关。需要制定公司出口包装要求并把此包装要求纳入合同附件中,严格要求制造厂按此进行包装。制造厂在实施包装前,须先提交包装设计方案给项目经理部专家审核,然后厂家按照审核通过后的包装设计方案对设备进行包装。在设备的制造加工过程中,对厂家的制造加工能力、管理水平、质量控制水平和能力等有了全面和综合的了解,据此对厂家或分包商进行评判、考核,确定其是否为合格的分包商,并把合格分包商的材料归类存档,建立一套合格分包商的档案。

10.3.3　设备购买合同的特殊条款

无论是施工所需的大型机械还是工程中要提交给业主的生产或试验设备,其购买合同与上述一般材料等货物的购买合同有所不同,除货物购买合同的基本内容外,还应根据其不同的特点注意以下问题:

（1）设备不像一般建筑工程的材料那样一次性投入使用，而是要长期使用和运行；设备的内在缺陷或达不到性能要求，常常是静态检验方法和表面观察难以发现的。因此，对于设备的质量保证应当有一段较长时间。如规定"正常运行保证期为 12 个月，从安装结束投入运行之日算起，或者以设备到货后 18 个月为质量保证期，以两者限期先到达为准"（注：这一规定是卖方为了防止设备到货后，因其他原因长期不予安装使用而制定的）。

（2）对于设备质量保证期内的保证内容应做出具体规定，主要是保证设备按其技术规范说明书中的技术性能正常运转，卖方对设备由于设计或制作材料和工艺缺陷而造成的损坏承担责任，但不包括正常磨损、操作失误、买方自行改造或更换部件或维修不当造成的损害。应规定保证期发现缺陷的救济措施，如接到买方通知后进行免费修理、更换部件直至更换整台设备等。还应规定经维修或采取其他补救措施后如何延长后续保证期。也可以规定对保证期出现的缺陷将按商品检验机构提出的鉴定证明进行索赔，并规定理赔方式。

（3）应规定设备安装调试后进行性能试验的程序和方法，明确试车和性能试验的费用及承担办法；还应规定第一次性能试验失败后的补救措施，如允许再次试验，并规定再次试验的时间和费用承担办法。应明确性能试验报告签署后的正式移交手续。

（4）设备的采购通常与设备的安装和试车的技术指导有关，应规定双方在安装试车中的责任，以及费用的承担办法。

（5）设备的采购通常与备件的供应有关，应规定备件清单及今后供应备件的办法。

（6）有些设备采购的付款条件与材料采购不同，通常采用分批付款方式，即支付一定的预付款，而后按设备到货、安装、调试和性能试验等阶段分批支付，应当规定每期付款的支付条件。有些设备采购合同还规定在质量保证期内卖方应提供对质量保证或维修的银行保函。

（7）设备的供应还与技术资料的提供有关，应当规定卖方何时提交有关的技术资料，包括设备的技术性能说明书和必要的图纸、操作手册、维修手册和备件手册等。明确提供以上技术资料的费用是否包括在合同总价之内。

（8）设备购销合同违约造成的损害是极为严重的，因为不仅设备本身的价款金额很大，而且由于违约造成的直接经济损失和间接损失往往也是巨大的。特别是间接损失，如果考虑因延误生产导致的利润损失，能达到无法承受的数额，巨额的经济损失索赔会导致一场旷日持久的法律纠纷。为此，应当在设备购销合同中对违约罚金和损害赔偿做出明确的规定。如对违约罚金可以确定一个最高限额；对损害赔偿可以商定一个明确的范围（如仅限于哪些直接损失）。

10.3.4　设备采购案例分析

1.三峡工程设备国际招标实践

三峡工程利用国际招标方式进行设备采购，由于采购设备性质不同、潜在投标商数量不同、竞争环境不同等原因，分别采取了"公开招标、议标决策""国际竞争性招标""邀请招标"等不同的招标采购方式。自 1996 年 6 月发标的左岸电站 14 台套水轮发电机组的采购开始,于1998年12月发标的高压电气设备的采购和1999年12月发标的与14台套水轮发电机组配套的调速励磁系统及其附属设备的采购,均采用了国际招标的方式,为三峡工程的建设节约了资金,提高了采购质量,保证了在对供货厂商的选择上的"公开、公平、公正",为确保三峡工程获得一流的供货厂商和一流的设备提供了有效的选择手段。

（1）招标过程概述

三峡总公司领导从标书的编制到发布招标通告,发售招标文件、开标、评标,一直到合同签订,对每一个环节都进行了严格把关,以确保招标工作能在公平、公正的基础上展开,通过充分比较、层层筛选,最终可以合理低价与国际一流设备的一流供货厂商签订合同。在招标文件的编制阶段,三峡总公司分别多次组织有关部委科研、设计、制造、安装、外贸、金融、法律等国内专家对招标文件进行了全面的审查,在水轮机组的招标和高压电气设备的招标中还邀请了国外专家参加,向他们进行招标文件咨询,使招标文件更趋完善。

（2）水轮机组招标

三峡总公司对水轮机组的招标文件的最终定稿工作于1996年6月中旬完成。招标文件明确规定,三峡机组招标采用公开招标、议标决策的方式。1996年6月24日正式向国际上潜在的投标厂商发售了招标文件。招标分IFB1标（14台套的水轮机及其辅助设备）和IFB2标（发电机及其辅助设备）两个标段进行。在经过6个月的投标准备之后,12月18日,GANP联合体（由法国的GEC阿尔斯通耐尔皮克和巴西的圣保罗金属公司组成）、VGS联合体（由德国伏伊特、加拿大GE、德国西门子组成）、克瓦纳能源公司、三峡日本水轮机联合体（由伊藤忠、日立、东芝、三菱重工、三井物产、三菱商社组成）、IMPSA（银萨）公司（代理乌克兰TURBOATOM科技工业公司和美国伍德沃德公司）、俄德联合体（由俄罗斯动力机械出口有限公司和德国苏尔寿组成）共6家公司或联合体就IFB1水轮机标投标;GAE联合体（法国的阿尔斯通发电公司和加拿大的GEC阿尔斯通能源公司组成）、VGS联合体、ABB发电有限公司、三峡日本发电机联合体（三井物产、东芝、日立、三菱电气、伊藤忠、三菱商事、住友商事组成）、IMPSA（银萨）公司（代理加拿大西屋有限公司和捷克斯哥达电气公司）、俄罗斯动力机械出口有限公司（代理俄罗斯电力工厂）6家公司或联合体就IFB2标投标。

招标文件规定,国外的制造厂商为投标责任方,14台套机组设备中的前12台套以国外制造厂商为主,中国制造厂商参与,中国制造厂商分包份额的比例不低于25%,同时,要求国外供货部分按CIF班轮条件上海港,或DAF满洲里站,或CIP三峡机场报价,国内供货部分按CPT三峡工地报价。整个机组的评标工作基本上是在全封闭的状态下进行的。从开标到合同小签,历时8个月。经对投标文件的核查,各投标者所提供的投标文件都合格有效,并且各家都按照招标文件的规定,提供了融资方案,明确了向中国国内制造厂商转让技术,同时,各投标者在商务条件上都不同程度地提出了偏差。这些偏差主要集中于违约赔偿、争端的解决、适用法律、仲裁地点及适用的仲裁规则、对变更指令的执行等条款上。由于三峡机组招标采用的是议标方式,各投标者的报价都较高,需要通过澄清,大幅度削减其投标报价。在与投标者就价格、商务条件、技术条件、技术转让等内容进行艰苦而激烈的三轮澄清后,投标者的投标内容有了很大的修正,价格明显降低。

在对资格、技术、技术转让、融资、商务这五个因素进行综合评议的基础上,通过定量评分和定性分析打分,以及出于对供货风险、引进技术的合理性以及履行合同的过程中竞争性的考虑,三峡总公司最终决定,重新调整水轮机与发电机的供货组合,将14台套的水轮发电机组供货合同分别授予阿尔斯通——ABB 供货集团和 VGS 联合体。此授标决定事前取得了国务院三建委的批准。其中,阿尔斯通——ABB 供货集团负责提供 8 台套的水轮发电机组设备,VGS 联合体负责提供 6 台套的水轮发电机组设备。

两个供货集团提供的融资方案均为买方出口信贷,阿尔斯通——ABB 供货集团提供的融资银行是法国兴业银行、挪威出口公司、巴黎国民银行、瑞士联合银行等,提供与出口信贷相配套的商业贷款的银行是法国兴业银行、瑞士联合银行、巴黎国民银行。VGS 联合体提供的融资银行是德国复兴信贷银行、加拿大 EDC、巴西 BNDES,提供商业贷款的银行是德雷斯顿银行。这些出口信贷和商贷覆盖了整个合同所需款额和供货期。1997 年 9 月 2 日,14 台套水轮发电机组供货合同和贷款协议的签字仪式在人民大会堂隆重举行。10 月份供货合同正式生效,进入合同履行阶段。

(3)高压电气设备招标

高压电气设备招标于 1998 年 12 月发布了招标通告,完全采用了国际竞争性招标即公开招标的方式。1999 年 2 月发售了招标文件,1999 年 5 月 31 日在湖北宜昌公开开标。参加投标的厂商有德国西门子、法国阿尔斯通、乌克兰扎布罗热、瑞士 APB 和日本的三菱、东芝、日立 7 家公司。国内沈阳、保定、西安等变压器厂和沈阳、西安、平顶山等高压开关厂作为分包厂分别参与国外厂商的投标。

同机组的评标原则一致,三峡总公司和三峡招标公司组织技术和商务专家从资信、技术性能、商务条件及价格、技术转让和融资 5 个因素进行了综合评价。根据采购设备的特点,确定了适合于评定变压器和 GIS 设备的各项评标权重。经过定性分析和定量打分,并结合融资条件风险等各因素,得出综合评分的厂家顺序,最终把合同授予了综合评比最优者:15 台变压器合同授予了德国西门子公司;39 个间隔的 GIS 采购合同授予了瑞士 APB。招标文件要求投标者分别报出安装服务、安装技术指导服务两种选择报价,最终确定变压器采用安装技术指导方案,GIS 设备本体采用安装服务方案,其相应价格计入了合同总价。

两个合同中合同设备的买方负担了一定金额的技术转让费,变压器技术转让受让方分别为保定变压器厂和沈阳变压器厂,GIS 的技术转让受让方为沈阳高压开关厂和西安高压开关厂。

变压器合同项下提供买方信贷的出口信贷为德国 Hermes,贷款银行为德国复兴信贷银行,提供的融资覆盖了全部合同所需资金额度,GIS 合同项下提供买方信贷的出口信贷机构为瑞士 ERG,贷款银行为法国兴业银行,信贷不能覆盖的部分由中国银行提供现汇和人民币贷款支付。1999 年 9 月 14 日,采购合同和贷款协议签字仪式在人民大会堂举行,11 月两个合同分别生效并进入执行期。

(4)调速、励磁系统及其辅助设备招标

调速、励磁系统招标采用的是邀请招标,这种方式在电力行业应用广泛。1999 年

12月15日在北京发售招标文件,2000年3月20日在湖北宜昌开标。对IFB1调速器标投标的厂商有德国伏伊特水电集团(现已更名为伏伊特西门子水电公司)、法国ABB ALSTOM POWER水电公司(现已更名为ALSTOM水电设备公司)、德国VA TECH公司;对IFB2励磁标投标的厂商有VA TECH集团、奥地利伊林公司、德国西门子公司(现已更名为伏伊特西门子水电集团)、法国ABB ALSTOM发电公司。南瑞集团和哈尔滨电机厂股份有限公司、东方电机股份有限责任公司作为分包商参与了投标活动。

由于是自有资金采购,不涉及融资。评标主要从资信、商务及价格、技术、技术转让四个方面进行综合评议,并在招标文件中明确规定买方将把合同授予综合评议最优者。

此次招标在技术转让方面与以往不同,要求投标者在向中国国内分包商转让技术的同时,向业主也要转让技术、签订技术转让协议,使业主与中国国内分包商同样拥有相应的软件制造技术、图纸和技术资料。同时,要求中国国内分包制造厂商在中国国内成套供应5台套合同设备。

经过澄清、评议和合同预谈判,2000年5月17日上午,三峡国际招标公司向中标厂商发出了中标通知:14台套调速系统及其附属设备合同授予ALSTOM水电设备公司(中国国内分包厂商为哈尔滨电机厂股份有限公司),14台套励磁系统及其附属设备合同授予伏伊特西门子水电集团(中国国内分包厂商为东方电机股份有限责任公司)。

三峡机电招标项目均采用了综合评标法。通过实践经验的逐渐积累,形成了自身独特的经验。已采取的做法是在招标文件中向投标者明确评标各因素,只是权重的确定在时间先后上略微有所差别。由于三峡机组招标采用的是议标方式,投标技术含量高,故而采取了评标过程中确定权重的做法。到调速、励磁招标时,为响应新颁布并已实施的《中华人民共和国招标投标法》,在开标之前,由评标委员会的专家集体讨论,确定了资信、商务条件及价格、技术和技术转让的各项权重的分配,这样做避免了倾向性意见对打分造成的影响,使得对各投标者的评价更趋于合理和公正。同时,也避免了由于在招标文件中公布权重对投标者造成误导,致使投标者或是为竞标在保技术的同时故意抬高价格,使用户承担本不需要承担的经济代价;或是为保价格优势极力压低投标报价,报出不合理的价格,对招标、投标或合同执行造成不良影响。

(5)招标评标工作中应注意的问题

①注重"量体裁衣"的采购标准,选择符合真正需要的产品;

②把握澄清尺度,严防投标者利用澄清机会调整投标价格;

③严密合同条件,注重合同条件在未来履行期内的约束作用;

④保密工作的切实实施,是招标成功所必需的外在条件。

2.某石化项目的设备招标

(1)项目背景简介

用户是一家大型的合资企业,注册地在中国上海,经国家发改委批准在中国境内投资总计30亿美元建设一套年产100万吨的石化项目,该项目享受国家规定的产业扶持政策。总承包方为一家国际著名的工程公司,总部设在德国,在中国境内有一家注册为生产型企业的全资子公司,负责中国境内的采购和项目执行,具备一般纳税人资格,能开具一般增值税发票。分包方为国内一家工程公司，原为一家专业设计院，经改制而成立公司，性质为工程公司，不具备一般纳税人资格。对中国的设计规范非常了解，在与国际工程公司合作方面有一定的经验，与国内的建筑公司和设计院有良好的合作基础。

（2）采购的组织政策

我国的政策、法律、法规及相关制度本身不尽完善，它们之间也缺乏内在的联结和协调，这就给这些国际工程公司带来了某些额外的困难和障碍；而反过来看，如何充分掌握、理解并利用好这些政策环境的差异，特别是充分享受国家为鼓励某些产业发展的特殊政策以获得额外的营业利润，就显得十分重要。因此，要充分考量政策环境并实现"逐利避害"，就要求在项目开始前进行周全的通盘考虑。

（3）采购的方式和程序

在此项目的采购活动中，从用户的角度来讲，其采购范围包括该项目的设计（E）、设备材料采购（P）及施工（C），也就是该国际工程公司的工作范围。在设计中包括基础设计（含流程计算和单元计算）和详细设计；采购按供应商国别分为进口和国产两部分，而国产部分可按是否享受国家返税政策分为返税设备材料采购和征税设备材料采购。表 11-2 列出了采购的范围。

表 10-2　　　　　　　　　　　　　采购范围划分

序号	采购内容	采购比重	买方（支付方）	买方（执行方）	卖方	备注
1	基础设计—流程计算	10%				包括项目执行
2	基础设计—单元计算	5%				包括项目执行
3	详细设计	4%				包括项目执行
4	进口免税设备材料	50%				
5	国产返税设备材料	18%				
6	国产征税设备材料	7%				
7	部分详细设计服务	2%				
8	施工调试安装服务	4%				

（4）采购模式的评价

采购模式的设置和采购方式的安排如图 10-2 所示，事前的精心设计在此设计过程中充分体现了三个核心的制度安排：

①充分利用国家的产业政策，主要是税收政策。依据国家鼓励和扶持的产业，对进口设备免征关税和增值税的政策，以及按《外商投资企业采购国产设备退税管理试行办法》，以用户的名义直接下达订单。按进口设备材料的关税和增值税约合 30% 的税率及国产设备材料 17% 的返税来计算，通过用户直接下订单的方式节约了 5.418 亿美元。

②增大和倾斜设备材料采购的比重。在该项目投资中，设备材料的金额占 75%，这个刻意倾斜基于该国际工程公司具有自己的核心技术，设备材料制造商是自己的下属生产厂商或是结成战略伙伴关系的制造商，技术专利使用费的方式普遍存在，也就是制造商在采用国际工程公司的图纸和技术文件时不是免费的，用户、国际工程公司与制造商之间的支付和结算方式比较特殊。

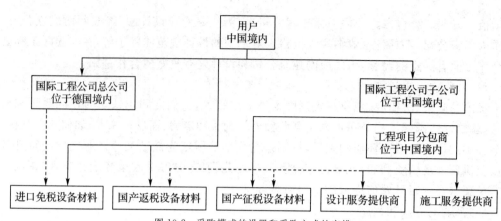

图 10-2　采购模式的设置和采购方式的安排

③将 10％左右的采购量,即详细设计及施工、调试与安装等服务分包给国内的工程公司,提供的主要是劳务,国际工程公司与他们合作的目的就是充分利用其在国内市场的经验和国内比较廉价的劳动力,降低项目运行的风险。采购金额的 90％掌握在国际工程公司和它的中国子公司手里,在保证项目质量、安全和交货期的同时,也最大限度地减少了核心技术的外溢。

当然这一采购模式的设立对国际工程公司的技术开发和本土化进程、采购系统的标准化和供应链管理水平、项目的管理和组织协调能力以及国际汇率政策的把握和调整都提出了相当高的要求,没有相应的作业基础平台和相关领域的丰富经验是不容易实现的。

10.4　国际工程采购中的关键问题

10.4.1　国际贸易管理

1. 国际贸易惯例概述

国际贸易惯例是指在长期的国际贸易业务中反复实践并经国际组织或权威机构加以编纂和解释的习惯做法。国际贸易活动环节繁多,在长期的贸易实践中,在交货方式、结算、运输、保险等方面形成了某些习惯做法,但由于国别差异,必然导致这些习惯做法上的差异。这些差异的存在显然不利于国际贸易的顺利开展。为解决这一问题,一些国际组织经过长期努力,根据这些习惯做法制定出解释国际贸易交货条件、货款收付等方面的规则,并在国际上被广泛采用,因而成为国际贸易惯例。由此可见,习惯做法与国际贸易惯例是有区别的。国际贸易活动中反复实践的习惯做法只有经过国际组织加以编纂与解释才会成为国际贸易惯例。

国际贸易惯例并不是法律,而是人们共同信守的事实和规则。这些规则的存在和延续是因为他能够满足人们的实际需要而不是因为国家的强制,因此,国际贸易惯例不是法律的组成部分,但可以补充法律的空缺,使当事人的利益达到平衡。

关于国际贸易惯例与合同条件之间的关系,国际贸易活动中的各方当事人通过订立合同来确定其权利和义务。在具体交易中,虽然当事人在合同中对各项主要交易条件及要求等做出了规定,但不可能对合同履行中可能出现的所有问题都事先想到。对于在合同中未明确规定的许多问题,或合同条件本身的效力问题,都有可能涉及习惯做法和惯例的使用。因此,国际贸易惯例与合同条件之间存在解释与被解释、补充与被补充的关系。国际贸易惯例可以明示或默示约束合同当事人,即买卖双方有权在合同中做出与某项惯例不符的规定,只要合同有效成立,双方均要遵照合同的规定。一旦有争议发生,法院和仲裁机构也要维护合同的有效性。同时合同条件又可以明确地排除国际贸易惯例的适用,此国际贸易惯例可以解释或补充合同条件的不足。

2. 国际贸易惯例应遵循的原则

由于国际经济贸易活动复杂多变,因此运用国际贸易惯例应遵循以下原则:

(1)使用国际贸易惯例不得违背法院或仲裁地所在国的社会公众利益。由于惯例仅对法律具有补充或解释作用,因此,在使用某项国际贸易惯例时,所适用的惯例不应与同一争议案同时适用的某国法律的具体规定相冲突。

(2)由于国际贸易惯例仅在合同的含义不明确或内容不全面时才对合同有解释或补充作用,因此,使用国际贸易惯例的规则不得与内容明确无误的合同条件相冲突。但是,如果根据法律规定合同条件无效,则仍可使用有关的国际惯例。

(3)对于同一争议案,如果有几个不同的惯例并存,应考虑使用与具体交易有最密切关系的国际贸易惯例。

10.4.2　国际贸易中主要贸易术语

《国际贸易术语解释通则》(International Rules for the Interpretation of Trade Terms)是由国际商会(International Chamber of Commerce,ICC)制定的专门用于解释贸易术语的惯例,在国际贸易惯例中占有重要地位。《国际贸易术语解释通则》在国际经济贸易活动中对正确理解当事人的权利、义务及应承担的风险,避免不同国家的当事人对同一贸易术语的不同理解,简化和缩短当事人之间合同谈判的进程,减少纠纷,为争议的解决提供准则,对促进国际经济贸易的良好发展发挥了重大作用。

1.《国际贸易术语解释通则 2000》简介

《国际贸易术语解释通则 2000》(简称《通则 2000》)中可作为贸易计价的有"E""F""C""D"等四组交货状态的贸易术语。国际商会在推出《通则 2000》时还提醒贸易界人士,由于通则已多次变更,如果当事人愿意采纳《通则 2000》,应在合同中特别注明"本合同受《通则 2000》的管辖"。

(1)E 组贸易术语

这一组术语的分类标志是"启运",也就是说卖方只要将货物准备好,能够"启运",就完成了交货任务。所以它是在出口国卖方所在地或产地完成交货的一个术语。

E 组只有一种贸易术语,即 EXW,英文全称是 Ex Works,即工厂交货。EXW 术语代表了在商品的产地或所在地交货条件。按该术语成交时,卖方要在规定时间和约定的交货地点将合同规定的货物准备好,由买方自己安排运输工具到交货地点接收货物,将货物从交货地运到目的地,并承担一切风险、责任和费用。采用 EXW 条件成交时,卖方承担的风险、责任和费用都是最小的。EXW 术语适用于各种运输方式。

(2)F 组贸易术语

这一组贸易术语的分类标志是"主要运费未付"。主要运费指的是国际运输费用。例如江苏无锡某出口公司以 FOB 上海售予美国某商人一批货物。它的意思是海运上海港船上交货价。上海到美国港口的运费为主要运费,卖方不承担,要由美国商人自己办理租船订舱并支付运费。而江苏无锡到上海的国内段运费不属于"主要运费",仍由无锡某出口公司自己负责承担。所以这一组术语是卖方在出口国所在地或港口交货的一组术语。

F 组包括 FCA(Free Carrier,即货交承运人)、FAS(Free Alongside Ship,即装运港船边交货)和 FOB(Free on Board,即装运港船上交货)。其共同特点是按这些术语成交时,卖方要负责将货物按规定的时间运到双方约定的交货地点,并按约定的方式完成交货。从交货地点到目的地运输事项由买方安排,运费由买方负担。买方要指定承运人,订立从交货地至目的地的运输合同,并通知卖方。而卖方承担的风险和费用均在交货地点同时转移给买方。此外,采用这 3 种贸易术语成交时,均由卖方负责货物出口的报关手续和费用,由买方负责货物进口的报关手续和费用。此组中的 FCA 适用各种运输方式,FAS、FOB 只适用于水上运输。

(3)C 组贸易术语

这一组贸易术语的分类标志是"主要运费已付",也就是说,卖方要承担出口国到进口国港口或地点的运费,并办理运输手续,但是卖方的风险只限于出口国港口或地点,所以这一组术语仍然是卖方在出口国所在地或港口交货的一组贸易术语。本组包括 CFR(Cost and Freight,即成本加运费)、CIF(Cost Insurance and Freight,即成本、保险费加运费)、CPT(Carriage Paid to,即运费付至目的地)和 CIP(Carriage and Insurance Paid to,即运费/保险费付至目的地)4 种贸易术语。

C 组中的 CFR 和 CIF 是在装运港交货,风险划分均以船舷为界,仅适用于水上运输方式;CPT 和 CIP 则是在约定地点向承运人交货,风险划分以货交第一承运人为界,适用于各种运输方式。该组术语的共同之处在于卖方在约定的装运港(地)交货后,还要负责办理货物从装运港(地)到目的港(地)的运输事项,并承担相关费用。

C 组贸易术语下,风险划分和费用划分是两个不同的概念。风险划分是在装运港(地),费用划分则是在目的港(地)。也就是说卖方虽然承担从交货地至目的港(地)的运输责任,并承担相关费用,但是,并不承担从交货地到目的港(地)的运输途中货物发生损坏、灭失以及延误的风险。风险与费用是分离的。由于卖方承担的风险是在装运港(地)交货时转移的,所以,按 C 组贸易术语成交的合同称作装运合同,而不是到货合同。

(4)D 组贸易术语

这一组贸易术语的分类标志是"到达",也就是说卖方采用这一组术语,既要办理国际运输手续,承担国际运输费用,也要承担直到进口国港口或所在地的风险责任。当然,投了保险,受到损失,仍可向保险公司索赔,但索赔的手续须由卖方办理。这一组术语是卖方在进口国港口或所在地完成交货的一组贸易术语。本组包括 DAF(Delivered at Frontier,即边境交货)、DES(Delivered Ex Ship,即目的港船上交货)、DEQ(Delivered Ex Quay,即目的港码头交货)、DDU(Delivered Duty Unpaid,即目的地未完税交货)和 DDP(Delivered Duty paid,即目的地完税后交货)5 种贸易术语。

在这些术语中,除 DAF 是在两国边境指定地点交货外,其他 4 种术语都是在进口国的目的港或目的地交货。按 D 组术语成交时,卖方要负责将货物安全及时地运达指定地点,包括边境地点、目的港口及进口国内,实际交给买方处置,才算完成交货。卖方要承担货物运至该地点之前的一切风险和费用。因此,按 D 组术语成交的合同称作到货合同,卖方所承担的风险和费用要大于前面各组术语,而按 F 组和 C 组术语成交的合同称作装运合同。到货合同与装运合同是相对而言的。在装运合同下,卖方须确保按时完成装运,但无须保证按时到货。在 D 组贸易术语中,DAF 主要适用于铁路和公路运输,也可以适用于其他运输方式。DES 和 DEQ 是在目的港交货的贸易术语,只适用于水上运输方式。DDU 和 DDP 的交货地点在进口国内目的地,它们适用于各种运输方式。其中采用 DDP 条件成交时,卖方承担的风险、责任和费用都是最大的,与 EXW 正好相反。

2.《国际贸易术语解释通则 2010》简介

《国际贸易术语解释通则 2010》(简称《通则 2010》)是国际商会根据国际货物贸易的发展,对《通则 2000》的修订,2010 年 9 月 27 日公布,2011 年 1 月 1 日开始在全球实施。

《通则 2010》较《通则 2000》更准确地标明各方承担货物运输风险和费用的责任条款,令船舶管理公司更易理解货物买卖双方支付各种费用时的角色,有助于避免现时经常出现的码头处理费纠纷。此外,《通则 2010》亦增加大量的指导性贸易解释,以及电子交易程序的适用方式。

《通则 2010》删去了《通则 2000》4 个术语:DAF(Delivered at Frontier,边境交货)、DES(Delivered Ex Ship,目的港船上交货)、DEQ(Delivered Ex Quay,目的港码头交货)、DDU(Delivered Duty Unpaid,未完税交货),新增了 2 个术语:DAT(Delivered at Terminal,目的地或目的港的集散站交货)、DAP(Delivered at Place,目的地交货)。

DAT 类似于取代了的 DEQ 术语,指卖方在指定的目的地或目的港的集散站卸货后将货物交给买方处置即完成交货,该术语所指目的地包括港口。卖方应承担将货物运至指定的目的地或目的港的集散站的一切风险和费用(除进口费用外)。本术语适用于任何运输方式或多式联运。

DAP 类似于取代了的 DAF、DES 和 DDU 三个术语,指卖方在指定的目的地交货,只需做好卸货准备无须卸货即完成交货。术语所指的到达车辆包括船舶,目的地包括港口。卖方应承担将货物运至指定的目的地的一切风险和费用(除进口费用外)。本术语适用于任何运输方式、多式联运方式及海运。

修订后的《通则 2010》取消了"船舷"概念,卖方承担货物装上船为止的一切风险,买方承担货物自装运港装上船后的一切风险。在 FAS,FOB,CFR 和 CIF 等术语中加入了货物在运输期间被多次买卖(连环贸易)的责任义务的划分。考虑到对于一些大的区域贸易集团内部贸易的特点,规定《通则 2010》不仅适用于国际销售合同,也适用于国内销售合同。

《通则 2010》共有 11 种贸易术语,按照所适用的运输方式划分为两大类:

第一组:适用于任何运输方式的术语七种:

EXW(Ex Works)　　　　　　　　　　　工厂交货

FCA(Free Carrier)　　　　　　　　　　货交承运人

CPT(Carriage Paid to)　　　　　　　　运费付至目的地

CIP(Carriage and Insurance Paid to)　　运费/保险费付至目的地

DAT(Delivered at Terminal)　　　　　　目的地或目的港的集散站交货

DAP(Delivered at Place)　　　　　　　目的地交货

DDP(Delivered Duty Paid)　　　　　　目的地完税后交货

第二组:适用于水上运输方式的术语四种:FAS、FOB、CFR、CIF。

FAS(Free Alongside Ship)　　　　　　装运港船边交货

FOB(Free on Board)　　　　　　　　装运港船上交货

CFR(Cost and Freight)　　　　　　　成本加运费

CIF(Cost Insurance and Freight)　　　成本、保险费加运费

3.《通则 2000》和《通则 2010》的主要区别

(1)贸易术语的数量由原来的 13 种变为 11 种。

(2)删除《通则 2000》中四个 D 组贸易术语,即 DDU、DAF、DES、DEQ,只保留了 DDP。

(3)新增两种 D 组贸易术语,即 DAT 与 DAP。

(4)E 组、F 组、C 组的贸易术语不变。

虽然《通则 2010》于 2011 年 1 月 1 日正式生效,但并非《通则 2000》就自动作废。因为国际贸易惯例本身不是法律,对国际贸易当事人不产生必然的强制性约束力。国际贸易惯例在适用的时间效力上并不存在"新法取代旧法"的说法,即《通则 2010》实施之后并非《通则 2000》就自动废止,当事人在订立贸易合同时仍然可以选择适用《通则 2000》甚至《通则 1990》。

10.4.3　国际贸易货物交货与运输

货物的交货条件包括交货时间、批次、装运港(地)、目的港(地)交货计划、大件货物或特殊货物发货要求、装运通知等内容。

1.交货时间

在 CIF 条件下,卖方在装运港将货物装上开往目的港的船只上即完成交货义务,海运提单日期即为卖方实际的交货日期。在 CIP 条件下,卖方在出口国指定地点将货物交给承运人即完成交货义务。在 FOB 条件下,卖方也是在装运港将货物装入买方指派船只上即完成交货义务,海运提单的签发日期为卖方交货日期。在 FCA 条件下,卖方在规定的时间内将货物交给买方指定的承运人就算完成了交货义务。

2. 装运批次、装运港(地)、目的港(地)

买卖双方在合同中应对是否允许分批、分几批装运及装运港(地)、目的港(地)名称应做出明确规定。分批装运是指一笔成交的货物分若干批次装运。但一笔成交的货物,在不同时间和地点分别装在同一航次、同一条船上,即使分别签发了若干不同内容的提单,也不能按分批装运论处,因为该货物是同时到达目的港的。装运港和目的港由双方商定,一般随合同所采用的贸易术语的不同而不同。在 FOB、CIF 条件下,通常应明确规定装运港,而在采用 FCA、CIP 术语的情况下,往往需明确规定发货地或交付地。

3. 交货计划

买卖双方应在合同中规定每批货物交货前卖方应向买方发出装运通知。一般情况下,在 CIF 和 EXW 条件下,实际装运前若干天,即海运前 30 天,空运前 14 天,卖方应将合同号、货物名称、装运日期、装运港口、总毛重、总体积、包装和数量、货物备妥待运日期,以及承运船的名称或飞机航班、国籍等有关货物装运情况以电子通信方式通知买方。同时,卖方应以空邮方式向买方提交货物详细清单,注明合同号、货物名称、技术规格简述、数量、每件毛重、总毛重、总体积和每包的尺寸(长×宽×高)、单价、总价、装运港、目的港、货物备妥待运日期、承运船预计到港日期,以及货物对运输、保管的特别要求和注意事项。

4. 大件及特殊货物的发货要求

关于大件货物(即重量 30t 以上,或者长 9m 以上,或宽 3m 以上的货物),卖方应在装运前 30 天将该货物包装草图(注明重心、起吊心)一式两份邮寄至买方,并随船持此草图一式两份提交给目的港运输公司,作为货到目的港后安排装卸、运输、保管的依据。对于特大件货物(重 60t 以上,或者长 15m 以上,或宽 3.4m 以上,或高 3m 以上的货物),卖方应将外形包装草图、吊挂位置、重心等,最迟随初步交货计划提交买方,经买方同意后才能安排制造。关于货物中的易燃品或危险品,卖方至少在装运前 30 天将注明货物名称、性能、预防措施及方法的文件一式两份提交给买方。

5. 装运通知

在完成货物(包括技术资料)装运 24 小时之内,卖方应将承运工具名称、启运日期、合同号、货物名称、数量、重量、体积及其他事项以电子通信方式通知买方,在每批货物(包括技术资料)发货后 48 小时内,卖方应将合同号、提单、空运单日期、货物名称、数量、重量、体积、商业发票金额、承运工具名称以电子通信方式通知买方及目的地运输公司。卖方应将装运单据(包括提单、发票、质量证书、装箱单)一式三份随承运工具提交目的地运输公司。同时在每批货物(包括技术资料)发运后 48 小时内将装运单据一式两份邮寄买方。

6. 运输方式

国际贸易中有多种运输方式,如海洋运输、内河运输、铁路运输、公路运输、航空运输、管道运输及联合运输。其中以海洋运输为主要运输方式:

(1)海洋运输

海洋运输包括班轮运输和租船运输两种主要方式。班轮是指按照固定的航线、港口和船期表运营的船舶。在班轮运输(Liner Transportation)中船方和货主之间不订立租船合同,双方的权利、义务和责任豁免以船方签发的提单为依据,船方负责配载和装卸,装卸费用计入运费。班轮运输适用于装运小批量货物。

租船运输(Charter Shipping)又称不定期船运输,没有预定的船期表,没有固定港口和航线,有关问题要通过订立租船合同来具体安排,运费和租金也由承租双方根据租船市场的行情在合同中加以约定。大宗货物一般都采用租船运输。其方式主要包括定程租船和定期租船:

①定程租船(Voyage Charter,Trip Charter)又称航次租船,即按航程租用船舶。在这种租船条件下,租船人要按协议提交货物和支付运费。船方负责将货物由装运港运至目的港,并承担船舶经营管理及船舶在航程中的一切开支。

②定期租船(Time Charter)条件下,租船人在租期内可根据租船合同规定的航行区域自由使用和调度船舶。船方承担船员薪金、伙食费,以及为保持船舶适航而产生的有关费用,租船人承担船舶营运过程中产生的燃料费、港口费、装卸费、物料费等开支。

(2)铁路运输

铁路运输是仅次于海运的一种主要的国际货物运输方式。利用铁路进行国际贸易货物的运输,尤其在内陆接壤的国家间的贸易中起着重要作用。以海洋运输的国际贸易货物,大多数也是靠铁路运输进行货物的集中和分散。

(3)航空运输

航空运输与海洋运输、铁路运输相比,具有运输速度快,货运质量高,不受地面条件限制等特点。采用航空运输需要办理一定的货运手续,航空货运公司办理货运在始发机场的揽货、接货、报关、订舱,以及在目的地机场卸货或运货上门的业务。航空运输方式主要有班机运输、包机运输和集中托运三种方式。航空货物的运价一般是按重量或体积计算的,以两者中高者为准,并将货物分为一般货物、特种货物,并按货物等级规定运价标准。

(4)国际多式联运

国际多式联运是指利用各种不同的运输方式来完成各项运输任务,如陆海联运、陆空联运和海空联运等。在国际贸易中,主要是以集装箱为主的国际多式联运,这有利于简化货运手续,加快货运速度,降低运输成本和节省运杂费。根据《联合国国际货物多式联运公约》的规定,构成国际联运应具备下列条件:有一个多式联运合同,合同中明确规定多式联运经营人和托运人之间的权利、义务、责任和豁免,必须是国际上两种或两种以上不同运输方式的连贯运输。使用一份包括全程的多式联运单据,并由多式联运经营人对全程运输负总责任,必须是全程单一运费,其中包括全程各段运费的总和、经营管理费用和合理利润。在货物采购中,如果采用多式联运,应考虑货物性质是否适宜装箱,注意装运港和目的港有无集装箱装卸及搬运集装箱的机械设备,注意铁路、公路、沿途桥梁、隧洞的负荷能力。

思考题

1.简述国际通行的材料采购方式。

2.简述建设设备采购程序。

参 考 文 献

[1] 刘尔烈. 国际工程管理概论[M]. 天津:天津大学出版社,2008

[2] 汪世宏,陈永强. 国际工程咨询设计与总承包企业管理[M]. 北京:中国建筑工业出版社,2011

[3] 国际咨询工程师联合会. 施工合同条件[M]. 北京:机械工业出版社,2009

[4] 左斌. 国际工程承包常用合同手册[M]. 北京:中国建筑工业出版社,2014

[5] 白明. 国际工程管理[M]. 大连:大连理工大学,2004

[6] 周克荣. 国际工程管理专业英语阅读选编[M]. 北京:中国建筑工业出版社,1997

[7] 李启明. 国际工程管理[M]. 南京:东南大学出版社,2010

[8] 李启明,等. 国际工程承包项目管理[M]. 南京:江苏科学技术出版社,1994

[9] 蒋煜华. 国际工程投标报价研究[M]. 成都:西南交通大学,2007

[9] 邓小鹏. PPP项目风险分担及对策研究[D]. 南京:东南大学,2007

[10] 肖利民. 国际工程承包项目风险预警研究[D]. 上海:同济大学,2006

[11] 徐杰. 国际工程项目投标决策研究[D]. 济南:山东大学,2006

[12] 谢爱娟. 国际工程投标报价策略和方法研究[D]. 天津:天津大学,2003

[13] Williamson O E. Transaction-cost Economics:The Governance of Contractual Relation [J]. Journal of Law and Economics,1979,22(2).

[14] Levy S M. Project Management in Construction [M]. New York:McGraw-Hill,2006

[15] Clogh R H. Construction Contracting[M]. 5th ed. Canada:John Wiley & Sons Canada,Limited,1994